[実用頻度順]

フランス語
代名動詞 を軸とした

表現宝典

450

はじめに

かつて、ソシュール学の先頭を走っていた丸山圭三郎先生は、大学院の講義でこう言い切った。

> 学問を1箇所だけ深く着実に掘り進めていくと、やがて、その学問の周辺部にも、あるいは考えも及ばぬ場所にも水脈が通じて、それが一気に吹き出してくる瞬間がある。

大袈裟だと笑われそうだが、本書はこの言葉を念頭に、版元からいただいた「難題」を自分なりに解決しようという思いから始まった。難題とは、"フランス語の躓きの石である「代名動詞」を軸にした語学書が書けないか"という上野名保子編集長からのオーダーだった。以前、ネイティヴの先生に同じ依頼をしたが「これだけでは用例を並べるだけで終わり語学書として成立しない」と言われたといういわくつきだ。

単純に考えれば、代名動詞は文法の一事項にすぎず、頻度の高い十数語が使えれば会話でさほど大きな支障はない。しかし、代名動詞にも「明晰ならざるものはフランス語にあらず」という一本の道が走っている（この言葉の背景に隠れている中華思想はさておきつ）。そして、代名動詞をきちんと理解し、操るには、動詞の本質を見つめつつ、少々複雑な過去分詞の性数一致などの文法に熟知し、微妙な語法にも通じていなければならない。ただし、いささかか難解なこの道を着実に歩めば、隙のないフランス語の力は間違いなく身に付く。丸山節に添えば「水脈が通じていてそれが一気に吹き出してくる」。

そう信じて、試行錯誤を始めた。拙著『（頻度順）名詞化表現宝典 1192』を書き終えたその日から、新たな課題としてこのテーマに取り組んだ。小さな文法枠を理解することで、フランス語の大きな流れに乗り、あちこちからフランス語が溢れてくる感覚がつかめる。今までに類書のない、「部分から全体へ、ときに全体から部分へというアプローチ」を通じて、さあ、一気にフランス語の上級レヴェルへと駆けあがり、駆けぬけろ！

☞「主語と同じ人や物を表す、目的語を持つ動詞」のことで、下記のような用法がある。

(1) 再帰的：自分を (自分に) 〜する ＊se は直接目的語と間接目的語のケースがある。

(2) 相互的：(互いに) 〜しあう ＊se は直接目的語と間接目的語のケースがある。

(3) 受動的：〜される ＊主語は3人称で、人以外の「物」。se は直接目的語。

(4) 本来的・本質的：代名動詞としてのみ使われる語、あるいは代名動詞として特別な意味になる動詞。 ＊se は直接目的語。この4つに、再帰的用法のうち主語の意図が伴わないものや、受動的用法のうち自然に起こる現象を「中立的」と呼んだり、動詞と再帰代名詞の関係の分析が難しく、元の動詞（動詞単独）と意味が大きく異なるものを「転化的」という用法で分類するケースもある。

▷ 他動詞と自動詞を比べた場合、日本語には圧倒的に自動詞が多い。(……) 自分の行動をことさらに言い立てたくないという日本人の精神性から来ていると見ていいだろう。

　　　　　　　　　　　　金田一春彦 『日本語を反省してみませんか』

＊ たしかに、日本人は自然とそうなる、こうなるという自動詞表現を好みますが、あえて他動詞にからんだ言い回しに触れることで表現の背景を考える契機になるはずです。

▷ さらにしっくりしないのが、The boy absented himself from school. のような再帰動詞、再帰代名詞の用法である。日本語にすれば「少年は学校を欠席した」と自動詞になる。それを、「少年はかれ自身を学校から欠席させた」などとする必要がどうしてあるのか。これより、The boy was absent from school. の方が日本語の表現に近いこともあって、すんなり受け入れられるのである。

　　　　　　　　　　　　外山滋比古 『英語の発想・日本語の発想』

＊ ここで触れられているのは他者にではなく、自分自身に働きかける他動詞の再帰用法（自動詞と同じ働き）への違和感です。少年自身の行動が、まるで引きで映されたカメラのような妙な客観性（他人事のような印象）を帯びるからでしょう。しかし、客観的に語られる言い回しだからこそ見えてくる世界があります。代名動詞を考えることで、物事が自ずから生起する世界と人為的に切り取られる世界があることに改めて気づく契機になり、このふたつの差を感じ取るだけでも表現力の幅は大きく違ってくると思います。

音声について（収録時間：約 142 分）

　「見出し語」（番号ともども）と「全例文」、ならびに「ディクテ・作文」（本書内の□のマークのある箇所）を、弊社 HP より無料でダウンロードおよびストリーミングでお聴きいただけます。

　聞き流していて飽きがこないように音楽を添えました。また「ディクテ・作文」はトラックトラック 46 〜 52（A、B-1、B-2、C-1、C-2、C-3、C-4）に別途まとめてありますので、ご活用ください。

　下記、URL を入力するか、弊社 HP より『[実用頻度順] フランス語代名動詞を軸とした表現宝典 450』を検索し、「音声無料ダウンロード＆ストリーミング専用サイトはこちら」からご利用ください。

https://stream.e-surugadai.com/books/isbn978-4-411-00561-8/

有料で、別途 CD にしたものもご用意しています。
お近くの書店でご注文ください。

[実用頻度順] フランス語 代名動詞を軸とした表現宝典 450（別売 CD）
CD 2 枚組：定価（1200 円＋税）
978-4-411-10561-5

※ 音声無料ダウンロード・ストリーミングサービスは予告なく中止する場合があります。
　 ご了承ください。

B　日常会話での使用頻度が高い代名動詞

C 仏検2級～準1級レヴェル／準1級レヴェル超

本書内で使用した略語

[nf]   女性名詞

[nm]   男性名詞

pl   複数

    ＊ [nm.pl] なら男性名詞複数の意味。

inf.   不定法（動詞の原形）

qqn   人

qqch   物

†   有音の h で始まる単語

＝   同義語・類義語

↔   反対語

A

仏検４級〜準２級レヴェル

001 ▶ 01

se voir

(1) 自分の姿を見る、自分を想像する
(2) （互いに）会う　(3) 見られる

(1) voir son image, s'imaginer

□ 1　**Ma mère _s'est vue_ dans le miroir.**
母は鏡で自分の姿を見た。

＊「母は自分（＝母）を見る」となり、行為の結果が主語に返ってくる再帰的用法。se regarder dans le miroir [la glace] なら意識して「自分の姿を映して見る」の意味合い。

(2) se rencontrer

□ 2　**On _se voit_ à quelle heure ?**
（会う約束を）何時にしましょうか？

＊主語が複数（on は nous の代用）になる相互的用法。単独の voir なら、André voit Sophie presque tous les jours.「会う人＝ André」が主語で「会う相手＝ Sophie」が目的語という構文になるが、相互的用法の se voir なら両者をまとめて主語にして André et Sophie se voient presque tous les jours.「アンドレとソフィーは毎日のように会っている（←互いに会っている）」となる。なお、？（疑問符）や！（感嘆符）の前は空き（スペース）を要するのがフランス語、英語は不要。

(3) être vu

□ 3　**C'est un film qui _se voit_ avec plaisir ?**
これは楽しんで見られる映画ですか？

＊物（無生物）が主語になる受動的用法。avec plaisir は「喜んで」の意味。会話で Merci.「ありがとう」への返答として、「お役に立てて嬉しいです」の意味合いで Avec plaisir. と応じるケースもある。

Q ■ 和 訳 ■ 下記の文を訳せ。
■ 4　**Elle est très contente, ça se voit.**

☞ 並列文

複文 phrase complexe（２つ以上の文を含む文）で、上記の例のように接続詞を取らずに２文が［, ］で併記されているものは並列文と呼ばれ、フランス語はこの簡潔な形を好む。だが、初級用の教科書や参考書の多くでは、等位文（et, car, donc, mais, ou などで導かれた文）や従位文（主に接続詞の que を目的語にする文）は扱われても、

voir は英語の see に近く「（見るともなく）情報が向こうからやって来るのが見てとれる」あるいは「理解する」という意味の動詞。類義の regarder は言うなれば、英語の look (at) と watch を兼用する感覚で「（見ようとして）目を向ける」「（動くものを）注意して見る」の含意で使われる。

🎩 **訳文術**　左記の文を「私たちは何時に会いますか?」などと訳すのは、日本語として自然さを欠く。人称代名詞（不定代名詞を含む）・所有形容詞は、できる限り省くのが自然な訳文を作るコツ。[語源 ラテン語 homo「人」]に由来する on を「私たちは」「人々は」「誰かが」などと機械的に訳出する癖は、いますぐ直したい。

Cela [Ça] se voit. で「それは見てとれる（はっきりわかる）」という意味。したがって「**彼女はとても満足している、見ればわかります**」といった訳になる。

🎩 **訳文術**　「彼女はとても満足している、そのことは見ればわかります」と訳すと日本語の座りがよくない。しっくりくる日本語なら、1文中に「は」は1つが通常なので。なお、日本人の書く英語やフランス語には左記の「等位文」が多すぎる（日本語から発想するため）という欠点も覚えておきたい。

並列文（別例：Mon mari est paresseux, il ne travaille pas.「夫は怠け者です、働かないのです」）がほとんど例示されないのは不思議なこと。

Q 文法・語法 ┃ 受動態と代名動詞の違い：下記の2つの文を訳し比べてみよ。[5]

① La tour Montparnasse est vue de loin.
② La tour Montparnasse se voit de loin.

002 ▶01
se rendre
┆ (1) 行く　(2) 屈服する
┆ (3)（形容詞を伴って）〜になる

(1) aller
- □ [1]　**Elle *s'est rendue* à la gare pour voir ses parents partir.**
　　彼女は親の出発を見送りに駅に行った。

＊初級レヴェルの人が se rendre ＝ aller を知らずに間違った解釈をするケースが少なくない。

(2) se soumettre
- □ [2]　**Enfin, ce petit pays *s'est rendu* à une grande puissance.**
　　とうとう、あの小国は大国に屈した。

＊「降伏する」capituler の類義語。

(3) devenir
- □ [3]　**Elle a cherché à *se rendre* indispensable pendant le traitement médical du chef.**
　　彼女はシェフが病気療養中、必要不可欠な人（なくてはならない人）になろうと努めた。

＊ chercher à + inf. で「〜しようとする、努める」、indispensable は「欠くことのできない」という形容詞。ここはシェフの代わりということで、「〜な人」と意訳した。

Q 作文・ディクテ ┃「彼女たちは自転車で会社に行く。」
- □ [4]　**Elles** ～～～～～～～～～～～～～～～～～～～～**.**

① の受動態は習慣的行為・一般論の表記には不向きのため「(普通は見えないが、今、この時点でたまたま)**モンパルナスタワーが遠くから見える**」、あるいは設定がいささか不自然だが「**モンパルナスタワーが遠くから(誰かに)見られている**」という意味。一方、代名動詞の受動的用法になる ② は「一般論」(多くは直説法現在)を表すので「(通常)**モンパルナスタワーは遠くから見える**」という意味になる。この文は On voit la tour Montparnasse de loin. と書けるし、さらに言えば On peut voir la tour Montparnasse de loin. と言い換えられる。これは日本語の「A が B である」と「A は B である」の差異にも通底する。すなわち、①は「A」に力点があり、②は「B」に力点のかかる表現ととらえられる。

Elles **se rendent à leur bureau à vélo**. となる。仏作文なら aller au bureau [au travail] en vélo といった言い回しを使ってもよい。日常会話では、「自転車で」は à vélo (←自転車にまたがって) も en vélo (←自転車に乗って) も許容されるが、フランス語の見張り番たる Académie Française は en vélo を好ましくないとしている。en は voiture, avion, bateau など「乗り込む」ものに使うのが本筋だからなのだが、そうは言っても言葉は生き物だ。

Q 文法・語法 ┃ 「〜になる」という意味の動詞：avoir, se faire, se rendre, tomber, tourner のいずれかを指定の法と時制に活用して [　] 内に入れよ。[5]

① 直説法複合過去：Ce garçon a mangé trop de gâteaux et il [　　　　] malade.

② 同上：Ma mère [　　　　] malade hier, elle a la grippe.

③ 同上：Le lait [　　　　].

④ 直説法現在：Le ciel [　　　　] sombre.

⑤ 直説法単純未来：Notre fille [　　　　] 20 ans.

003 ▶01
se rendre compte ┊ 〈 de qqch / que ＋ [直説法]〉〜に気づく、わかる

prendre conscience de qqch

□ 1　Je *me suis rendu compte* que je m'étais trompé(e).
　　自分が間違っていたことに気づいた。

＊ Je me suis aperçu(e) de mon erreur. とか Je me suis aperçu(e) que je me suis trompé(e). とも言い換えられる。ただし、se rendre compte は「頭で考えて気づき、納得する」プロセスに照準を当てるのに対して、s'apercevoir は「目で見て気づく、思い当たる」その瞬間にフォーカスした言い回し（例：Il s'est aperçu qu'il avait oublié sa clé dans son bureau.「彼はオフィスに鍵を忘れたことに気づいた」）という点で微妙な差異はある。

Q 作文・ディクテ ┃「あなたは自分の肩書きの重要性がわかっておいででない。」
□ 2　Vous ~~　　　　　　　　　　　　　　　　　　　~~ votre titre.

004 ▶01
se comprendre ┊ （互いを）理解し合う

être compris par qqn

□ 1　Lui et moi, on *se comprend* bien.
　　彼と私はよくわかり合っています。

①は「（自分の意志・責任で）なる」という意味の見出し語が適当。よって、Ce garçon a mangé trop de gâteaux et il [**s'est rendu**] malade. と入り、「この少年はケーキを食べ過ぎて具合が悪くなった」となる（形容詞 malade は本格的な「病気」でも、「体調がすぐれない」という意味でも使われる単語）。「（自然に起きる変化として）なる」なら＜se faire ＋［無冠詞名詞・形容詞］＞が使われ、④が Le ciel [**se fait**] sombre.「空が暗くなってくる」となる。「（変質して悪く）なる」なら tourner が相当し、③が Le lait [**a tourné**].「牛乳が酸っぱくなった」となる。「（予期せず、不意に病気などに）なる、陥る」なら tomber が使われ、②に Ma mère [**est tombée**] malade hier, elle a la grippe.「母が昨日病気になった、インフルエンザにかかったのだ」と入る。「〜齢になる」で使われるのは avoir、したがって ⑤ は Notre fille [**aura**] 20 ans.「うちの娘は 20 歳になる」となる。なお、「〜になる」は devenir がもっとも一般的で（例：Ma fille est devenue professeure d'anglais.「娘は英語教師になった」/「〜の先生」には冠詞を添えない、別例 professeur(e) d'histoire「歴史の先生」。なお、かつて professeur の女性形はないとされたが、現在は professeure が使われる）、＜devenir ＋［形容詞］＞も幅広く使われる。ただし、ある出来事やニュースなどに遭遇して「（一時的に気持ちが動き）〜になる」の意味合いなら＜rendre ＋［形容詞］＞（例：Ça m'a rendu triste d'apprendre que les suicides d'adolescents étaient en augmentation.「若者の自殺が増えていると聞いて私は悲しくなった」）が使われる。

B

Vous **ne vous rendez pas compte de l'importance de** votre titre. となる。

C

comprendre は、［語源 com「すべて」＋ prendre「つかむ」/ (1)「頭でつかむ」→「理解する」と (2)「大きな手でつかむ」→「引っくるめる」→「含む、（部分として）含める」］という大枠 2 つの意味を持つ動詞。

＊主語が複数で「互い」を含意する相互的用法の代表的な代名動詞として教科書など
では扱われる。ただし、se comprendre は以下の設問で示すように他の語義でも使
われる。

Q ┃ 和　訳 ┃ 下記の文を訳せ。
■ ² Ça se comprend.

005 ▶01
se porter bien
体の調子がよい

être en bonne santé

□ ¹ Mon grand-père *se porte mieux* qu'hier.
祖父は昨日より体調がいい。

＊ se porter mal なら「体調が悪い」(＝ être en mauvaise santé) を言い表す。

Q ┃ 空所補充 ┃ 下記の2文がほぼ同じ意味になるよう [　] に適語を入れよ。²
Mes grands-parents se portent bien.
＝ Mes grands-parents sont [e__] [b＿＿＿＿] santé.

Q ┃ 文法・語法 ┃ santé の意味：以下の文を和訳せよ。³
① À votre santé !
② Elle a une petite santé.
③ Il est en maison de santé depuis trois jours.

006 ▶01
se parler
(1) 言葉が話される　(2) (人が) 言葉を交わす

(1) (langue) être employé

□ ¹ L'espagnol *se parle* à Cuba.
キューバではスペイン語が話されている。

これは［主語］が単数なので、例示の相互的用法ではなく「（自ずから）理解がいく、理解される」という受動的用法、訳せば「**それはもっともだ（それはよくわかる）**」という意味になる。また、Je me comprends. ならば、再帰的用法となり「自分の言いたいことはわかっているつもりだ（←私は私を理解している）」。

🎩 **訳文術** 「私は私を理解している」という和訳は、フランス語の文型、他動詞文〈S［主語］＋ V［動詞］＋ OD［直接目的語］〉をそのまま日本語に置き換えた日本語もどき。和訳を考える際（とりわけ、代名動詞や無生物主語の構文では）、文法構造にとらわれて訳すのではなく、日本語らしい自動詞文とするといった操作が必要になる。ちなみに、イギリスの言語学者 C. T. Onions（オニオンズあるいはアニオンズ、2つのカナ読みの表記がある）が提唱した5文型という文の構造分類は、明治以来現在でも日本の欧米語教育の現場で採用されているが、これを知らない欧米人は大勢いる。日本語の文型と言われても私たちがピンと来ないように。

🎩 **訳文術** 左記の例文が Mon grand-père se porte mieux. だったら、どう日本語にするか。教室で問うと「祖父は体の調子がよりよい」と返答する学生が少なくない。しかし、「より＋［形容詞］」という言い回しは英語の比較級 -er than を訳すために創作された不自然な言い回し（関係代名詞を「ところをの〜」、未来の will を「〜だろう」と機械的に訳すのも同類）。この文では比較の対象が隠れているものの、和訳ではそれを補って「祖父は以前に比べて体調がいい」とか「前より元気です」といった訳が自然。

「祖父母は元気です」の意味なので、Mes grands-parents sont [en] [bonne] santé. となる。

①「（健康を祝して）**乾杯!**」という定番の一言。②はくだけた言い回しで「**彼女はひ弱だ**」の意味。Elle a la santé. なら「彼女はタフだ」という意味になる。③「**彼は3日前から保健センターにいる**」の意味。

（p.11 へ続く）

＊受動的用法。On parle espagnol à Cuba. と書き換えられる。

☞ **島名と冠詞**

「キューバに行く」は aller à Cuba と表現する。キューバは「共和国」la république だが、フランス語の日常表現では「島」として扱われるためで、「都市名」à Tokyo「東京に（で）」と同じく無冠詞。ほかに à Chypre「キィプロスに（で）」、à Madagascar「マダガスカルに（で）」などが同じ扱い。ただし、「群島」（複数の島々からなる）の場合は aux Philippines「フィリピン諸島に（で）」、aux Antilles「アンティル諸島に（で）」となる。一方、「コルシカ島に（で）」、「アイルランド島に（で）」は en Corse、en Irlande で、これは島名が女性扱いとされるため。だが、Cuba も、Chypre も、Madagascar も女性名詞なので、この辺りの分類説明は恣意的と言えそうだ（島の規模を分類の根拠とする語学書もある）。また「マルティニク島に（で）」なら à la Martinique となる。〈à la ＋ [島名]〉は遠島、小島への扱いと解説するケースがあるようだが、こうした説明はかなり無理がある。先に文法ありきで言葉が成り立っているわけではないからだ。

(2) s'adresser la parole

□ ² **Ils ne *se parlent* plus : ils sont brouillés.**
　　彼らはもう互いに□をきかない、仲たがいしているからだ。

＊主語が複数で使われる相互的用法。brouillé(e) はここでは「仲たがいしている」という形容詞、brouille [nf] なら「仲たがい」という意味の名詞になる。そもそもは brouiller「かき混ぜる」から派生している単語なので、œufs brouillés [nm.pl] で「スクランブルエッグ（←かき混ぜた卵）」となる。

☞ **deux points による同格表現**

deux points (:) は同格表現をつなぐ句読点だが、文と文をつなぐとは限らない。Nous n'avons qu'un but : être utile à la société internationale. これは、un but ＝ être utile à la société internationale という関係で、「私たちの目的は 1 つだけ、つまり国際社会に役立つことだ」といった訳になる。virgule (,) も同格表現には欠かせない句読点（例：Paris, la capitale de la France, attire beaucoup de touristes.「フランスの首都パリは大勢の観光客を魅了する / 同格に置かれた名詞の冠詞、つまり capitale de la France と冠詞が省かれるケースもある」）。なお、deux points (:) は「前の文や語句の原因・結果の説明として、あるいは同格・列挙として説明する符号（引用文も導く）」で point (.) に近い働きをするのに対して、point-virgule (;) は「文をくぎりながら前の文・語句と継続している符号」で virgule (,) に類するものだ。

maison de santé [nf] は、地域密着型で、内科・整形外科・歯科診療・リハビリなどを行なう医療施設。市販の仏和辞典には「（私立の）精神病院」といった語義で載っているが……？

「主に動作を切り取ることが多い受動態」、言い換えれば「習慣的な行為を表すにはあまり適さない受動態」を用いて L'espagnol est parlé à Cuba.（←「スペイン語は（今）キューバで話されている」）とするのは自然な言い回しとは言えない。しかし、現実には多くの参考書で se parler を受動態に置き換える例示がなされている。なお、英語の speak に相当する parler に対して、英語の say に相当する dire の代名動詞にも触れておけば、se dire で「思う（←頭に浮かんだ事柄を自分自身に言う）」「自称する（←自分を〜だと言う）」（例：Il se dit malade.「彼は自分が病気だと言っている」）あるいは「（言い回しなどが）言われる」（例：Comment ça se dit en français ?「それをフランス語では何と言いますか？」）といった意味合いで用いられる。

Q ┃ 書き換え ┃ 下記の文を se parler で書き換えよ。[3]

On parle français aussi au Canada.

007 ▶ 01

se connaître

┆ (1)（互いに）知り合う　(2) 己を知る

(1) rencontrer qqn ou être en relation

□ [1] **Ils _se sont connus_ à Marseille il y a deux ans.**
彼らは2年前にマルセイユで知り合った。

＊相互的用法の典型的な例。

(2) savoir qqch sur qqn

□ [2] **_Connais-toi_ toi-même.**
汝自身を知れ。

＊この se connaître は再帰的用法（主語が複数ではない点に注意）で「自己を知る」（←
自分のことを知っている）の意味。ギリシア七賢人の１人、ソロン Solon の言葉の仏語
訳、デルポイのアポロン神殿の入り口に書かれた格言。

Q ┃ 文法・語法 ┃ **connaître** と **savoir**：下記の2つの文の違いを考えよ。[3]

① **Je la connais de vue.**
② **Tu sais ce que c'est ?**

Q ┃ 和　訳 ┃ 下記の文を訳せ。

■ [4] **Mon père s'y connaît en informatique.**

008 ▶ 01

s'attendre

┆ à + inf. / à qqch　（自身の意志や共感をもって）〜するのを
┆ 期待する、〜が起きるのを予期する

penser que cela va arriver et s'y préparer ＝ prévoir

□ [1] **Tu ne _t'attendais_ pas du tout à nous voir ici ?**
まさかここで私たちに会うなんて思ってなかったわけ？

「フランス語はカナダでも話されている」という意味。parler français「フランス語を話す」に冠詞は不要だが、書き換える際には主語に冠詞を添えて **Le français se parle [au Canada aussi]**. とする。なお、問題文が On parle aussi français au Canada. あるいは On parle français aussi au Canada ならば、「カナダではフランス語も話されている」の意味になる。

大雑把に言えば、connaître が人や物を「知る（知っている）」、あるいは場所に「行ったことがある」の意味で使われる。よって、①は「**彼女の顔だけは知っています**」の意味。あるいは、Vous connaissez Tokyo ? で「東京をご存知ですか？」といった文で用いられる。一方、出来事（その説明のための名詞節や間接疑問節が後続されることが多い）を「知る（知っている）」の意味で使われるのが savoir、したがって②は「**これが何だかわかる？**」という問いかけになる。ただし、次のように connaître と savoir の両方を使えるものの、含意に差のある例もある。

③ Mon mari connaît l'alphabet cyrillique.
④ Mon mari sait l'alphabet cyrillique.

どちらも「夫はキリル文字を知っている」となるが、③は「そうした文字があることを知っている」つまり Il sait que cet alphabet existe. という意味合い、④は「その文字を学んだし、読める」Il l'a appris et peut le lire. という含意。

s'y connaître で「(en ある分野に) 通じている、詳しい」(= être compétent dans un domaine, être compétent en qqch) という意味、よって「**父は情報処理（情報科学）に詳しい**」といった訳になる。

次ページへ

□ 2 **Je *m'attends* au pire.**
最悪の事態を覚悟しています。

* mauvais の最上級に相当する pire [nm] は「最悪のこと」の意味。s'attendre au pire で「最悪の事態を覚悟する」となる。なお、「最悪の場合には」の意味でも au pire は使われる（例：en mettant les choses au pire「最悪の場合を考えて（も）」）。

Q ▌空所補充▐ 下記の2つの文がほぼ同じ意味になるように空所を埋めよ。³

Michelle s'attendais à la venue de Michel.
= **Michelle s'attendais à [   ] [   ] Michel [   ].**

☞ **à ce que ＋ [接続法] の展開**

〈que ＋ [接続法]〉の形は基本だが、〈à ce que ＋ [接続法]〉にはなじみの薄い人が少なくない（事実、初中級レヴェルの文法書にはこの形の例示がなされているテキストはまずない）。典型は副詞節となる〈jusqu'à ce que ＋ [接続法]〉の形。たとえば、J'ai l'intention de rester ici jusqu'à ce qu'elle soit de retour.「彼女が戻るまでここにいるつもりです」となる。ちなみに、上記の例文が接続法をとる理由は、s'attendre が「願望」を表し、à ce que 以下が名詞節で間接目的語になるため。

009 ▶01
s'appeler ┊ 名前は〜である、〜という名前である

porter comme nom

□ 1 **Comment *t'appelles*-tu ?**
何というお名前ですか？

□ 2 **Comment *s'appelle* cette rue de Paris ?**
パリのこの通りは何と言いますか？

* 具体的に言わなくても、文脈上主語が何を指しているか明確なら「それ、何というのですか？」Ça s'appelle comment ? とするのが簡便な言い回し。

□ 3 **Tu te souviens comment *s'appelle* son fils ?**
彼（彼女）の息子が何という名前か覚えてる？

attendre は「(じっと) 待つ、〜するまで待つ」の意味 (例：Mon amie attend de Patrique une demande en mariage.「女友だちはパトリックが結婚を申し込んでくれるのを期待している (じっと待っている)」/「期待する」気持ちはあるものの、受け身で「待つ」という含意。ちなみに attendre un enfant は「子ども (が生まれるの) を待つ」→「妊娠している」の意味になる)。それに比べて、代名動詞 s'attendre には積極性、主体性が表に出るという違いがある。

「ミシェル (女性) はミシェル (男性) が来てくれることを期待していた」という意味になる。 s'attendre à qqch / à + inf. に比べるとやや改まった言い回しになる〈s'attendre à ce que + [接続法]〉の形もとるので、解答は、名詞 la venue から動詞 venir を導き [ce] [que] Michel [vienne] と入る。

B

C

Quel est votre nom ? は役所の係の人や警官あるいはホテルのフロントなどが相手の名前を尋ねる際に使う固い言い回し。ちなみに、ホテルは本人の名前で予約しているとは限らないため、C'est à quel nom ?「どなたのお名前で (予約されましたか)」という疑問形も使われる。

appeler は「呼ぶ」(例：appeler un taxi「タクシーを呼ぶ」、Ils ont appelé leur fille Jeanne.「彼らは娘をジャンヌと名づけた」)、あるいは「電話をかける」(= appeler au téléphone) の意味。

Q 適語選択 下線部と置き換えられるのは①〜③のどれか。[4]

Cette actrice principale, elle s'appelle comment ?

① prénommer ② nommer ③ se nommer

Q 空所補充 ①と②の文が「あなたがいま滞在している場所は何という名前ですか?」となるように適語を入れよ。[5]

① [   ] s'appelle l'endroit où vous séjournez maintenant ?

② [   ] est le [   ] de l'endroit où vous séjournez maintenant ?

Q 文法・語法 「場所」を意味する単語：下記の選択肢から①〜④に入る適語を選びなさい。[6]

① **C'est un [   ] perdu.**

② **Écrivez ici votre [   ] de naissance.**

③ **Ce purificateur d'air prend trop de [   ].**

④ **Il s'agit de l'[   ] d'une usine.**

（選択肢） emplacement   endroit   lieu   place

---

010 ▶01

se décider ┆ à + inf. （あれこれ迷った末に）〜すると決める、決心する

---

choisir de faire qqch

☐ [1] **Ma grande sœur *s'est* enfin *décidée* à se marier à l'âge de 45 ans.**
姉は 45 歳でようやく結婚することに決めた。

＊ se décider à + inf. は、décider de + inf. に比べて（例：J'ai décidé d'essayer d'oublier tout ça.「とにかくそれをすべて忘れることに決めた」）、迷った末の個人的な「（何をどのようにするかの）決定」の意味合いが強く、事前のためらいが含意される。なお、発話の時点でそれが実行に移されていなくてもかまわない。

Q 作文・ディクテ 「息子は大学に行くか、就職する（仕事を始める）か決心がつかずにいる。」

☐ [2] **Mon _____ à l'université ou de _____.**

「この主演女優、名前はなんて言ったっけ?」という意味。①は「名づける」
(se prénommer なら「〜という名である」の意味:Elle se prénomme
Françoise.「彼女はフランソワーズという名前だ」)、②も「名づける」、③は
「〜という名前である」の意味で、**③が解答となる**。

①には **Comment** ②には **Quel / nom** と入る。

英語 place の影響だろうが、「場所」を意味するフランス語をきちんと理解
できていない人がいる。一番普通に「場所」の意味で用いられる endroit
[nm] は「具体的に行ける場所」で形容詞で修飾されることが多い語。lieu
[nm] はそれをもう少し広くとらえる感覚で用いられる語で、多く〈lieu de ＋
[無冠詞名詞]〉形で慣用句を作る。place [nf] は「場所」というより「(人
や物が占有する) 空間、スペース、座席」あるいは「広場」という意味の単
語。emplacement [nm] は「特定の用途のための場所」を指す。よって解
答は、①〜④の順に C'est un [**endroit**] perdu.「ここは辺鄙な場所だ」、
Écrivez ici votre [**lieu**] de naissance.「ここに出生地をお書きください」、
Ce purificateur d'air prend trop de [**place**].「この空気清浄機は場所を
取りすぎだ」、Il s'agit de l'[**emplacement**] d'une usine.「ここは工場用
地だ」となる。

B

類義の se déterminer à ＋ inf. は「あることを心に決めてその決心に執着する」
意味合い、se résoudre à ＋ inf. なら「固い決心を示し、目標達成に力を尽くす」
といったニュアンスで用いる。

C

Mon **fils ne peut pas se décider d'aller** à l'université ou de **commencer
à travailler**. となる。なお、「就職する」は通常、trouver [obtenir] un emploi
となるが、aller à l'université「大学に通う」の対表現なら commencer à
travailler を用いる方が自然。

011 ▶02

se servir

(1)（料理や飲み物を）自分で取る、選ぶ
(2) de qqn / qqch　使う、利用する

(1) prendre soi-même un aliment, une boisson

□ 1　***Servez-vous***, je vous en prie.

（料理などを）どうぞご自由にお取りください。

＊食べ物を相手に勧める際の決まり文句。「お取りしましょう」なら Tenez, je vous sers. あるいは具体的品目を指して「どうぞサラダをお取りください」なら Prenez de la salade, je vous en prie. といった言い回しを用いる（英語なら Please help yourself to the salad. となる）。関連語に「（食べ物を）お代わりする」se resservir という代名動詞もある。

(2) utiliser

□ 2　Madame Pinon ***s'est servie*** de moi pour obtenir ces informations.

ピノン夫人はこれらの情報を手に入れるために私を利用した。

Q　**和　訳**┃下記の文を和訳せよ。

■ 3　Je peux me servir ?

012 ▶02

se rappeler

思い出す、覚えている

se souvenir de qqn ou qqch, faire revenir dans la mémoire

□ 1　Je ne ***me rappelle*** pas le nom de ce monsieur.

あの男性の名前が思い出せません。

□ 2　Madame Durand ? Oui, je ***me*** la ***rappelle***.

デュラン夫人？　ええ、覚えてますよ。

Q　**書き換え**┃下記の文を代名動詞 se rappeler で書き換えなさい。3

Cette photo m'a rappelé mon enfance.

B

pour を目的「〜のために」と訳したが、文の流れのまま因果関係を意識して「ピノン夫人は私を利用してこれらの情報を手に入れた」という訳文も作ることができる。この訳は盲点になりやすい（訳文術 p.33）。

「これもらっていいですか？」という文。料理だけでなく、たとえば、置いてあるパンフレットなどをもらっていく際に一声かけるようなケースで用いる。

C

［語源「再び」＋ appeler「呼ぶ」→「また呼び覚ます」］から派生した rappeler は「（人に）思い出させる、想起させる」（例：Ça me rappelle qu'il faut acheter une baguette sur le chemin du retour.「ああそうだ帰りがけにバゲットを買わないと」←「それは思い出させる」が直訳）あるいは「呼び戻す」「再び電話する」（例：Je te rappellerai ce soir.「今晩また電話するね」）の意味。

直訳なら「この写真は私に子どもの頃を思い出させた」となるが、「この写真を見て子どもの頃を思い出した」、つまり **Je me suis rappelé mon enfance en regardant cette photo.** などとなる。mon enfance が直接目的語で、se は間接目的。

s'agir

| (1) de qqn / qqch ～が問題である、(話題になっているのは) ～のことだ
| (2) de + inf.〈que + [接続法]〉～することが重要 (必要) である、～しなければならない

(1) il est question de

□ ¹ **De quoi _s'agit_-il ?**
何のこと (何の話) ですか?

□ ² **Apparemment, il _s'agit_ d'une personne sévère.**
見たところ (どうやら)、厳格な人物のようです。

＊ il s'agit de qqn / qqch はやや固い言い回しだが、c'est に近い感覚で使われる (例：Il s'agit d'un shampoing médicamenteux.「これは薬用シャンプーです」= C'est un shampoing médicamenteux.)。

(2) il faut

□ ³ **On est en retard, il _s'agit_ de se dépêcher.**
遅くなってしまった、急がないと。

□ ⁴ **Il ne _s'agit_ pas que tu fasses des erreurs.**
ミスをしないようにしないといけない。

＊一般的には、Il ne faut pas que tu fasses d'erreurs. と言い表すことが多い。なお (2) の意味では、否定 la forme négative で用いられるケースが大半。いずれにせよ非人称で用いる。

Q 作文・ディクテ 「いったい誰の話をしているのかわかりません、誰のことですか。」

□ ⁵ **Je ne sais pas de** ～～～～～～～～ **:** ～～～～～～～～～ **?**

☞ **間接疑問文**

例示の Je ne sais pas de qui vous parlez.「あなたが誰の話をしているのかわからない」は Je ne sais pas.「わかりません」+ De qui parlez-vous ?「あなたは誰の話をしているのですか？」の2つの文を1つにまとめた形 (主節＋疑問詞＋S＋V の語順をとる)。Vous savez ce que c'est ?「これが何だかわかりますか？」なら、Vous savez ?「わかりますか？」+ Qu'est-ce que c'est ?「これは何ですか？」の2つの文が重なった形。ちなみに下線部は直接の疑問文ではないため、「間接疑問」と称される。

単独の agir は「行動する」の意味で、se conduire や se comporter と類義になるが、agir は「行動に出る」という意味と「（ある方法で）振る舞う」の意味があるのに対して、後者の2語は「（礼儀作法、社会規範などに照らして）振る舞う」という意味合いで用いる点に違いがある。また、agir には「作用する、効果を発揮する」の意味もある（例：Ce médicament pour l'estomac agit très vite.「この胃薬は即効性がある」）。

Je ne sais pas de **qui vous parlez** : **de qui s'agit-il** ? となる。

① Il [   ] très rapidement.
② Il ne [   ] pas de ça.

014 ▶02
se poser

（鳥や飛行機などが）止まる、着陸する

en parlant d'un oiseau, d'un insecte ou d'un avion, ne plus voler

☐ ¹ Le coucou **s'est posé** sur la branche et s'est mis à chanter.
ホトトギスが枝に止まって、鳴き出した。

＊集合的に「（木全体の）枝」なら branchage [nm] とか ramure [nf] という。

Q **適語選択** 下線部と同じ意味になるのは①〜③のどれ。²

L'avion va se poser dans quelques instants. Veuillez attacher votre ceinture !
① atterrir ② décoller ③ s'écraser

015 ▶02
s'aimer

愛し合う、（自分を）気に入る

éprouver de l'amour pour qqn, en être amoureux

☐ ¹ Ils **s'aiment** passionnément et rien ne peut les séparer.
彼らは熱烈に愛し合っていて、何も彼らを引き裂けやしない。

＊主語が複数で用いられる相互的用法の代表的な例。

Q **和 訳** 下記の文を和訳しなさい。

■ ² Ma fille s'aime bien dans cette robe en soie.

22

①は [agit] と入り「彼はとても迅速に行動する」の意味になる。Il réagit très rapidement. としても類義になる。②には [s'agit] と入り、il は非人称で「そのことが問題になっているのではありません」の意味。

poser は「(持っているものを平らな場所に) 置く、据え付ける」の意味。

「当機は間もなく着陸いたします。シートベルトをお締めください!」の意味で、terre [nf]「陸、大地」に関連する①「**着陸する**」が同義。②は反意語「離陸する」[語源 dé「分離、離去」＋ coller「貼る」]、③は「つぶれる、墜落してばらばらになる」。

この例は主語が単数であることからわかるように、再帰的用法。「(自分の姿や状態を) よいと思う、気に入っている」の意味。en soie は素材・材料を指し「絹でできた」の意味 (例：une montre en or「金時計」)。直訳すると「娘はこの絹のドレス (ワンピース) を着ている自分を愛している」となるが、「**この絹のドレス (ワンピース) は娘のお気に入りだ**」と訳す方が自然だろう。

se perdre

道に迷う

ne plus retrouver son chemin

□ 1 Elle *s'est perdue* en revenant du Quartier latin.

彼女はカルチェラタンから帰る途中で道に迷ってしまった。

＊ perdre は「なくす、失う」の意味。代名動詞は再帰的用法で「道に迷う」、あるいは
受動的用法「失われる」の意味になる。

☞ ジェロンディフと現在分詞の基本

① J'ai rencontré mon ami en revenant du Quartier latin.

② J'ai rencontré mon ami revenant du Quartier latin.

ジェロンディフは副詞的に動詞を修飾し、現在分詞は形容詞として名詞を修飾する。
①は主語とジェロンディフの主語は同じなので「カルチェラタンから帰る途中で友だち
に会った」の意味になり、J'ai rencontré mon ami quand je revenais du Quartier
latin. などと言い換えられるのに対して、②は「カルチェラタンから帰ってくる友だち
に会った」と主語と帰宅者は別になる。J'ai rencontré mon ami qui revenait du
Quartier latin. と関係代名詞で書き換えられる。

Q ▐ 和 訳 ▌ 下記の文を和訳せよ。

■ 2 Les traditions de ce village sont en train de se perdre progressivement.

s'employer

(1)（表現などが）使われる　(2) 没頭する、尽力する

(1) être utilisé, être en usage

□ 1 Cette locution figée ne *s'emploie* plus en français courant.

この成句は現代フランス語ではもはや用いられない。

＊受動的用法。On n'emploie plus cette location figée en français courant. と書
き換えられる。

(2) s'occuper à, se consacrer à

A
仏検4級〜準2級レヴェル

B

このse perdreは受動的用法で「失われる、消える」（＝ disparaître）の意味。したがって**「この村の伝統はどんどん失われつつある」**といった訳になる。ちなみに「伝統を守る」は garder [maintenir] les traditions という。

C

employer は「使用する、雇用する」の意味、代名動詞は受動的用法で「（表現や単語が）使われる」の意味で、1度きりでなく習慣的に起きることを指し示すため、主に直説法現在形（あるいは半過去形）で用いられる。

☐ ² **Mon père *s'est employé* à fabriquer une étagère ce week-end.**
父は今週末棚作りに専念した。

＊ s'employer は再帰的な意味合いで「自らを利用する、使う」→「身を入れる、専心する」の意味でも使われる。なお、weekend の新綴りも認められている。

Q 適語選択 ┃ 下線部と置き換えられのは①〜③のどれ。³

Il s'emploie à trouver une solution.
① s'appliquer ② s'apprêter ③ s'appuyer

018 ▶02
s'ouvrir
┊ (ドア・窓あるいは花などが) 開く、開 (ひら) く

devenir ouvert

☐ ¹ **La porte *s'est ouverte* automatiquement [toute seule].**
ドアが自動で [ひとりでに] 開いた。

＊ s'ouvrir は代名動詞の受動的用法で、例示のように多く副詞 (句) を添えて用いられる。

☞ **ouvrir の類義語 (関連語)**

ouvrir la lettre「手紙を開ける」→「開封する」décacheter

ouvrir la bouteille「瓶を開ける」→「開栓する」déboucher

ouvrir une carte「地図を開ける」→「(折り畳んだものを) 広げる」déplier

ouvrir la balle「大きな荷を開ける」

＊「荷を開けて」それから「荷解きをする」déballer

Q 整序問題 ┃「花器の中の花が咲き始めている。」²

Les fleurs [à, le, dans, vase, s'ouvrir, commencent].

Q 文法・語法 ┃ 下記の3つの文の違いを述べよ。³

① **La porte s'est ouverte.**

② **Le concierge a ouvert la porte.**

③ **La porte est ouverte.**

「彼は解決策を見つけようと一生懸命だ」の意味で、①が類義語。②は「～する準備をする、身支度する」、③は「寄りかかる、もたれかかる」の意味。

この s'ouvrir は「（花が）開く」écarter ses pétales（＝ s'épanouir）の意味。Les fleurs **dans le vase commencent à s'ouvrir.** となる。

英語なら ① The door opened. ② The concierge opened the door. となり、同じ動詞がそのまま自動詞でも他動詞でも使える。ところがフランス語では、①「ドアが開いた」②「コンシエルジュがドアを開けた」（② ouvrir は他動詞、① s'ouvrir は自動詞／従って②は La porte a été ouverte pas le concierge. と受動態にできる）と分けて考える。être ouvert は「（ドアや窓が）開いている状態、（誰かが）開けた結果」なので、③ は「ドアが開いている」の意味になる。ただし、少々ややこしいのだが、③ は形態上 On ouvre la porte.「（人が）ドアを開ける」の受動態と解することもできるため、「ドアが（人によって）開けられる」と訳せるようにも思える。だが、通常、そうはならない。「誰かがドアを開けた結果として現在開いている」と考え、＜être ＋ ouvert［（過去分詞派生の）形容詞］＞（英語なら The door is open.）と解するのが通例。

Anaïs s'est ouverte à moi : elle m'a parlé pendant une heure.

① se confier ② consulter ③ prier

019 ▶02
s'essayer
à qqch / dans qqch 〜を試みる、
à + inf. 思い切って〜してみる

essayer de faire qqch

☐ 1 **Je veux _m'essayer_ à la poterie à l'occasion de mes 50 ans.**

50 歳を機に、陶器造りをやってみたい。

Q 適語選択 下線部と類義になるのは①〜③のどれ。²

Ils se sont essayés à ouvrir un restaurant de sushi(s) dans un emplacement privilégié à Ginza.

① oser ② reculer devant ③ renoncer à

020 ▶02
s'empêcher
自制する、
ne (pas) pouvoir de + inf. 〜せずにはいられない

réprimer en soi une tendance, un désir, une habitude, etc.

☐ 1 **Je sais que ce n'est pas bien, mais je ne peux pas _m'empêcher_ de boire de l'alcool.**

よくないこととは知りながら、酒を飲まずにはいられない。

Q 和 訳 下記の文を訳せ。

2 **On ne peut pas s'empêcher d'aimer ses subordonnés.**

s'ouvrir à qqn（＝ ouvrir son cœur）で「（人に）自分の考えを打ち明ける（←心を開く）」の意味、「アナイスは私に自分の気持ちを打ち明け、1時間話をした」の意味になる。① **se confier à qqn は「人に意中を打ち明ける」の意味で類義**。② consulter qqn は「相談する」（＝ demander conseil à qqn）、③ prier qqn で「人に泣きつく、懇願する」の意味。

essayer「〜を試みる」との違いは微細ではあるが、essayer が「一般的に試みる」（例：essayer un plat「料理を試食する（食べてみる）」）の意味であるのに対して、s'essayer は「新たに試みる、あえて自分の能力を試してみる」という含みがある（再帰代名詞 se, s' には主語の「意志」が反映している）。

「彼らは思い切って銀座の一等地に寿司屋を開いた」。**類義になるのは ①「思い切って〜する」になる**。②は「尻ごみする」、③は「あきらめる」の意味。なお、sushi は「外来語」なので複数にしないという考えと、すでにフランスでも認知されているので sushisと複数にするという2つの考えがあるので (s) と表記した。

empêcherは「（行動や計画を）妨げる、邪魔をする」（↔ permettre）の意味。「自らを妨げる」＝「自制する、こらえる」が代名動詞。

B

C

直訳なら「人は部下たちを愛さざるを得ない」といったところだが日本語としてぴんと来ない。たとえば「**うちの部下は愛すべき連中だ（憎めないやつらだ）**」といった訳をつけたいところ。

se proposer

(1) de + inf. ～するつもりでいる、～することを目的とする
(2) pour + inf. （援助などを）～しようと申し出る

(1) avoir l'intention de

□ 1 **Mon père _se propose_ de repeindre sa chambre par lui-même.**

父は寝室を自分で塗りかえるつもりでいる。

(2) offrir ses services

□ 2 **Notre voisin _s'est proposé_ pour réparer notre clôture.**

うちのお隣さんがわが家の柵を修理してもいいと申し出てくれた。

Q ▌ 和 訳 ▌ 下記の文を訳せ。

■ 3 **On se propose d'apporter le pain et le fromage.**

Q ▌ 和 訳 ▌ 下記①、②の違いがわかるように訳せ。

■ 4 **Cette entreprise [① propose ② se propose] de révolutionner les transports en commun.**

s'aider

(1)（互いに）助け合う
(2) de + qqch (pour + inf.) （～するために）～の助けを借りる、使う

(1) s'entraider

□ 1 **Il est naturel de _s'aider_ après une catastrophe naturelle.**

自然災害のあとは互いに助け合うのは当然だ。

＊主語は複数ではないが（非人称構文）、例文は相互的用法なので、Nous devons nous aider après une catastrophe naturelle. などと言い換えられる。ただし、見出し語は再帰的用法で「自らを助ける」の意味にも使われる。たとえば、Aide-toi, (et) le Ciel t'aidera.「天は自ら助くる者を助く」など。

☞ **自然災害**

地震　tremblement de terre [nm]　＊ séisme [nm] ともいう。

津波　tsunami [nm]　＊ raz de marée / raz-de-marée [nm] ともいう。

洪水　inondation [nf]　＊「大洪水」déluge [nm]。

proposer は「提案する、(人に) 申し出る」(例：proposer un projet de loi「法案を提示する」) の意味。offrir も類義だが、これは「(無料で) 提案 (提供) する」のが前提。

直訳は「(われわれは) パンとチーズを持っていくつもりです」となる。その訳でもかまわないが、誘われたパーティーなどで、「**(こちらは) パンとチーズを持っていけばいいですね**」といった提案のニュアンスを伝える文になる。

①は「(方策や行動などを) 提案する」の意味で「**あの会社は公共交通機関を大改革すると提案している (改革案を示している)**」となる。②は「〜するつもり」の意味で「**あの会社は公共交通機関を大改革するつもりだ (改革を目的としている)**」の意味になる。

豪雨	déluge [nm]	＊ pluie diluvienne [nf] ともいう。
台風	typhon [nm]	＊「ハリケーン」ouragan [nm]、「暴風雨、サイクロン」 cyclone [nm]。
竜巻	trombe [nf]	＊「大竜巻」はスペイン語派生で tornade [nf] という。
雪崩	avalanche [nf]	
噴火	éruption (volcanique) [nf]	

（2）se servir de qqch

□ 2 **Mon grand-père _s'aide_ d'une canne pour marcher.**
　　祖父は杖をついて歩いている（←歩くために杖を利用する）。

Q 動詞選択 ‖ 下記の2つの文に aider か s'aider のいずれかを複合過去形にして入れよ。3

① **Notre fille [** 　　　　　**] d'un dictionnaire français-japonais pour traduire la longue phrase.**

② **Notre fille [** 　　　　　**] un vieux monsieur à traverser la rue.**

023 ▶03

se regarder ┊ （1）自分の姿を見る　（2）互いに見つめ合う　（3）見られる

（1）se voir

□ 1 **Mon chat _se regarde_ dans la glace.**
　　私の猫が鏡に姿を映して見ている。

＊再帰的用法。

（2）se voir l'un l'autre

□ 2 **Nicolas et Nathalie _se regardaient_ sans rien dire.**
　　ニコラとナタリーが何も言わずに顔を見合わせていた。

＊相互的用法。たとえば、se regarder en chiens de faïence は「陶器の犬のように見つめる」が直訳になるが、これは「冷ややかに見つめ合う」という決まり文句。

①は「うちの娘は仏和辞書を使ってその長い文を訳すことができた」、②は「うちの娘は老人が通りを渡るのを手伝ってあげた」の意味になる。①には [**s'est aidée**] が入り、Ma fille a pu traduire la longue phrase à l'aide d'un dictionnaire français-japonais. などと言い換えることもできる。②は aider qqn à＋inf.「人が〜するのを助ける、人の役に立つ」という意味で、[**a aidé**] と活用形が入る。

🎩**訳文術** 「うちの娘は仏和辞書を使ってその長い文を訳すことができた」は文の流れに沿って訳したもの（順行訳）。「うちの娘は長い文を訳すために仏和辞典の助けを借りた」でも構わないが、pour＋inf. を機械的に「〜するため」と目的や原因・理由で訳すのは関心しない。順行訳で pour＋inf. を結果としてとらえる視点を養いたいところ。

(3) être vu

□ ³ **Je ne sais pas dans quel sens ce tableau abstrait *se regarde*.**
この抽象画はどの方向から見るものなのかわからない。

＊受動的用法。なお、tableau [nm] は「（個々の）絵、絵画」の意味で、「カンバス、油絵」を指す toile [nf] も「絵」の意味でも使われる（例：une toile de Claude Monet「クロード・モネの絵」）。peinture [nf] は「（芸術のジャンルとしての）絵画」を意味し、estampe [nf] なら「版画」を指す。

Q ■ 和 訳 ┃ 下記の文を和訳せよ。

■ ⁴ **Mon patron ne s'est pas regardé.**

---

024 ▶ 03
s'opposer

(I) à qqch　反対する　(2) à qqn　（人に）逆らう
(3) 互いに対立する

(1) empêcher, interdire

□ ¹ **Mes parents *s'opposent* à notre mariage.**
両親は私たちの結婚に反対している。

(2) montrer qu'on n'est pas d'accord avec qqn

□ ² **Cet apprenti *s'oppose* parfois à son maître.**
あの見習い工はよく親方に逆らう。

(3) contraster

□ ³ **Elles *se sont opposées* pendant la réunion.**
彼女たちは会議中に対立し合った。

＊相互的用法の例。

☞ **「会議」を意味する単語**

「会議、会合」を意味する réunion [nf] は「（バラバラになったものを）集めること」を指す単語で、「会議室」なら salle de réunion [nf] という。「（学術的な）会議」は congrès [nm]、「（国際的な）会議、（仕事上の）会議」なら conférence [nf]、「集会、大会」なら assemblée [nf] などと使われる語が変わる。

再帰的用法で直訳すれば「上司 (ボス) は自分の姿を見ていない」となるが、これは「**自分を棚に上げている**」(= ne pas tenir compte de ses défauts) という意味合い。

opposer は「対立させる、対抗する、対比させる」(例：L'accusé a opposé un silence aux questions de l'avocat.「被告人は弁護士の質問に沈黙で対抗した」) の意味。

Q `作文・ディクテ` 「現政権に反対する人たちは大勢いる。」

☐ ⁴ **Ceux** _____ .

Q `文法・語法` **nombreux, nombreuse** : 下記の下線部を nombreux を用いて書き換えよ。⁵

Il y a beaucoup de fautes d'orthographe dans votre thèse.

---

025 ▶03

se tuer

(1) 自殺する　(2)（事故で）死ぬ

（1）se donner volontairement la mort ＝ se suicider

☐ ¹ **De plus en plus de gens *se tuent* à cause de la pauvreté.**
貧困のために自殺する人がますます増えている。

＊英訳すれば、More and more people are killing themselves because of poverty. となり、フランス語同様英語でも kill oneself と再帰代名詞を用いる（「自殺する」commit suicide とも言える）。なお、相互的用法で「殺し合う」という意味でも使われる（例：Il faut séparer ces deux lutteurs, ils vont se tuer. 「あの2人のレスラーを引き離さないといけない、殺し合いになりますから」）。

（2）mourir accidentellement

☐ ² **Elle *s'est tuée* dans un accident de moto.**
彼女はバイクの事故で亡くなった。

Q `和　訳` 下記の文を和訳せよ。

■ ³ **Les artisans de la brique se tuent au travail.**

---

026 ▶03

se souvenir

de qqn / qqch / inf.　覚えている、思い出す

---

retrouver dans sa mémoire un fait passé ou l'image d'une personne

☐ ¹ **Ça y est, je *m*'en *souviens* !**
ああ、思い出した！

Ceux **qui s'opposent au gouvernement actuel sont nombreux.** となる。

訳は「あなたの博士論文にはスペリングミスがたくさんある」という意味。これを不定冠詞複数〈de nombreux [nombreuses] ＋ ［名詞］〉で書き換えると、Il y a **de nombreuses fautes d'orthographe** dans votre thèse. となる。

🎩 **訳文術** ［数量形容詞］＋ ［名詞］を「たくさんの〜」「数人の〜」と訳すと（この例なら「たくさんのスペリングミス」といった訳）、不自然な翻訳調になりやすい。数量の表現を名詞のうしろに置くちょっとした配慮（一手間）を覚えておきたい。

tuer は「（人や動物を）殺す、死なせる」という他動詞（例：La pollution a tué beaucoup de poissons dans ce lac.「（水質）汚染のせいでこの湖の魚がたくさん死んだ」）。

🎩 **訳文術** 典型的な無生物主語の構文。上記の加筆例文は直訳すると「汚染がこの湖の多くの魚を死なせた」となるが、これでは日本語の座りが悪い。次の3つの操作が和訳の際の基本のテクニック。(1) フランス語の主語を副詞的に訳し（言い換えれば主語に動詞の要素を盛って）、(2) 目的語を主語として、(3) 他動詞を自動詞にする。仏英を並べて、無生物主語の別例をあげれば Le désespoir l'a poussé au suicide. / Despair drove him to commit suicide. という文を「絶望が彼を自殺に追いやった」とするのは日本語ではない。イギリスの日本研究家チェンバレン Chamberlain が指摘したように「希望を失って彼は命を断った」とでもしないと奇妙なのだ。

直訳は「仕事で死ぬ」となるが、これは比喩で「へとへとになる、健康を損ねる」（＝ user ses forces, compromettre sa santé）の意味。よって「**レンガ職人たちは仕事で疲労困憊している**」といった訳になる。

☐ 2 Je *me souviens* de son nom.
　私は彼 (彼女) の名前を覚えています。

☐ 3 Je ne *me souviens* pas d'avoir vu ce film français.
　このフランス映画を見たことを覚えていません。

＊ [語源　sous「下に」＋ venir「来る」]、つまり「(自分の) 頭の中に来る」→「記憶として残っている」という意味合い。大半の初級用テキストで扱われる本来的な代名動詞の代表例。なお、se souvenir de の類義となる se rappeler (こちらの方が常用) を用いる際に Je me rappelle de son nom. とする誤用が多く見られる。se rappeler を用いるなら前置詞 de は不要。

Q 整序問題 ‖ [　] 内の語を意味の通る語順に並べなさい。4

Je [bien, blanche, me souviens, qu'elle, une robe, portait] ce jour-là.

Q 和　訳 ‖ 下記の文を和訳せよ。

■ 5 Je me souviendrai longtemps de ces moments passés avec toi à Rome.

027 ▶03
s'acheter
(自分のために) 買う

acheter pour soi

☐ 1 **Léna *s'est acheté*** une bague en or avec son premier bonus.
　レナは初めてのボーナスで金の指輪を買った。

Q 作文・ディクテ ‖「ジュリは貯金したお金でバイクを買った。」

☐ 2 Julie 〰〰〰〰〰〰〰〰〰〰〰〰〰〰〰〰〰〰〰〰〰 .

☞ **économie について**
économie [nf] は単数なら「(一国家の) 経済」あるいは「節約」の意味で、複数は「貯金、貯蓄」のこと。faire des économies で「貯金をする」となる。英語の場合、この語から派生する形容詞 economic「経済の、経済に関する」と economical「安上がりの、節約になる」を混同しないようにと習うが、フランス語ではどちらの意味でも économique を用いる (例：crise économique [nf]「経済危機」、voyager en classe économique「エコノミークラスで旅をする」)。なお、économiser は「(金を) 貯める、節約する」という動詞。

「映画を見る」に voir を用いるのは「映画館のスクリーンで自然と映像が目に入ってくる」状況を背景とするため。regarder を用いる場合もあるが、それはパソコンやテレヴィの画面で「進行する映画の画像を見る」という場合に用いる。

Je [**me souviens bien qu'elle portait une robe blanche**] ce jour-là. と並び、「あの日彼女が白いワンピースを着ていたことをはっきり覚えています」という意味。<que ＋ S ＋ V [直説法] >が続く点にも注意。

直説法単純未来であることも勘案して、「**ローマで君と一緒に過ごしたあの時間をずっと忘れやしない**」といった訳になる。　なお、「単純未来」と aller ＋ inf.「近接未来」の差異はしばしば話題になるが、簡単に言えば、前者が「未来の事実」を伝えるのに対して、後者は「未来の事実を現在の延長として、当然の帰結」として表現しているという違いがある。そのため日常会話では近接未来が頻繁に使われる。これは、単純過去と複合過去の異同に近く、いずれ単純過去と同じく、単純未来が日常会話から消えることになるかもしれない。

この代名動詞は直接目的語（この例では「金の指輪」une bague en or）を必要とするので、se (s') は間接目的語。多くは「自分へのご褒美として」いったニュアンスを含む。

Julie **s'est acheté une moto avec ses économies**. となる。

028 ▶03
s'estimer

自分を〜だと思う（考える）

se juger, se trouver

□ 1 ***Estimez-vous*** heureux que votre père n'ait rien dit.

父親が何も言わなかっただけでもありがたいと思いなさい。

＊この代名動詞のうしろに置かれる形容詞は「嬉しい、満足だ」といった単語が大半。

Q 動詞選択 下記の2つの文に estimer か s'estimer のいずれかを現在形して入れよ。[2]

① Ma femme [   ] rarement contente de ce qu'elle a.

② L'expert [   ] le tableau à deux mille euros.

029 ▶03
se couvrir

(1) de qqch （暖かいものを）着る、〜で身を覆う
(2) （天気が）曇る

(1) s'habiller chaudement

□ 1 ***Couvre-toi*** bien avant de sortir.

出かける前にはちゃんと着込んでね。

＊「寒くないようにちゃんと厚着をして」の意味だが、文脈次第では「帽子をかぶりなさい」という意味にもなる。

(2) devenir couvert, s'obscurcir

□ 2 Le ciel ***se couvre*** de nuages.

空は雲に覆われている。

＊ Le ciel [Le temps] est couvert. も「曇っている」という類義の言い回しになるし、Il y a des nuages. とか Il fait gris. あるいは C'est nuageux. でも「曇っている」という意味合いを表現できる。

Q 書き換え 下記の文を代名動詞で書き換えよ。[3]

Bientôt, ce parc sera couvert de fleurs.

40

estime [nf]「（好意的な）評価、敬意」に関連する estimer は「見積もる、評価する、〜と見なす」（例：J'estime beaucoup mes secrétaires.「私は秘書たちを高く評価している」）の意味。

①には [s'estime] と入り、「妻は自分が持っているもので満足だと思うことがめったにない」という意味になり、②には [estime] が入り、「（物品を）鑑定評価する」の語義で、「鑑定人はその絵を 2000 ユーロと評価した」といった意味になる。

couvrir は「覆う、覆い包む、一面に覆う」（例：Les feuilles mortes couvrent la cour du couvent.「枯葉が修道院の中庭を覆っている（注：「教会の中庭」という言い回しを目にすることがあるが、通常、「教会」には「広場 une place, un parvis」はあっても「中庭 une cour」はない）」、Une nappe à carreaux couvre la table.「チェックのテーブルクロスがテーブルに掛かっている」）の意味。なお、re「強調」を添えた recouvrir は「覆いつくす」の意味（例：Le champ était recouvert de neige.「畑はすっかり雪に覆われていた」）、また、「覆いを取り除く」＝ découvrir となり「前からあったものの誰も知らなかったことを見つけ出す」→「発見する」という動詞になる（例：Roentgen a découvert les rayons X.「レントゲンが X 線を発見した」）。

「まもなくこの庭園は花に覆われます」の意味。受動的用法（自発的な意味合い）の se couvrir を用いて、**Bientôt, ce parc se couvrira de fleurs.** と書き換えられる。ちなみに、本書内の練習問題はほとんどオリジナルだが、この書き換えはいにしえの入試問題（1992 年 早稲田大学・文学部）から。

030 ▶03

se vendre 　　　　　(1) 売れる、売られる　(2) 自分を売り込む

(1) être vendu

□ ¹　**Qu'est-ce qui *se vend* bien ?**
　　何がよく売れていますか？

＊受動的用法の代名動詞。

(2) se mettre en valeur

□ ²　**Pour trouver un emploi, il faut savoir bien *se vendre*.**
　　職を得るには、自分をうまく売り込む術を知らなくてはならない。

＊これは再帰的用法。

Q ┃作文・ディクテ┃「これは飛ぶように売れる。」

□ ³　Ça ～～～～～～～～～～～～～～～～～～～～～～～～～ .

☞ **comme を用いた直喩の例**

・être heureux [heureuse] comme un roi「天にも昇る気持ちである」(←王様のように幸せである)
・pousser comme des champignons après la pluie「雨後の筍のように生える」(←雨後のきのこのように生える)
・se ressembler comme des deux gouttes d'eau「瓜二つだ」(←2つの水滴のように似ている)
・tomber comme des quilles「将棋倒し」(←ボーリングのピンのように倒れる)

Q ┃文法・語法┃ **不定冠詞複数 des と de；下線部に注意しながら文の違いを考えよ。** ⁴

　① <u>De nouveaux membres</u> se rassemblent devant le Palais de la Diète.
　② <u>Des nouveaux membres</u> se rassemblent devant le Palais de la Diète.

031 ▶04

se battre 　　　　　戦う、殴り合う

combattre, lutter

「売れる」という意味でも、~~A midi, dix baguettes se sont vendues~~.「正午に、バゲットが 10 本売れた」といった言い方はできない。受動的用法の代名動詞では「ある時点の個別具体な出来事は表せない」ため、on を使う能動態か、受動態を用いることになる。

Ça **se vend comme des petits pains**.（←プチパンのように売れる）となる。

上記の例文は〈des ＋形容詞（複数）＋名詞（複数）〉の際に冠詞が de になるというルール（例：de beaux yeux「きれいな目」／ ~~des beaux yeux~~ とは言わない）には当てはまらないので、comme de petits pains とはならない。petit pain「プチパン」という名詞（複合語：形容詞と名詞が緊密に結びついていて 1 語に準ずる）が複数になったと考えるため（別例：des jeunes gens「若者たち」、des grands magasins「デパート」）。

どちらも「新しい議員たちが（日本の）国会議事堂前に集まっている」の意味になる。ただし、ニュアンスに微妙な差がある。**①は「議員数がわからないケース」**で、**②は「議員の数が特定できるケース」**で用いられるという違いだ。

□ 1 **Il *s'est battu* comme un lion.**
彼は (ライオンのように) 勇猛に戦った。

＊ se battre は「戦う」プロセスに力点を置くため、相手が明示されなくても使えるが、類義の combattre は「戦う相手」を明示して用いる単語 (例：La science avancée combat les maladies incurables. 「先端科学は難病と戦っている」)。なお、lutter は contre qqn / qqch を従えて「(目に見えないものと) 闘う」の意味で使われることが多い (例：lutter contre le sommeil「睡魔と闘う」)。

□ 2 **Les deux homme *se sont battus*.**
二人の男たちは互いに殴り合った。

＊相互的用法の例。

Q 適語選択 | 文意が通じるのは下記のどの語句か適語を選べ。[3]
On se bat [aux / avec les / contre les] préjugés raciaux.

032 ▶ 04
s'adresser
à qqn / qqch　問い合わせる、話しかける

parler à qqn, demander qqch à qqn, à l'oral ou par écrit
□ 1 **Pour de plus amples renseignements, *adressez-vous* à la secrétaire.**
詳細については秘書に問い合わせください。

＊ renseignement [nm] は「情報」information [nf] とほぼ類義だが、特に「実用的な情報」を指す。また、nouvelle [nf] なら「(最新の) 情報、知らせ」の意味になる。

Q 整序問題 | 「君にじゃないよ、話しかけてるのは彼女にだよ。」の意味になるよう並べ替えよ。[2]
Ce n'est pas à toi, mais à [je, que, elle, m'adresse].

Q 文法・語法 | 強調構文：下記の文の下線部を強調する文を答えよ。[3]
Chris a offert une cravate bleue à son père.

単独の battre は「（何度も）殴る、（試合や戦争で）打ち負かす、de qqch たたく」の意味（例：À l'annonce de la victoire, le public a battu des mains. 「勝利のアナウンスを聞いて、観客は手を叩いていた（拍手をしていた）」＝applaudir）。

「偏見に対して」を意味する **contre les** préjugés raciaux が正しい選択。「人種的な偏見と戦っている」という意味になる。

adresser qqch à qqn で「人に（郵便物）を送る」とか「人に（言葉を）をかける」といった意味（例：Depuis cette dispute, elle n'adresse plus la parole à sa sœur jumelle. 「あの口げんかをしてから、彼女はもう双子の姉（妹）に言葉をかけない」）。

Ce n'est pas à toi, mais à [**elle que je m'adresse**]. と並べる。Je ne m'adresse pas à toi, mais à elle. 「あなたに話しかけてはいない、彼女にです」の文を、c'est … que で下線部を強調した格好になる。

主語と動詞以外の語句を強調するために〈**C'est ＋**［強調したい語句］**＋ que** S ＋ V …〉の形が使われる。「クリスは父親に青いネクタイを贈った」Chris a offert une cravate bleue à son père. の下線部を強めたいなら、c'est … que で強調したい語句を挟み **C'est** une cravate bleue **que** Chris a offerte à son père. となる。過去分詞が強調される語と性数一致して offerte となる点にも注意。なお、前置詞を伴う語を強調する際には次のような形が使われる（例：C'est de cette femme que je te parlais. ＝ **C'est** cette femme **dont** je te parlais. 「私が君に話していたのはあの女性のことだ」）。

033 ▶04

se préciser

（事柄が）はっきりする、明確になる

devenir plus précis, plus net

□ 1 La situation actuelle *s'est* progressivement *précisée*.
現状が徐々に明らかになった。

Q 適語選択 │ 下線部と置き換えられる動詞は①～③のどれ。2

Grâce à vos explications, les choses se sont précisées, on comprend mieux.
① se compliquer　② s'éclaircir　③ s'embrouiller

Q 文法・語法 │ grâce à と à cause de : 下記の ［　］ に grâce à か à cause de を入れよ。3

① Mon fils n'a pas eu son examen [　　　] sa mauvaise note en anglais.
② Ma fille a été réçue [　　　] sa bonne note en mathématiques.

034 ▶04

se fermer

閉まる、閉じられる

devenir fermé, pouvoir être fermé

□ 1 La porte *s'est fermée* automatiquement.
ドアが自動的に閉まった。

＊ se fermer は受動的用法の代表的な代名動詞（ただし、「ドア」を行為の対象を示すと考えにくいため、文法書によっては自動詞的用法と分類されるケースもある）。これを「ドアが閉められた」とはっきり「受け身」を表現したいなら、主語 on を用いて On a fermé la porte. とするか、あるいは受動態を用いて La porte a été fermée. とする。なお、一時的な動作を示す語が〈être ＋［過去分詞］〉になると「結果・状態」を表す言い回しとなるため、La porte est déjà fermée. なら「ドアはすでに閉まっている」の意味になる点に注意。

☞ **Il ferme la porte. の訳**
この文は「彼はドアを閉める」と訳せば問題ないように思えるが、『翻訳仏文法』（鷲見洋一著）にはこうある。重い鉄扉を 5 分もかかって押しているなら「ドアを**閉めている**」と

46

préciser は「はっきりさせる、明確にする」（例：Un client demande à vous voir, il n'a pas précisé la raison.「顧客があなたに会うことを求めていますが、その理由をはっきり言わなかった」）の意味。

「あなたの説明のおかげで事態がはっきりしてよくわかります」の意味で**置き換えられるのは②**、①は「錯綜する」、③は「混乱する」の意味。

①は多く「否定的（好ましくない）理由・原因」を導く **à cause de**「〜のせいで」、②は「肯定的（好ましい）理由・原因」を導く **grâce à**「〜のおかげで」が入る。訳は①「息子は英語の成績が悪かったせいで試験に落ちた」、②「娘は数学の成績優秀のおかげで試験に受かった」となる。なお、〈en raison de ＋［名詞］〉も類義だが、これは話者の思いを離れた「一般的な理由」を述べるもの（例：L'événement sportif a été remis à lundi en raison de la pluie.「スポーツ大会は雨で月曜に順延された」）。

fermer は「閉める、閉じる、閉ざす」の意味。refermer なら「（元どおりに〜を）閉じる、閉め直す」、se refermer は「（元どおりに）閉める、閉まる」という意味。

左記の内容は、se（再帰）を伴う代名動詞が「行為」を表すのに対して、〈être ＋［過去分詞］〉(se を伴わない形) は、、その行為の「結果」、生じた「状態」を意味することになる、と定式化できる。

進行形になるだろうし、「君は窓を開け、僕は床を磨き……」式の仕事の分担なら、「か
れにはドアを**閉めてもらう**」と訳すべきである。鷲見はこれを「文脈によって訳し分ける」
などという曖昧な言い方ではなく、「表現主体の説明態度そのものを訳文に活かす視
点」として提示している。

Q 適語選択 ①〜③のどれが自然な言い回しか。[2]

Les frontières [① ont été fermées ② ont fermé ③ se sont fermées] à la
hâte pour empêcher l'invasion d'immigrants illégaux.

---

035 ▶04
se forcer
無理をする、à + inf.　無理につとめて〜する、
我慢して〜する

faire un effort sur soi-même

☐ ¹　Ne *vous forcez* pas, je vous en prie.
　　どうぞ無理しないで。

＊ forcer は「（人に〜することを）無理強いする」の意味、代名動詞はその再帰的用法。

Q 適語選択 下線部とほぼ同じ意味になるのは①〜③のどれ。[2]

Ce politicien n'aime pas parler en public, mais il doit se forcer à faire ce
discours.

① agir par sentiment　② se faire un nom　③ se faire violence

Q 適語補充 下記の2つの文がほぼ同じ意味になるように空欄に適語を入れよ。[3]

Elle n'a pas d'appétit, mais elle fait l'effort de manger.

＝ [　　　] appétit, elle [　　　] [　　　] quand même [　　　] manger.

☞ **quand même**
「それでも、いずれにしても」を意味する quand même は日常生活では繰り返し耳にす
るが、フランス語中級レヴェルの人がなかなか使えない一言。尋ねた内容に満足な返事
が得られなくても、反応してくれたことへの感謝を込めて使う Merci quand même.「と
にかくありがとうございます」とか、ちょっと憤慨して Il exagère, quand même!「それ
にしても彼はやりすぎだよ!」とか。

①は「国境は不法な難民の侵入を防ぐために急遽閉鎖された」という意味。②は「国境が閉めた」で文意が成り立たない。③は使えなくはないが、代名動詞（受動的用法）は「物」の一般的な特徴や性質を表すことが多く、特定の時点での出来事を切りとって表現するケースでの使用には不向き。結果、この例ではこの①の受動態を使うのが自然。

「あの政治家は公の場で話すのが好きではないが、ぐっと気持ちを抑えてこのスピーチをしなければなりません」という意味。③ **se faire violence** が「嫌なことでも我慢して行なう」という意味になる**類義表現**。①は「感情に駆られて行動する」、②は「名をなす」という意味。

「食欲はないが、それでも彼女は我慢して食べている」という意味、[Sans] appétit, elle [se] [force] quand même [à] manger. となる。

036 ▶04
se couper

(指など) 自分の〜を切る、(刃物で) けがをする

se blesser avec un objet tranchant

- [ ]¹ **Ma grand-mère *s'est coupé* le doigt avec un couteau de cuisine.**
  祖母は包丁で指を切った。

＊この例は le doigt が直接目的語、se は間接目的語。以前は、「(ナイフで) 指を切る」
なら se couper au doigt (avec un couteau) の形を使い、se couper le doigt と
すると「指を切断する」と誤解されかねないとされていたが、現在ではどちらも「指を
切る」の意味で使われる。

- [ ]² **Ma mère *s'est coupée* avec un morceau de verre.**
  母はガラスの欠片 (かけら) でけがをした。

＊この例は se が直接目的語になるので、過去分詞の性数一致が必要になる。

Q 作文・ディクテ 「父は浴槽で髭を剃っていて切り傷をこしらえた。」
- [ ]³ **Mon père** ～～～～～～～～～～～～～～～～～～～～．

037 ▶04
se réunir

(人がある目的で) 集まる、一堂に会する、
(会議などが) 開かれる

regrouper des choses ou des gens

- [ ]¹ **L'association des parents d'élèves *se réunit* deux fois par an.**
  PTA のメンバーは年 2 回集まる。

- [ ]² **Le conseil des ministres *se réunit* tous les mardis.**
  閣僚会議は毎週火曜に開かれる。

Q 適語選択 どちらか正しい方を選べ。³

Les deux rivières [① réunissent ② se réunissent] devant la chute d'eau.

couper は他動詞なら「〜を切る、（髪を）刈る」（例：se faire couper les cheveux「散髪してもらう」）といった意味、自動詞なら「（刃物などが）切れる」（例：Ce couteau coupe très bien.「このナイフはとてもよく切れる（切れ味がいい）」）の意味になる。

Mon père **s'est coupé en se rasant dans la baignoire**. となる。

réunir「（ある目的で）1つにまとめる、集める」（例：réunir des preuves「証拠を集める」）の意味。

「2つの川が滝の手前で合流する」の意味なので②が入る。se rejoindre が類義。なお、réunir A à B なら「A と B を結びつける、結合する」という意味になる。

038 ▶04
s'imaginer

+ inf.　自分を〜と思う、思い描く

croire sans s'appuyer sur des faits réels, se croire à tort

☐ 1　**Ce jeune chercheur *s'imagine* être un savant de premier ordre.**
この若い研究者は自分が一流の学者だと思っている。

＊ de premier ordre は「第１級の、一流の」の意味。

Q 作文・ディクテ ｜ 「祖父は状況がまるで変わってしまたっことがわかっていない。」

☐ 2　**Mon grand-père n'arrive pas** ～～～～～～～～～～～～～～～～～
～～～～～～～～～～～～**.**

039 ▶04
se lever

（1）起きる、立ち上がる　（2）（太陽や月が）昇る

（1）quitter son lit ou sa chaise, se mettre debout

☐ 1　**D'habitude, je *me lève* vers six heures.**
普段は6時ごろ起きます。

＊ se lever は「起床する」、se réveiller は「目を覚ます」の意味。「普段は」d'habitude
は habituellement、あるいは d'ordinaire, ordinairement などが類義。

Q 文法・語法 ｜ 時間と前置詞：「モンパルナス駅に行く」に続く空欄に à, avant,
dans, en のいずれかを入れよ。 2

① 1 時間で：**On arrivera à la gare Montparnasse [　] une heure.**
② 1 時間以内に：**On arrivera à la gare Montparnasse [　] une heure.**
③ 1 時間後に：**On arrivera à la gare Montparnasse [　] une heure.**
④ 1 時に：**On arrivera à la gare Montparnasse [　] une heure.**

☐ 3　**Ma grand-mère *s'est levée* du canapé pour aller ouvrir la fenêtre.**
祖母は窓を開けるためにソファから立ち上がった。

imaginer が「（人が）想像する」（例：On peut imaginer facilement le résultat.「結果は容易に想像がつきます」）の意味であるのに対して、s'imaginer は多く「間違って（根拠なしに）〜と思い込む」（←実際にはありもしないことをそうあればいいと想像する）という含意で用いられる（se figurer「想像する、思う」より意味は強い）。この se (s') は間接目的語。なお、image「像、イメージ、絵」並びに imagination「想像（力）」に関連する形容詞は imaginable「想像できる」、imaginatif, imaginative「想像力の豊かな、想像力に富む」、imaginaire「想像上の、架空の」と３つある。

Mon grand-père n'arrive pas **à s'imaginer que la situation a complètement changé**. となる。

lever は「上げる、（横になっているものを）起こす」（例：lever son bébé「赤ちゃんを抱き起こす」）の意味、se lever は「自分を起こす」という意味合いの再帰的用法の代表例。

順に en / avant / dans / à と入る。まず、①は所要時間「〜で、〜かかって」（別例：Ce travail sera fini en quinze minutes.「この仕事は 15 分でできます」）、②は「以内に」の意味で直訳は「〜より前に」（別例：Il faut finir ce travail avant trois jours.「この仕事は 3 日以内に終えなくてはならない」）、③は「（今から）〜後に」の意味（別例：Elle part à Paris dans une semaine.「彼女は 1 週間後にパリに出発する」／ ただし、＜dans ＋ [定冠詞] ＋ [時間表現]＞を使って Elle part à Paris dans les dix heures. とすると「10 時間以内にパリに出発する」となる）。④は「時刻」を表す前置詞（別例：se coucher à onze heures「11 時に寝る」）。

(2) apparaître au-dessus de l'horizon

☐ 4 **Le soleil *se lève* à l'est.**
太陽は東から昇る。

＊「西に沈む」なら se coucher à l'ouest となる。

Q ▌ 和 訳 ▌ 下記の①〜④の違いがわかるように訳せ。5

▌ ① **La lune est levée.**
▌ ② **La lune s'est levée.**
▌ ③ **Il faut se lever avec le soleil demain.**
▌ ④ **Il faut se lever de bonne heure !**

040 ▶04
se composer ┊ de qqch　〜でできている、構成される

être formé, constitué de plusieurs éléments

☐ 1 **Une équipe de football *se compose* de onze joueurs.**
サッカーは1チーム 11 人で構成される。

＊「11 人のプレーヤーで構成されたチーム」なら une équipe composée de onze joueurs となる。

Q ▌作文・ディクテ▌「父の書斎は何千冊もの本からなっていた。」

☐ 2 **La bibliothèque de mon père** _____ **de livres.**

Q ▌文法・語法▌ 不定形容詞 plusieurs と quelques ： 下記の2つの文の違いを説明せよ。3

① **Ken a plusieurs amis.**
② **Mina a quelques amis.**

①は「**月が出ている**」（結果・状態）、②は「**月が出た（昇った）**」（行為）の意味。③は「**明日、早起きしなくてはならない（←太陽とともに起きる）**」、④の直訳は「**早く起きなければならない**」の意味。③と④は類義だが、文脈次第で④は比喩的にも使われ「**それは難しいことだ！**」（感嘆符がそれを示すように）という意味で使われることがある。

composer は「構成する、組み立てる、（芸術作品を）作る」、se composer は受動的用法「～で構成される」の意味になる。

La bibliothèque de mon père **se composait de plusieurs milliers** de livres. となる。

どちらも数えられる名詞をともなって「（数的に）いくつかの～」の意味で使われる不定形容詞だが、**plusieurs が「（想定の数よりも）多い」という含み**で ①「ケンには友だちが何人もいる」となるのに対して、**quelques は「（想定の数より少ない）2、3程度の」意味で使われ**、②「ミナには友だちが数人（2、3人）いる」となる。そのため限定 ne...que を使って、Mina n'a que quelques amis. 「ミナには数人しか友だちがいない」と表現することはできるが、plusieurs に限定表現はなじまない。

041 ▶05

se séparer

（1）de qqn　（人と）別れる　（2）分かれる、分岐する

（1）arrêter une relation amoureuse

□ 1　**Annie *s'est séparée* de son fiancé.**

アニーはフィアンセと別れた。

（2）aller dans des directions différentes

□ 2　**Les pompiers *se sont séparés* pour chercher des survivants dans le bâtiment.**

消防士は分かれて建物内の生存者を捜索した。

Q 和 訳 ┃ 下記の文を訳せ。

■ 3　**On ferait mieux de se séparer.**

042 ▶05

s'exercer

（スポーツや音楽を）練習する、（自分を）訓練する

apprendre par la pratique

□ 1　**Ma fille *s'exerce* au piano chaque matin pour le concert de présentation des élèves.**

発表会に備えて娘は毎朝ピアノの練習をしている。

Q 和 訳 ┃ 下記の文を訳せ。

■ 2　**Les agents de police s'exercent au tir régulièrement.**

043 ▶05

se retourner

振り向く、体の向きを変える

tourner la tête ou tout le corps en arrière

séparer は「別れさせる、(別々に) 分ける、(仕切りなどで) 分け隔てる」を意味する他動詞。séparer A de B なら「A を B から分ける (引き離す)、区別する」(例：La Manche sépare la France de L'Angleterre. 「英仏海峡がフランスをイギリスから隔てている」) の意味。

B

「(僕たちは) 別れた方がいいんじゃないかな」という意味。Il vaut mieux qu'on se sépare. としても類義になる。

exercice [nm]「練習 (問題)、トレーニング」から派生した exercer は「訓練する、鍛える」(例：exercer sa voix「声を鍛える」：(腹式呼吸などで) 声筋・声帯をトレーニングする) という他動詞。ただし、(スポーツの) トレーニングをする」なら s'entraîner を用いるのが通例。

C

s'exercer à + inf. で「うまく〜できるよう練習 (訓練) する」という意味なので、「警察官は定期的に射撃の訓練をしている」といった訳になる。tir [nm] は tirer「引く、発砲する、弾丸が発射される」から派生した単語で「射撃、発砲」、tir à l'arc なら「アーチェリー」(← tirer à l'arc「弓を射る」) の意味。

□ 1 Cet homme est parti sans **se retourner**.
その男は振り返らずに立ち去った。

Q 文法・語法 空欄に retourner, revenir, rentrer のいずれかを直説法現在に
して入れよ。[2]

① Attendez-moi ici, je [　　　　] dans une minute.

② Je [　　　　] au bureau prendre mon dossier.

③ Quand est-ce que vous [　　　　] de Milan ?

Q 作文・ディクテ 「ホテルのベッドが快適でなかったので、夫は何度も寝返りをうっ
て夜を過ごした。」

□ 3 Le lit de l'hôtel ～～～～～～～～, mon mari ～～～～～～～～～
～～～～～～～～.

044 ▷ 05
s'élever
(1) (物が) 高く上がる
(2) (値段や温度などがある数値に) のぼる、達する

(1) aller vers le haut, monter

□ 1 Le ballon dirigeable **s'élève** lentement.
飛行船がゆっくり上がっていく。

＊形容詞 dirigeable は「誘導 [操縦] できる」(← diriger「操縦 [運転] する」＝
conduire) の意味、男性名詞として un dirigeable「飛行船」としても使われる。

(2) atteindre une certaine somme

□ 2 À combien **s'élèvent** les frais de livraison ?
配送料はいくらになりますか？

＊ livraison「(売った商品の) 配達、引き渡し」(← livrer「(商品を) 配達する」) の意味。

Q 適語選択 下記の下線部と反対の意味になるのは①～③のどれか。[3]

La température s'est soudainement élevée de trois degrés.

① baisser　② descendre　③ monter

retourner は他動詞で「裏返す、かき回す、返品（返送）する」（例：Retournez-nous ce vélo avant huit jours s'il ne vous plaît pas.「もしお気に召さなければこの自転車は1週間以内に返品ください」／［類義語］「（商品や郵便物を）返す」なら retourner、「（借りた物や釣り銭などを）返す」なら rendre、「（借金など金を）返す」なら rembourser、「（元あった場所に物を）返す」なら remettre を用いる）、自動詞なら「（元いた場所に）戻る」（例：Retournez à votre place.「席に戻りなさい」）あるいは「（前に行ったことのある場所に）また行く」の意味。

①は「ここで待っていてください、すぐに戻ります」の意味。revenir は「話者か対話者のいる場所に"戻る"という動作」を表す。[**reviens**] が入る。②は「書類を取りに会社に戻ります」の意味。こちらは、「さっきまでいた場所（あるいは一度行ったことのある場所）に"戻る、引き返す"の意味」で、話者も対話者もその場所（この文なら「会社」）にいないことが前提になる。空所には [**retourne**] と入る。③は「ミラノからいつこちらに戻られますか?」という意味。rentrer は「生活する本拠地に"戻る、帰宅する"」という意味合いの語で、[**rentrez**] と入る。

Le lit de l'hôtel **n'était pas confortable**, mon mari **a passé la nuit à se tourner et se retourner.** となる。se tourner et se retourner dans son lit で「ベットで何度も寝返りをうつ」（←体を動かし体の向きを変える）の意味。

［語源 é（外に）＋ lever（上げる、（植物が）生える）］から、élever は「持ち上げる、高くする」、あるいは「育てる」の意味。

「気温が3度上がった」の意味。**反意語は③**。①は「低下」という意味合いで「下がる」、②は「降下」という含意で「下がる」の意味になる。もちろん、①も②も「気温が下がる」の意味で使える。

045 ▶05

se contenter

de qqch / de + inf.　（それ以上を求めず）〜だけで満足する

n'avoir besoin de rien de plus

- □ 1　Je *me contente* d'un sandwich pour le déjeuner.
  ランチにはサンドイッチだけで満足です。

＊ sandwich [nm] は英語からの借用語、複数形は sandwichs あるいは sandwiches
と綴られるが、新綴り字（2016 年からフランスの教育省で採用）では、前者がフラン
ス語のスペリングルールに則っているものとしている。

- □ 2　Il ne *se contentera* pas d'une seule journée de repos.
  彼はたった1日の休暇では満足しやしない。

Q ▐ 和　訳 ▐　下記の文を訳せ。

- ■ 3　Ma mère s'est contentée de soupirer et ne m'a rien dit.

046 ▶05

se jeter

飛び込む、身を投げる

sauter, se laisser tomber

- □ 1　Le chien *s'est jeté* dans les bras de son maître qui rentrait de voyage.
  犬は旅行から戻った飼い主の腕に飛び込んだ。

＊再帰的用法の代名動詞。

Q ▐ 内容説明 ▐　下記の小話の笑いのツボを説明せよ。 2

Un poisson rouge a un gros chagrin d'amour et il décide de se tuer. Alors il
ose se jeter hors de l'eau ...

contenter は「満足させる」（例：contenter ses parents「親の期待にこたえる（←親を満足させる）」、contenter son envie「欲望を満たす」）の意味。ただし、「満足させる」の文を作る場合には、通常、satisfaire を用いるケースが多い。なお、être content(e) は「〜に満足している、〜して嬉しい」の意味だが、se contenter は「〜に甘んじる〜で満足しておく」と言う消極的な意味合い。

B

se contenter de + inf. で「〜するにとどめる」という語義もある。soupirer は「ため息をつく」（← soupir [nm]「ため息」）という意味、よって「**母はため息をつくだけにとどめて、私には何も言わなかった**」といった訳がつけられる。

jeter は「投げる、投げ捨てる」（例：jeter un regard froid「冷たい視線を投げる」、jeter une canette vide par la fenêtre「窓から空き缶を投げ捨てる」）の意味。

C

人間なら se jeter à l'eau「水に飛び込む」となるわけだが、魚なので行動が逆になる。つまり「金魚が大きな失恋の痛手を抱え、死のうと決めた。そこで、思い切って水の外に身投げした……」。

se revoir

(1) 再会する　(2) 昔の自分を思い浮かべる

(1) se voir de nouveau l'un l'autre

□ ¹　**Nous _nous reverrons_ en avril.**

4 月にまたお会いしましょう。

＊相互的用法の代名動詞。

☞ **en +「月」と au mois de +「月」の違い**

通常、「4 月に」なら en avril ＝ au mois d'avril と学習する。しかし、必ずしも等号で
は結ばれない。たとえば、上記の例を au mois d'avril とすると違和感がある。なぜなら
〈en ＋月〉に対して、〈au mois de ＋月〉を用いる場合にはその月まるまるずっと、つま
り「4 月に」なら pendant tout le mois d'avril という含みが感じとれるせいだ。

(2) se voir dans le passé

□ ²　**Mon père _se revoit_ à l'âge de vingt ans.**

父は 20 歳の頃の自分を思い浮かべている (思い出す)。

Q 適語選択 　どちらか正しい方を選べ。³

① Je [revois / me revois] tout petit enfant.

② Je [revois / me revois] ma fille danser dans la salle.

se rapprocher

(1) de qqn / qqch　〜にもっと近づく
(2) 親密になる、和解する、似通っている

(1) aller près de qqn / qqch

□ ¹　**_Rapprochons-nous_, nous verrons mieux.**

(映画館などで) もっと前の席に行きましょう、よく見えますから。

(2) devenir proche émotionnellement

□ ²　**Les gangsters _se sont rapprochés_ à la mort de leur chef.**

首領 (ドン) の死をきっかけに、ギャングたちは歩み寄った。

revoir の語源は文字通り re ＋ voir から「再び会う、再び見る、再訪する」といった意味の動詞。

①は「幼い子どもの頃の自分の姿が目に浮かぶ」の意味。〈se revoir ＋ ［属詞］〉で「（昔の）自分の姿を思い出す」の意味なので、代名動詞を活用した **me revois** が入る。②は「娘がホールで踊っている姿が目に浮かぶ」の意味。「思い浮かべる」revoir を活用した **revois** を選ぶ。

rapprocher は「（人や物を）もっと近づける、接近させる」（例：Le tennis m'a rapproché(e) de lui.「テニスを通じて私は彼と親しくなった」）（↔ éloigner）の意味。

□ 3 **Votre opinion *se rapproche* de la mienne.**

あなたの意見は私と似ている。

＊この例は être similaire「類似している」を用いて、Votre opinion est similaire à la mienne. と書き換えられる。定冠詞とともに用いられる所有代名詞 la mienne は mon opinion のこと。

Q | 動詞選択 | 下記の2つの文に rapprocher か se rapprocher のいずれかを命令形にして入れよ。[4]

① [   ] de nous, s'il vous plaît.

② [   ] un peu votre siège du feu.

---

049 ▶05

se ressembler   互いに似ている

---

ressembler l'un à l'autre

□ 1 **Les deux frères *se ressemblent* comme deux gouttes d'eau.**

兄弟は瓜ふたつだ（←2つの水滴のように似ている）。

＊相互的用法の代名動詞。「（よく）似ている」avoir un air de famille という類義の表現もある（例：Tous tes cousins ont un air de famille.「あなたのいとこは皆似てますね」/ avoir un faux air なら「どことなく似ている」という言い回しになる）。

Q | 和 訳 | 下記の2つの文を訳せ。[2]

■ ① **Qui se ressemble s'assemble.**

■ ② **Mon ex ne se ressemble plus depuis notre divorce.**

---

050 ▶05

s'encourager   自分を勇気（元気）づける

---

donner du courage à soi-même

①は「もっと私たちの近くに来てください」、②は「椅子をもう少し火に近づけてください」の意味。①は「人が人にもっと近づく」、②は rapprocher A de B「A を B にもっと近づける」ということ、よって①には [**Rapprochez-vous**] と入り、②には [**Rapprochez**] と入る。なお、この単語は命令文の形をとることが多い。

ressembler à qqn / qqch は「～に似ている」の意味（例：Ma petite sœur ressemble à un lapin.「妹はうさぎに似ている」/ 類義の tenir de qqn / qqch を用いて Ma petite sœur tient d'un lapin. とすることもできる）。英語の resemble は他動詞である点に注意（例：He really resembles his mother.「彼は母親にそっくりだ」）。

①は諺「**類は友を呼ぶ**」あるいは「**類を以って集まる**」「**似たもの同志が集まる**」（Ceux qui se ressemblent s'assemblent. ともいう。英語なら Like will to like. という）。②は「**前の夫は離婚以来すっかり人が変わった（←もはや以前のままではない）**」という意味。

□ ¹ Pour *s'encourager*, elles sont allées dans un restaurant yakiniku.

自分を元気づけるために、彼女たちは焼肉屋に行った。

* 再帰的用法の代名動詞。

Q 整序問題 [　] 内の語を意味が通じるよう並べ替えなさい。²

Il faut [à la, pour, les uns, toxicomanie, échapper, s'encourager, les autres].

051 ▶ 06
se tromper
間違える、思い違いをする

commettre une erreur

□ ¹ Elle *s'est trompée* d'étage de l'immeuble.

彼女はビル (マンション) の階を間違えた。

□ ² Je *me trompe* souvent sur les gens.

人を見る目がないのです (←人についてしばしば思い違いをする)。

Q 適文選択 下記の文の中で正しい文を選べ。³

① Elle s'est trompée de la date.

② Elle s'est trompée de route

③ Elle s'est trompée de ses calculs.

Q 書き換え 下記の文を se tromper を用いて書き換えよ。⁴

Vous avez fait un mauvais numéro.

052 ▶ 06
s'adapter
à qqn / qqch　順応 (適応) する、きちんと合う

changer pour mieux correspondre aux circonstances

□ ¹ Il est nécessaire de *s'adapter* à la nouvelle réglementation le plus vite possible.

彼はできるだけ早く新しい規則に適応する必要がある。

courage [nm]「勇気、気力」から派生した encourager [語源 en「〜の状態にする」+ courage] は「勇気 (元気) づける、励ます」(↔ décourager) の意味。

Il faut [**s'encourager les uns les autres pour échapper à la toxicomanie**]. となり、「薬物中毒から逃れるにはお互いを励まし合わなければならない」という相互的用法の例。なお、toxicomanie [nf] は [語源 toxico「毒」+ manie「中毒、精神疾患」] から。

tromper は「(人を)だます、浮気する」(例:Sylvain trompe sa femme.「シルヴァンは浮気している (←奥さんを裏切っている)」という意味。

〈se tromper de + [(限定詞を添えない具体的) 名詞]〉の形で使われるので、「彼女は道を間違えた」(= faire fausse route) という②が正しい形。①の「日を間違える」なら se tromper de date、③「計算を間違える」なら前置詞を変えて se tromper dans ses calculs と言い表す。

電話の定番「番号をお間違えです」は **Vous vous êtes trompé(e) de numéro**. となる。「おつりが違います」Vous vous êtes trompé(e) dans la monnaie. も日常会話で頻度が高い一言。なお、もし「つり」がもらえなかった場合には Vous avez oublié la monnaie.「おつりをお忘れです」とダイレクトに言うのが普通。

＊ adapter A(qqch) à B(qqch) で「A を B に適合させる」の意味なので、s'adapter à qqn / qqch で再帰的用法「自らを〜に適合させる」→「（人が）適応する、（物が）きちんと合う」となる。

Q 整序問題 ｜ [　] 内の語を適当な順に並べ替えよ。[2]

Est-ce que vous [à, la, déjà, êtes, vous, adapté(e)s] culture de cette île ?

☞ culture の語義

ラテン語 colere「耕す」から生まれた cultiver「耕す、（才能や情緒などを）養う」と関連する culture [nf] は、英語学習の影響で「文化」という訳語との結びつきが強いが、「教養」（例：Cette jeune femme a une solide culture.「あの若い女性はしっかりとした教養がある」）あるいは「耕作、栽培」という語義もある点に注意したい。あわせて、la culture physique「体育、体操」も盲点になりやすい。なお、「農業」agriculture [nf] は文字通り[語源「耕地 agri-」＋「耕す」こと]から。あわせて「植民地」colonie [nf] も同じく colere から生まれた語。

---

053 ▶ 06
s'approcher

de qqn / qqch　（自分の意志で）近づく

---

venir se mettre près de qqn ou qqch

□ 1　**Ma petite-fille a peur si un chien *s'approche* d'elle.**
　　孫娘は犬が近づいてくるとこわがります。

Q 内容説明 ｜ 下記の小話の笑いのツボを説明せよ。[2]

Au zoo de Maruyama, une mère dit à son fils :

– **Pierre, ne t'approche pas de l'ours polaire. Tu sais bien que tu attrapes des rhumes tout le temps !**

直説法複合過去を用いて、Est-ce que vous [**vous êtes déjà adapté(e)s à la**] culture de cette île ? となる。déjà を置く位置や過去分詞の性数一致に注意。「あなた方はもうこの島の文化に慣れましたか?」という意味。

B

[語源 ap（〜に）＋ proche（近い）] から派生した approcher (de qqch) も、見出し語の代名動詞と同じく「（〜に）近づく」(↔ s'éloigner de qqn / qqch) の意味だが、これは主語の意志とは関係しない「接近」の意味（例：Nous approchons du printemps. ＝ Le printemps approche.「もうじき春です」）。あるいは「（人と）近づきになる」の意味でも使われる（例：Il n'est pas facile d'approcher le président de cette entreprise.「この会社の社長さんとお近づきになるのは容易ではありません」）。一方、代名動詞は、主語の意志が反映しているケースが大半で、左記の例なら自分（＝犬）の意志で積極的に、意欲をもって「近づく」という意味合いになる。

C

和訳すると「円山動物園で、母親が息子に言いました。ピエール、ホッキョクグマ（シロクマ）には近づかないのよ。わかってるでしょ、あなたはしっちゅう風邪をひくんだから！」となる。たしかに、ホッキョクグマは寒い地域に生息している動物だが、息子の風邪とは無関係。

054 ▶06
se saluer
（互いに）挨拶を交わす

dire bonjour ou au revoir mutuellement

□ 1 Michelle et Thérèse *se sont saluées* avant la réunion.
ミシェルとテレーズは会議の前に挨拶を交わした。

＊相互的用法の代名動詞。

Q 適語補充 ‖ 下記の2つの文がほぼ類義となるように [　] 内に適語を入れよ。[2]

Ils se sont salués dans le couloir.
= Ils ont [é_____] des [s_____] dans le couloir.

055 ▶06
se rassembler
（人が1箇所）集まる、集合する

se mettre ensemble au même endroit

□ 1 Un grand nombre de fans *se sont rassemblés* à l'entrée de l'hôtel.
大勢のファンがホテルのエントランスに集まった。

＊見出し語は「（1箇所に一堂が）寄り集まる、結集する」という意味。類語の s'assembler は古い言い回しだが、「（複数の部分がひとつに）組み合わさる」という微妙な意味合いの違いがある。ちなみに諺「類は友を呼ぶ」は Qui se ressemble s'assemble.（←「類を以って集まる」）という。

Q 適語選択 ‖ 下線部の反対語にならないのは①～③のどれか。[2]

Les manifestants se sont rassemblés devant la mairie.
① se disperser　② s'éclipser　③ s'éparpiller

salut [nm] 「挨拶」から派生した saluer は「挨拶する、会釈する」の意味。

se saluer ＝ échanger des saluts の関係。Ils ont [**échangé**] des [**saluts**] dans le couloir. となり、「彼らは廊下で挨拶を交わした」の意味になる。

「デモの参加者は市役所前に集まった」という意味の文。①「散り散りになる」、③「散らばる」は反意だが、②は「**そっと姿を消す**」（＝ **disparaître**）**という意味で反対語にはならない**。なお、「デモ」manifestation [nf]（口語では manif と略される）は動詞なら「デモをする」manifester、あるいは descendre dans la rue 「デモに参加する」（←デモのために通りへ降りていく）という言い方をする。

056 ▶06
se marier | 結婚する

s'unir par le mariage = épouser

□ ¹ **Mon beau-fils *se marie* le mois prochain.**
義理の息子 (あるいは再婚相手の連れ子) は来月結婚します。

＊ se marier と être marié の違いは、前者が例示のように行為・行動「結婚する」（英語 get married）を言うのに対して、être marié は「結婚している」（↔ être célibataire）（英語 be married）という結果・状態を言い表す点（例：Elle est mariée et elle a deux enfants.「彼女は結婚していて、子どもが２人いる」）。

Q 作文・ディクテ 「義理の娘は幼友だちと結婚した。」

□ ² **Ma belle-fille** ⎯⎯⎯⎯⎯⎯⎯⎯⎯⎯⎯⎯⎯⎯ .

☞「結婚」前後の関連語（動詞）

avoir le coup de foudre pour qqn　一目惚れする
sortir ensemble　　　　　　　デートする
déclarer son amour à qqn　　愛を告白する (= faire sa déclaration à qqn)
se fiancer　　　　　　　　　婚約する
se pacser　　　　　　　　　パックス (連帯市民協約) する
habiter ensemble　　　　　　一緒に住む
célébrer les noces d'or　　　金婚式を祝う
se séparer　　　　　　　　　別れる、別居する
divorcer　　　　　　　　　　離婚する

057 ▶06
s'étonner | 驚く、おかしいと思う

être surpris, trouver bizarre, surprenant

□ ¹ **C'est un plaisir de voir mon chat noir *s'étonner* de tout.**
わが家の黒猫が何にでも驚くのを見るのは楽しいものです。

＊英語の surprise と受動態 be surprised の関係、つまり étonner「（人を）驚かす」

他動詞 marier は「〜と結婚させる」の意味（例：Il a marié son fils à [avec] une infirmière.「彼は息子を看護師と結婚させた」）。

Ma belle-fille **s'est mariée avec un ami d'enfance**. となる。行政用語 époux, épouse「配偶者」派生の類義語 épouser を用いて Ma belle-fille a épousé un ami d'enfance. と書き換えることもできる。前置詞の有無に注意。

（例：Cette nouvelle l'a étonnée.「その知らせは彼女を驚かせた」）と代名動詞 s'étonner「（人が）驚く」という関係になる。ちなみに感情を表す動詞が英仏ともに他動詞が大半なのは、感情を動かす原因が外から人の内部に影響すると考えるせいなのかもしれない。

Q 作文・ディクテ 「警備員はドアが空いているのに気づいておかしいと思った。」

□ 2 L'agent _____ ouverte.

---

058 ▶ 06
s'apercevoir
〈de qqch / que ＋ [直説法]〉（自分自身で）気づく、思い当たる

---

se rendre compte

□ 1 **Il *s'est aperçu*** que ce tableau est un faux.
彼はこの絵画が偽物だと気づいた。

＊見出し語は再帰的用法で「（自分で）気づく、わかる」の意味。なお、相互的用法（例：Elles se sont aperçues dans la foule de Shinjuku.「彼女たちは新宿の雑踏の中で互いの姿を認め合った」）でも、受動的用法「（物が）認められる、見える」（例：Cette église s'aperçoit de loin.「あの教会は遠くから見える」）でも用いられる。ただし、分類によっては、apercevoir「認める、見かける」に対して代名動詞「（ある事柄に）気づく」（例：Il s'est aperçu de sa faute.「彼は自分の誤りに気づいた」）と意味上隔たりがあるとして s'apercevoir de の形を本来的用法の代名動詞として説明している文法書がある。ただ、その場合には「誤りに気づく」という文のみが s'apercevoir の用例として提示されるケースが多い。

Q 作文・ディクテ 「地下鉄を降りて、リュックがないことに気がついた。」

□ 2 **Quand je suis descendu(e) du métro,** _____
____ **mon sac à dos.**

---

059 ▶ 06
s'animer
生き生きする、活気づく

---

montrer de la vie, de l'enthousiasme

L'agent **de sécurité s'est étonné de trouver la porte** ouverte. となる。

単独の apercevoir は「(不意に遠くに) 見かける、目に入る、(視覚的に) 気づく」という意味だが、「具体的な対象」に照準が当てられる言い回しで〈que ＋節〉は従えない (例：On apercevait au loin la chaîne des Alpes. 「遠くにアルプス山脈が見えていた」、J'ai aperçu Pauline dans la foule de Shibuya. 「渋谷の雑踏の中にポーリヌがいると気がついた」)。

Quand je suis descendu(e) du métro, **je me suis aperçu que je n'avais plus** mon sac à dos. となる。時制照応に注意。

🎩**訳文術** たとえば、① Le téléphone a sonné quand j'étais sous la douche. と ② Quand j'étais sous la douche, le téléphone a sonné. では意味合いが違う。①なら「電話が鳴ったとき私はシャワーを浴びていた」という意味、②は「シャワーを浴びていたら電話が鳴った」という意味。これは同じではない。「旧情報は先、新情報は後」という仏語や英語の原則を理解する必要があるからだ。前者は「シャワー中」に、後者は「電話が鳴った」ことに情報の焦点がある。たとえば、冠詞で言えば、不定冠詞は新情報、定冠詞は旧情報の目印。情報の力点は通常「うしろ」、そんな情報構造にも気配りして訳文を考えたい。

□ ¹ Ce village *s'anime* en été avec l'arrivée des touristes.

この村は夏になると観光客が訪れ活気にあふれる。

Q 作文・ディクテ 「フランス映画について話し始めると、会話は活気づいた。」

□ ² Quand on s'est mis ～～～～～～～～～～～, la conversation ～～～～

～～～.

Q 文法・語法 se mettre à と commencer à : 下記の下線部の違いを考えなが ら和訳せよ。³

① Le bébé s'est mis à pleurer.

② Au mois de septembre, il commence à faire froid.

---

060 ▶06

se coucher

(1) 寝る、横になる　(2)（太陽が）沈む

---

(1) se mettre au lit

□ ¹ Je *me suis couché(e)* tard hier soir.

昨日の夜、寝るのが遅かったんだ。

＊〈se coucher ＝「寝る」〉と単純に考えがちだが、たとえば体調がすぐれないときに、 Je voudrais me coucher. なら「ちょっと横になりたいのですが」といった意味になる。

(2) disparaître à l'horizon

□ ² À partir de janvier, le soleil *se couche* plus tard.

1 月から、日が沈むのが遅くなる。

＊この se coucher は、文法的に、再帰的用法（いわば擬人法）とも、自発的な意味合い （「太陽」は自らの意志で「沈む」わけではない）ととらえることもできる。

Q 和　訳 下記の文を訳しなさい。

■ ³ Viens, on va s'asseoir sur la plage et regarder le soleil se coucher.

Q 文法・語法 知覚（感覚）動詞構文：下記の文を和訳せよ。⁴

Par ma fenêtre, j'ai vu un athlète courir sur la piste.

animer は「活気づける、（人を）行動に駆り立てる」の意味。

Quand on s'est mis **à parler de films français**, la conversation **s'est animée**. となる。animer la conversation なら「会話を活気づける」という意味。

se mettre à ＋ inf. が「別な段階に入る」（局面がガラリと変わる）ということで、「（不意に）〜し始める」の意味であるのに対して、類義の commencer à ＋ inf. は「（予想の通り、事前に思っていたように）〜し始める」という意味合いで使われる。①は**「赤ん坊が泣き出した」**、②は**「9 月になると寒くなり出す」**といった訳になる。

「さあ、浜辺に座って陽が沈むのを見ていよう」といった意味になる。

regarder (voir, entendre, écouter, sentir, etc.) ＋ (A)qqn / qqch ＋ (B) inf. の形で、〈A が B するのを見る、聞く、感じる〉の意味になる。問題文は「何かの光景がいわば受動的に"目に入る"」の意味合いで voir （知覚動詞）が使われている。**「部屋の窓から、アスリートがトラックを走っているのが見えた」**といった訳になる。この文は、Par ma fenêtre, j'ai vu courir un athlète sur la piste. と語順を変更することもできるが、「彼が走っている」と代名詞に置くなら、Par ma fenêtre, je l'ai vu courir sur la piste. とする。なお、Viens, on va s'asseoir sur la plage et regarder le soleil se coucher. の例は「能動的・意識的に陽が沈むのを"見る"」の意味なので regarder を用いている。なお、問題文は不定法 courir を関係詞に置き換えて、Par ma fenêtre, j'ai vu un athlète qui court sur la piste. とも書ける。ただし、この形は先行詞 un athlète が強調されるので「部屋の窓から、一人のアスリートがトラックを走っているのが見えた（←トラックを走っている一人のアスリートが見えた）」といった訳になる。

se croiser | (互いに) 交差する、すれ違う

aller dans des directions opposées en passant en un même point

□ 1 **Ils *se sont croisés* devant le portail de l'école ce matin.**
今朝、彼らは校門の前ですれ違った。

＊例示は相互的用法。

Q 和 訳 下記の文を訳しなさい。

■ 2 **Devant un chiot qui se noie, ils se sont croisé les bras.**

se réveiller | 目が覚める、起きる

sortir du sommeil

□ 1 **Ce matin, je ne *me suis* pas *réveillé(e)* à l'heure.**
寝坊してしまった (寝過ごした)。

＊ Je me suis réveillé(e) en retard. としても同義になる。また、「寝坊する」は se lever tard ともいう。「(ゆっくりと) 朝寝坊する」faire la grasse matinée という言い方もある。

□ 2 ***Réveille-toi* !**
起きて (目を覚まして)！

＊ se lever と類義だが、文脈にもよるが、たとえば Il se réveille tous les matins à six heures. なら「毎朝午前 6 時に目が覚めるが、まだベッドの中」、Il se lève tous les matins à six heures. なら「毎朝午前 6 時には起床して、ベッドから出ている」という意味合いの差がある。

Q 作文・ディクテ 「明朝5時に起こしてください。」

□ 3 ＿＿＿＿＿＿＿＿＿＿＿＿＿＿＿＿＿＿＿＿, **s'il vous plaît.**

croiser は他動詞で「(ほぼ十字形 la croix で)交差させる、(道が)交差する、(人と)すれ違う」の意味(例：J'ai croisé Jeanne dans la rue.「通りでジャンヌとすれ違った」)。

「腕を交差させる」「腕組みをしている」→「手をこまねいている」(= rester les bras croisés)という決まり文句。よって「**溺れている子犬を前に、彼らは何もせずそばで見ているだけだった**」といった訳になる。les bras が直接目的語、過去分詞の性数一致はしない。

B

réveiller は「(人を)起こす、(眠りを)覚ます」(例：Elles ont été réveillées par la rafale de pluie.「彼女たちはスコールで目が覚めた」)の意味。

言い換えれば、se lever は主語の意志による行動(再帰的)、se réveiller は「目覚める」という自分の意志によらない行動(中立的)あるいは「ひとりでに起きる」(自発的)という言い方もできる。なお、être réveillé(e) は「動作」ではなく「結果・状態」を表すので、Tu es réveillé(e) ? なら「起きてるの?」の意味になる。

C

Réveillez-moi à cinq heures demain matin, s'il vous plaît. となる。なお、Pouvez-vous me réveiller à cinq heures demain matin ? としても類義になる。

☞ **日常生活で日々繰り返される動作と代名動詞の例**

se réveiller	目覚める	se lever	起きる
se laver la figure	顔を洗う	se brosser les dents	歯を磨く
se rincer la bouche	口をゆすぐ	se raser	髭を剃る
se doucher	シャワーを浴びる	se laver	体を洗う
s'essuyer	体をふく	se laver les cheveux	髪を洗う
se sécher les cheveux	髪を乾かす	se peigner	髪をとかす
s'habiller ↔ se déhabiller	着替える、服を着る 服を脱ぐ	se maquiller ↔ se démaquiller	化粧する 化粧を落とす
se parfumer	香水をつける	se promener	散歩する
se reposer	休息する	se coucher	寝る
s'endormir	眠りにつく、眠り込む		

063 ▶ 07
se téléphoner
電話で話し合う、電話をかけ合う

se parler au téléphone

□ 1 **On se téléphone souvent.**

私たちはよく電話で話をします。

＊多くの教科書で採用されている代名動詞の相互的用法の代表的な例。この se は間接目的語なので過去分詞の性数一致はしない。

Q 作文・ディクテ │「彼らは毎日電話をかけあっている。」

□ 2 Ils ＿＿＿＿＿＿＿＿＿＿＿＿＿＿＿ .

☞ **tous les jours と chaque jour**
大きな違いはないとか、tous les jours は「全体的、連続的な日々」、chaque jour は「個々の 1 日、1 日」を意識するなどと説明されるが、前者は主に「（日常的に）毎日」の意味合いで使われ、後者は「（限定された期間内で）日々、毎日」と使われる傾向にある。たとえば Mon mari prend le petit déjeuner tous les jours.「夫は毎日朝食をとる」、Mon mari a pris le petit déjeuner chaque jour pendant son séjour à Paris.「夫はパリ滞在中は毎日朝食を食べた」といった使い分けがないではない。

80

Ils **se téléphonent tous les jours**. となる。

064 ▶07

se précipiter

(1) 身を投げる
(2) sur qqn / qqch　〜に飛びかかる、突進する

(1) se jeter du haut dans un lieu bas

☐ 1　**Une jeune fille *s'est précipitée* du toit d'un bâtiment.**
　　若い女性がビルの屋上から身を投げた。

＊自分が〈se「自らを」＋ précipiter「突き落とす、投げ落とす」〉という再帰的な行動になる。

(2) s'élancer aussi vite qu'on peut

☐ 2　**Tout à coup, elle *s'est précipitée* sur son père.**
　　突然、彼女は父親に飛びかかった。

＊もし、se précipiter <u>vers</u> son père なら「父親に駆け寄る」という意味合いになる。

Q　書き換え　｜下記の文をほぼ同義となるよう se précipiter を用いて書き換えよ。[3]

Il y a eu un afflux de clients à la crêperie nouvellement ouverte.

065 ▶07

se renseigner

sur qqch　（〜について）調べる、問い合わせる、情報を得る

demander un renseignement, une information

☐ 1　**Elle *s'est renseignée* sur le programme du voyage organisé auprès de l'agence de voyages.**
　　彼女は旅行代理店にツアーの日程について問い合わせた。

Q　作文・ディクテ　｜「株を売ったり買ったりする前にはいろいろと情報を得なくてはならない。」

☐ 2　**Il faut** _____ **actions.**

「新装開店のクレープ屋に客が殺到した」という意味。**Les clients se sont précipités à la crêperie nouvellement ouverte**. と置き換えられる。

renseigner は「教える、情報を与える、説明する」の意味（例：Je peux vous renseigner ?「何かお困りでしょうか（←お教えいたしましょうか）?」／店員が客にかける一言）。

Il faut **se renseigner avant d'acheter ou vendre des** actions. となる。

066 ▶07
se promener

散歩する、散策する

aller à pied sans se presser

- □ 1 **On va *se promener*. Tu ne viendrais pas avec nous ?**
  散歩に行くんだけど、一緒に来ませんか？

＊〈「自分を」＋ promener「散歩させる」〉と考えて通常は再帰的用法の例として扱われる。細かな分類法による文法書では、自動詞的用法といった名称で呼ぶケースもある。なお、se promener en voiture（→車で散策する）は「ドライヴする」、se promener à vélo（→自転車で散策する）なら「サイクリングする」となる。

- □ 2 **M. Robert *se promène* tous les matins avec son chien.**
  ロベールさんは犬を連れて毎朝散歩する。

Q ■ 和 訳 ■ 下記の文を訳しなさい。
- ■ 3 **Allez vous promener !**

067 ▶07
se moquer

de qqn / qqch （1）馬鹿にする、からかう（2）人をだます

(1) montrer qu'on trouve ridicule une personne ou une chose

- □ 1 **Tu *te moques* de moi !**
  馬鹿にしてるのか！

＊本来的用法の代表的な代名動詞。

(2) ne pas prendre qqn au sérieux

- □ 2 **Je ne te crois pas, tu *te moques* de moi !**
  あんたのことなんか信じない、俺をだましたな！

＊ Tu m'as trompé !「（貴様）俺をだましやがったな！」とすればさらに強い言い回しになる。

Q ■ 和 訳 ■ 下記の文を訳しなさい。
- ■ 3 **Mon collègue se moque complètement de ce que vous racontez.**

84

A 仏検4級〜準2級レヴェル

M. Robert promène son chien tous les matins. としても伝える中身は似ているが、これは「ロベールさんは毎朝犬を散歩させる」の意味。

B

直訳すると「散歩に行きなさい」となるが、感嘆符が添えられているこの文はse promener を比喩的に用いた決まり文句、「**(しつこい相手に)出ていけ（うるさい)!**」と話者のいらだちを伝える。

C

「私の同僚はあなたが何を話そうとまったく気にしていない（平気です）」 という意味。この se moquer de qqch は ne pas tenir compte de qqch「〜を気にとめない、（ばかにして）無視する」を意味する話し言葉。

se laver

(1)（自分の手足や顔などを）洗う、（全身を）洗う
(2) 洗濯できる

(1) faire sa toilette

☐ ¹ Elle *s'est lavé* les mains avec du savon.

彼女は石鹸で手を洗った。

＊再帰的用法、se は間接目的語、les mains が直接目的語。

☐ ² Elle *s'est lavée* avant de se coucher.

彼女は寝る前に体を洗った。

＊再帰的用法、ただし se が直接目的語。ちなみに英語でも再帰代名詞を使って wash oneself「体を洗う」という言い方をする。

(2) nettoyer avec de l'eau

☐ ³ Ce blouson en cuir synthétique *se lave*-t-il en machine ?

この合皮のブルゾン（ジャンパー）は洗濯機で洗えますか？

＊受動的用法。être lavable「洗濯できる」を使って、Ce blouson en cuir synthétique est-il lavable en machine ? と言い換えられる。

Q ▐ 和 訳 ▐ 下記の文を訳しなさい。

■ ⁴ Je m'en lave les mains.

se guérir

（病気が）治る

pouvoir être soigné et arrêté

☐ ¹ La grippe de ma tante *s'est* enfin *guérie*.

おばのインフルエンザがやっと治った。

＊ guérir は他動詞「（病人・病気を）治す、回復させる」（例：Ce médicament guérit la grippe.「この薬はインフルエンザを治す」）が se guérir となり自動詞として扱われる。

「身体部（左記の例なら両手）」を se laver ~~ses~~ mains と所有形容詞を用いた言い方はしない。これは他動詞の目的語が身体部を表すケースも同じことで、たとえば「私は彼（彼女）の腕をつかんだ」なら、間接目的語を置いて Je lui prends le bras. として、~~Je prends son bras.~~ としないのがフランス語（英語なら I take his [her] arm. となる）。ただし、身体部に関連する言い回しでも、身体の動きを具体的に示す際には他動詞が使われる（例：agiter la main「手を振る」、fermer les yeux「目を閉じる」、hausser les épaules「肩をすくめる」、serrer les dents「歯を食いしばる」。

B

se laver les mains de qqch で「〜から手を引く、〜の責任を負わない」（＝ ne pas se sentir responsable：ピラトがキリスト受難の際に手を洗い責任を逃れようとした故事による）の語義で、**「私は手を引きます」**とか**「それは私の責任ではない」**といった訳がつけられる。なお、『フランス語とはどういう言語か』（駿河台出版社）の中に、Les enfants se lavent joyeusement. という文を「どう解釈するか」という問題が書かれている。解答は、再帰的用法と考えれば「子どもたちは楽しく体を洗っている」、相互的用法なら「子どもたちは楽しく体を洗い合っている」、受動的用法なら「子どもというものは楽しく洗えるものだ（＝お風呂に入れてやるのは楽しい）」とある。

C

ただし、単独の guérir は自動詞でも使われるため、左記の例を自動詞 guérir（＝ s'en sortir）を用いて Ma tante a enfin guéri de sa grippe. あるいは être guéri「病気が治った」を用いて La grippe de ma tante est enfin guérie. などと書き換えることができる。

Q | 適語選択 | 下記の文に入られるのは①、②のどちらか。[2]

Le médecin espère qu'elle [① guérira ② se guérira] rapidement de sa pneumonie.

---

070 ▶ 07
se suicider
| 自殺する

---

se tuer volontairement

□ 1 **Le vieil homme _s'est suicidé_ au gaz.**
その老人はガス自殺した。

＊ se donner la mort も同義になる。ちなみに Le vieil homme l'a tué. なら le vieil homme ≠ le なので「その老人は彼を殺した」となる。なお、se tuer も「自殺する」の語義では同じだが、「（事故で）死ぬ」（←自分の意志に反して）の意味でも使われる（例：Elle s'est tuée en voiture.「彼女は自動車事故で亡くなった」）。

Q | 適語選択 | 下記の文に続けるのが不適当なのは①〜③のどれか。[2]

Elle s'est suicidée ...

① au feu   ② d'un coup de revolver   ③ en se jettant dans le vide

---

071 ▶ 08
s'envoler
| （1）（飛行機や鳥などが）飛び立つ　（2）吹き飛ばされる

（1）s'élancer dans l'air, au moyen de ses ailes

□ 1 **Les étourneaux _se sont envolés_ tous à la fois.**
ムクドリが一斉に飛び立った。

＊ vol [nm]「飛行」から派生した voler「飛ぶ」とは別扱い、envol [nm]「飛び立つこと」[語源 en「上へ」＋ vol「飛ぶ」] から派生した、本来的用法の代名動詞。

（2）être emporté par le vent

□ 2 **Il y a eu un courant d'air et tous les papiers _se sont envolés_.**
すき間風が吹いて、書類がすべて吹き飛ばされた。

「医者は彼女の肺炎はすぐに治ると思っている」の意味だが、que 以下の主語が人か病名かの違いで動詞は見分けられる。「彼女が治る、癒える」を意味する① [**guérira**] が入る。なお、[語源　pneumo「肺の語幹（ギリシア語）」(← poumon [nm]) + ie「(医学) 症状」→「肺炎」] pneumonie [nf] となる。

日常会話で「老人、お年寄り」を un vieil homme, une vieille femme, une vieille personne などと表現する際には要注意。婉曲的に une personne âgée を用いるのが通例となっているからだ。

①**が不適当**。「焼身自殺する」と表現するなら se suicider par le feu とする。②は「ピストル自殺する」、③は「飛び降り自殺する」の意味。

　🎩 訳文術　「すべての＋[名詞]」という訳には注意。この例文を「すべての書類が吹き飛ばされた」とするといささか原文が透けて見える翻訳調になってしまう。

Q ■適語選択■ 下線部と類義なのは①～③のどれ。[3]

L'avion de transport s'est envolé de l'aéroport international du Kansai.

① atterrir　② décoller　③ s'écraser

---

072 ▶08
† se hâter ┆ 急いで行く、de + inf.　急いで～する

---

agir avec plus de rapidité ＝ se dépêcher

□ [1] **_Hâtez-vous_ !**
　急いで!

□ [2] **Mon patron va aller boire avec un ami, alors il _s'est hâté_ de terminer son travail.**
　上司は友人と呑みに行くので、急いで仕事を切り上げた。

＊ se dépêcher よりも少し改まった言い方。

Q ■適語選択■ 下記の文と文意が同じになるのは①～③のどれか。[3]

Hâtez-vous lentement.

① Si l'on se hâte, tout va de travers.

② Si vous êtes pressé, faites un détour.

③ Si vous faites une erreur, n'hésitez pas avant de la corriger.

---

073 ▶08
se quereller ┆ avec qqn　～とけんかする

---

avoir une querelle, un différend avec qqn

□ [1] **Mon grand-père _se querelle_ toujours avec son gendre.**
　祖父は娘婿 (むこ) とけんかばかりしている。

＊単独の quereller「(人を) 非難する」は文語、日常では se quereller の形でもっぱら使われる。なお、類義「口論する」なら se disputer、「殴り合う」なら se battre を用いる。

「輸送機が関西国際空港を飛び立った」。②「**離陸する**」**が正解**。①は atterrir sur l'aéroport international du Kansai で「関西国際空港に着陸する」の意味、③はたとえば s'écraser dans l'océan indien で「インド洋に墜落する」の意味になる。

hâter は「早める、速くする」の意味。

ラテン語の festina lente. からの訳語。「ゆっくり急げ」→「急がば回れ」の意味なので、**②がそれを説明した文になる**。①はいわば「急いては事を仕損じる」Trop se presser nuit. の説明文、③は「過ちては改むるにはばかることなかれ」Il n'est jamais trop tard pour se corriger. を説明した内容になる。

Q 和 訳 | 下記の文を訳せ。

■ 2　Les nouveaux mariés d'à côté se querellent souvent.

Q 文法・語法 | 頻度の副詞（句）：次の①～⑦を頻度が「高い」順から「低い」順に並べ替えよ。

① de temps en temps　② fréquemment　③ parfois　④ quelquefois

⑤ rarement　⑥ souvent　⑦ tout le temps

---

074 ▶08
se fiancer

avec qqn / à qqn　～と婚約する

---

promettre de se marier avec qqn

□ 1　Ma nièce *s'est fiancée* avec un acteur de renommée mondiale.

姪 (めい) は世界的に有名な俳優と婚約した。

＊これは再帰的用法だが、主語を複数にして、Un acteur de renommée mondiale et ma nièce se sont promis de se marier. などと相互的用法で言い換えることもできる。

☞「**有名な**」

英語 famous からの類推で仏語 fameux, fameuse を「有名な」と考える人が多いが、この単語は「有名な」の意味では現在あまり使われない。bien connu(e)「（多くの人が耳にして）よく知られている」、célèbre「（人の注目を引いた行為などで）有名な、高明な」、この２つがひろく用いられる。また、上記の例のように renommé(e) は「（優れた特質、業績などで）有名な」の意味とともに、産物などが「評判な、大衆に人気のある」（＝ réputé(e)）といった意味で用いられる。

Q 整序問題 | [ ] 内の語を意味が通じるように並べ替えよ。[2]

Ma sœur [à, un, s'est, jeune, fiancée] Français.

これは se quereller の相互的用法で「互いにけんかする、ののしり合う」の意味。よって「**隣の新婚夫婦はけんかをしていることがよくある**」。

👒 **訳文術** 直訳は「隣の新婚夫婦はしばしばけんかをしている」となるが、頻度を表す副詞を文のうしろに持っていくと無理のない和訳となることが多い。ほかに「ときどき〜する」を「〜すること(とき)もある」といった訳の工夫だ。

toujours「いつも」から (ne...) jamais「けっして〜ない、一度もない」の間をおおむね次の順で並ぶ。
⑦ **tout le temps**「しょっちゅう、いつも」＞ ② **fréquemment**「頻繁に、しばしば」＞ ⑥ **souvent**「しばしば」＞ ③ **parfois**「時折」＞ ① **de temps en temps**「(定期的に)ときどき」＞ ④ **quelquefois**「時には」＞ ⑤ **rarement**「まれに、めったに〜ない」。なお、正確さを期する際は「週に3回」trois fois par semaine、「月に1度」une fois par mois などといった副詞句を用いる。

fiancer は「婚約させる」の意味になる動詞で、être fiancé(e) avec qqn なら「婚約している」の意味になる。

Ma sœur **s'est fiancée à un jeune** Français. となり、意味は「私の姉(妹)は若いフランス人と婚約した」となる。

se recoucher
再び横になる（寝る）

se remettre au lit ↔ se relever

☐ 1 Ma fille s'est levée vers 6 heures, a répondu à ses emails et *s'est recouchée* à 7 heures.

娘は6時ごろ起きて、メールに返事をして、7時にまた寝た。

Q ┃ 適語選択 ┃ 下線部と反意になるのは①～③のどれか。²

Ma grand-mère s'est levée pour prendre des médicaments et s'est recouchée.

① se relever   ② se retourner   ③ se retrouver

se remarier
再婚する

se marier une nouvelle fois

☐ 1 Elle *s'est remariée* deux ans après son divorce.

離婚後2年で彼女は再婚した。

＊ se marier は「結婚する」、divorcer は「離婚する」の意味。

Q ┃ 作文・ディクテ ┃ 「彼はサンドラに求婚したが、彼女はまだ再婚する心づもりができていない。」

☐ 2 Il a demandé Sandra _____ mais elle _____

_____.

se doucher
シャワーを浴びる

prendre une douche

☐ 1 Va vite *te doucher* !

早くシャワーを浴びなさい！

〈re「再び」＋ coucher「寝かせる」〉から recoucher（↔ relever）は「（人を）再び寝かせる」という意味の他動詞。

「祖母は薬を飲むために起きて、また寝た」の意味。①「**起き上がる**」が反意**語**。②は「体の向きを変える、振り向く」、③は「再会する」とか「（ある状態に）突然陥る、（自分の）いる場所がわかる」の意味。

Il a demandé Sandra **en mariage** mais elle **n'est pas encore prête à se remarier**. となる。

douche [nf]「シャワー」から派生した doucher は「シャワーを浴びさせる、シャワーをかける」という意味（例：doucher les enfants「子どもたちにシャワーを浴びさせる」）。なお、「シャワー中である」は être sous la douche（←シャワーの下にいる）という言い方もする。

「夫は朝と夜にシャワーを浴びて香水をつけます。」
□ 2 **Mon mari** <u>   </u> **et le soir.**

---

078 ▶08
s'enrhumer   風邪をひく

attraper un rhume

□ 1   Ma fille *s'est enrhumée* parce qu'elle était assise à côté de quelqu'un qui toussait.

娘は咳をしている人の隣に座っていたせいで、風邪をひいた。

＊本来的用法の代名動詞なので過去分詞の性数一致をする。この動詞は、例示のように「風邪を引いた原因」を説明する文をプラスされることが多い。なお、tousser は「咳をする」、「（軽く）咳をする、咳払いをする」なら toussoter、「咳き込む」と言いたいなら avoir un accès de toux といった言い方をする。

＊「風邪をひく」は attraper un rhume、「軽い風邪をひく」なら prendre froid、「ひどい風邪をひいている」なら avoir un gros [bon] rhume といった言い回しを使う。

☞ **原因・理由を導く接続詞**

parce que は英語の because に相当し、聞き手にとって未知の理由（新情報）を述べ、背景に Pourquoi ?「なぜ？」という疑問が見え隠れする。puisque は相手にとっても既知の事柄や万人に自明のことに基づいて「～なのだから」「～である以上」と判断の根拠を示す。英語の since にニュアンスが近い単語。car は英語の for に相当し、常に主節の後で、主節の判断となる説明を追加的に述べる。ただし、日常会話での頻度は高くない。comme は英語の as に相当する。理由や判断を表す接続詞だが相手もわかっていることを念押しする感覚で用いられることが多い接続詞。

Q 誤文訂正 ‖ 下記の文の不自然さを説明せよ。
■ 2   Ma mère s'est enrhumée en sortant sans manteau.

Mon mari **se douche et se parfume le matin** et le soir. となる。日本語の感覚ではわかりにくいのだが、フランス語では日常習慣化された動作（朝起きて夜寝るまで）が、動詞単独なら「（他者に）〜させる、（人に）〜する」（他動詞）の意味になり、代名動詞になると「自分に〜する（再帰的用法）」（自動詞）となる例が非常に多い。

B

C

例文の文法・語法に間違いはない。「母はコートを着ないで出かけたので風邪をひいてしまった」という意味になり、通常はこれで問題ないように感じる。しかし、本書のチェックと録音をお願いした Julien Richard- 木口さんは妙だと感じるという。rhume [nm]「風邪」が virus [nm]「ヴィルス」によるcontagion [nf]「感染」で生じる点を考えると、文脈が正しいだろうかとの指摘だ。つまり、「コートを着なかったので」→ tomber malade「病気になる」とか、「コートを着なかったので」→ prendre froid「風邪をひく（← froid [nm] はそもそも「寒さ」の意味）」とするなら問題ないが、rhume「（伝染病である）風邪」から派生した s'enrhumer を用いて、風邪を引いた原因を「コートを着なかったこと」に起因するのは、単語の性格に照らして妥当性を欠くように感じるとのこと。

B

日常会話での使用頻度が高い代名動詞

079 ▶09

se pouvoir

（非人称構文で）～はあり得る、かもしれない

être possible

□ 1 **Cela se peut.**
それはあり得ることだ。

＊非人称で用いられる代表的な代名動詞。例文は C'est une chose possible. として
もほぼ同義になる。なお、例文を否定した「それはあり得ない」なら Cela ne se peut
pas. となるが、くだけた会話調なら Ça se peut pas. といった言い方をする。

Q 和 訳 下記の文を訳しなさい。
■ 2 **Il se peut que les médaillés olympiques ne s'améliorent pas du tout
après cela.**

Q 文法・語法 pouvoir と savoir：どちらか正しい方を選びなさい。 3
Elle s'est mariée avec un homme qui [ne pouvait pas / ne savait pas] cuisiner.

080 ▶09

se mettre

（1）（場所に）身を置く、～の状態になる
（2）à + inf.　（不意に）～し始める
（3）（自分の体に）つける、身につける

（1）se placer dans un lieu ou dans un état

□ 1 **On se met au milieu ?**
真ん中あたりに座ろうか？

＊レストランなどでは Mettez-vous là-bas.「あちらの席にお座りください」と誘導され
たりする。

□ 2 **C'est l'heure de se mettre à table.**
食事の時間です。

＊ se mettre à table で「食卓につく」の意味（mettre la table なら「食卓の準備をす
る」こと）、逆に「食卓を立つ、離れる」なら se lever de table という。

□ 3 **Elle s'est mise en colère.**
彼女は怒り出した。

〈il se peut que ＋［接続法］〉の形で、s'améliorer は「よくなる、向上する」の意味。よって「**オリンピックのメダリストがそれ以降まったく成績が伸びないことはあり得る**」といった訳になる。

この２つの動詞の差異が明瞭にわかる典型的な例文は、Je sais nager, mais aujourd'hui je ne peux pas nager. で、「泳ぐことはできるが（カナヅチではない）、今は（たとえば、体調が悪いので）泳ぐことができない」という意味。savoir は「（知識・技術の習得を前提に）〜することができる」の意味で、pouvoir は「（今この場で具体的に）〜することができる」の意味。Mon père ne [sait / peut] pas mentir. ならば、「父は嘘を［（そもそも）つかない /（今ここでは）つけない］」という差がある。よって、問題文は「彼女は（そもそも）料理のできない男性と結婚した」という文意なので、**savoir** が入る。

＊ monter sur ses grands chevaux「いきりたつ、怒る」(←大きな馬に乗る / そもそも
は農耕用の馬でない、戦闘用の気性の荒い背の高い馬を指す) という類義の言い回
しもある。

(2) commencer à faire qqch

□ 4 **Ma femme *s'est mise* à rire quand elle a vu mon déguisement.**
　　私の仮装を見て妻は急に笑い出した。

＊ se mettre à + inf. は「(予期せぬことが) ～し始める」の意味で、se mettre à +
inf. に用いられる代表的な動詞は rire, pleurer, courir, trembler といった語があ
げられる。なお、類義の commencer à + inf. は「(想定内のことが) ～し始める」
が通例の使い方 (例：Il commence à pleuvoir.「(雲行きから思っていた通り) 雨
が降りだした」)。

(3) porter [un vêtement]

□ 5 **Je n'ai rien à *me mettre* pour la soirée dansante.**
　　夜のダンスパーティーに着ていくものがない。

＊この se mettre の se は間接目的語として扱われる点に注意。

Q 作文・ディクテ ‖「彼女は両親と意見が一致した (折り合いをつけた)。」
□ 6 **Elle** ＿＿＿＿＿＿＿＿＿＿＿＿＿＿＿＿＿＿.

Q 作文・ディクテ ‖「彼らは早朝に旅立った。」
□ 7 **Ils** ＿＿＿＿＿＿＿＿＿＿＿＿ **le matin.**

Q 文法・語法 ‖ **mettre の熟語**：1 ～ 5 の言い回しとほぼ同意になるのは a ～ e の
　　　　　　　　どれか。8

　① mettre au monde　　　　　 **a** croire
　② mettre au propre　　　　　 **b** donner naissance
　③ se mettre dans la tête　　　 **c** se mêler de
　④ se mettre en route　　　　　 **d** prendre le départ
　⑤ s'y mettre　　　　　　　　 **e** recopier

Q 和　訳 ‖ 下記の文を訳せ。
■ 9 **J'avais honte, je ne savais plus où me mettre.**

se mettre d'accord で「合意する、和解する、うまく行く」(= s'arranger) の意味。Elle **s'est mise d'accord avec ses parents**. となる。「〜することに合意する」なら s'accorder pour + inf. という言い方をする。

se mettre en route で「出発する、旅立つ」の意味、Ils **se sont mis en route tôt** le matin. となる。ちなみに mettre qqn / qqch en route なら「(機械や車を) 始動 [発進] させる、(仕事などを) 開始する」の意味になる。

解答は次の通り。① -b「生む、出産する」、② -e「清書する」、③ -a「思う、思い込む」、④ -d「出発する」、⑤ -c「首をつこむ、口出しする」。

ne plus savoir où se mettre は「恥じいっている」(= être très gêné) の意味、よって「**恥ずかしくて、穴があったら入りたいくらいだった (身の置き場がなかった)**」といった訳になる。

081 ▶09

se devoir

(1) à qqn / qqch 〜に尽くす（身を捧げる）義務がある
(2) de + inf. 〜する義務がある、〜するのは自分の義務だ

(1) avoir l'obligation morale de se dévouer à quelqu'un

☐ 1 **Elle ne pense pas qu'elle *se doive* à ses enfants ?**

彼女は子どもたちの世話をする義務があると考えていないのですか？

(2) avoir une obligation morale envers soi-même

☐ 2 **Je me dois de faire de mon mieux.**

最善を尽くすのが自分の義務だと心得ています。

Q ▌適語選択▐ 下線部とほぼ同義なのは①〜③のどれ。³

Antoine a présidé la réunion, comme il se doit.

① comme de juste ② comme il faut ③ comme suit

---

082 ▶09

se dire

(1) 自分に言う、（心の中で）思う　(2) 互いに言う
(3) 言われる、（〜という言葉が）使われる

(1) penser

☐ 1 **Tu *te dis* que tout va bien ?**

すべてうまくいくと心のなかで思っているの？

(2) parler avec qqn

☐ 2 **On peut *se dire* « tu » ?**

〈tu〉で話しませんか？

＊ (1) は再帰的用法、(2) は相互的用法。

(3) avoir un sens, pouvoir être dit

☐ 3 **Ça *se dit* comment «omotenashi» en français ?**

「おもてなし」をフランス語ではどう言いますか？

＊ (3) は受動的用法。Comment dit-on «omotenashi» en français ? と言い換えて
も同義になる。ちなみに「歓待、手厚いもてなし」なら hospitalité [nf] という。

Elle ne pense pas que ce soit son rôle de s'occuper à ses enfants ? と書き換えられる。

comme il se doit は「当然のように、予定通り」（＝ qui convient, qui est normal）の意味になる熟語。和訳は「アントワーヌが当然のことながら（予定通り）会議の議長を務めた」という意味。順に「もちろん、当然ながら、予定の通り」、「申し分なく、立派に」、「以下（に述べる）のように」の意味なので、①が類義語になる。

☞「話す」「言う」

dire は話す内容を目的語として「（ある内容を）伝える、（真実などを）知らせる」こと（英語 say, tell）、parler はたとえば言語を目的語にして「言葉を発する、ものを言う」こと（英語 speak, talk）。つまり「parler（話す）は何かを dire（言う、告げる）動作」«Parler», c'est l'action de «dire quelque chose.» を指す。また、「語る、物語る」なら raconter、「おしゃべりをする」なら causer または bavarder を用い、「ペチャクチャしゃべる」なら jacasser、パソコンなどで「チャットする」なら chatter が使われる。

Q 適語選択 下記の下線部とほぼ同じ意味になるのは①~③のどれか。⁴

Quand ils se rencontrent, ils se disent bonjour.

① s'embrasser ② se présenter ③ se saluer

Q 文法・語法 **bonjour は挨拶だけではない：①~③を和訳せよ。**⁵

① **Ma femme te souhaite bien le bonjour.**

② **C'est simple comme bonjour.**

③ **Peu importe pour qui on vote, rien ne change, bonjour la démocratie !**

---

083 ▶09

se prendre

(1) つかまれる、(服・体の一部が) 挟まれる、飲まれる
(2) pour qqn　自分を~だと思う
(3) 取り合う、つかみ合う

---

(1) être mis dans la main, être attrapé, être absorbé

☐ ¹ **Mon pantalon *s'est pris* à un clou.**
　　ズボンが釘にひっかかった。

☐ ² **Ce médicament *se prend* après le repas.**
　　この薬は食後に服用する。

(2) se considérer, se croire

☐ ³ **Tu *te prends* pour qui !**
　　君はいったい何様のつもりなんだ！

＊ se prendre pour qqn「自分を~だと思う」は penser être ＋ A「A であると思う」と類義になる。たとえば、Il se prend pour un expert. = Il pense être un expert. つまり「彼は自分を専門家 (エキスパート) だと思っている」という意味。

(3) se tenir l'un l'autre

☐ ⁴ **Les jeunes amoureux *se sont pris* la main.**
　　若い恋人たちは手をつないでいた (互いに手を取り合った)。

☐ ⁵ **Les deux joueurs cherchaient à *se prendre* le ballon.**
　　2人のプレーヤーはボールの奪い合いをしていた。

＊ (1) ～ (3) の順に、受動的用法、再帰的用法、相互的用法で使われている。

「彼らは出会うと互いに挨拶を交わします」の意味なので、**③が適当**、se faire la bise も類義になる。ほか①は「キスを交わす、抱き合う」、③は「自己紹介する」の意味になる。

①は「**妻が君によろしくと言っていたよ**」という意味。この bonjour は「よろしく」という男性名詞。なお、bonjour は朝や日中の挨拶としてだけでなく「ただいま」「お帰りなさい」あるいは状況次第で「はじめまして」といった一言にも相当する。②は「**ボンジュールのように簡単**」、つまり「**朝飯前だ**」という意味。C'est un jeu d'enfant.（←子どもの遊びだ）といった言い方も類義。③は会話で使われ、〈bonjour ＋［定冠詞］＋［名詞］〉で「**誰に投票しても、何も変わりやしない、ありがたや民主主義（←民主主義はなんとも結構なものだ）！**」つまり「ひどい状態を嘆き、諦め、あきれ、皮肉をこめて」使われる口語表現。

Q 適文選択 [ ] 内に入る語として①~③のどれが適当か。⁶

Mon voisin est très orgueilleux, il se prend pour [   ].

① un génie　　② un raté　　③ un xénophobe

Q 和　訳 下記の文を訳せ。

■ ⁷ **Sylvie s'y prenait mal pour me séduire.**

---

084 ▶09

s'en aller

> （ある場所から）去る、行ってしまう、
> （しみや汚れが）消え去る

---

partir

☐ ¹ ***Va-t'en* tout de suite !**

すぐに出ていけ（←とっとと失せろ、あっちへ行け）！

＊たとえば、Dehors !「外へ出ろ!」とか Sors de là !「出ていけ!」なども類義の一言。

Q 作文・ディクテ 「おや、もうこんな時間だ。（そろそろ）帰らなくては（行かないと）。」

☐ ² **Ah, il est déjà tard. Il** ＿＿＿＿＿＿＿＿＿＿.

---

085 ▶09

se savoir

> （1）（何かが）知られる、広く知られる
> （2）自分が~だと知っている

---

(1) être connu de façon certaine

☐ ¹ **Ça *se saurait* !**

そんなことはあり得ない！

＊条件法で用いられる定番表現。文脈を添えて説明すれば、Si c'était vrai, ça se saurait !「それが本当のことなら、（とっくに）皆に広く知られているはずだ!」ということ。

(2) avoir conscience d'être

☐ ² **Elle *se sait* condamnée : elle va mourir et elle en est consciente.**

彼女は助かる見込みがないと知っている。まもなく死を迎えると自覚している。

＊形容詞 condamné は「有罪判決を受けた」という意味でも「不治の病にかかった」

「隣人はとても高慢で、自分を [　] だと思っている」に入る単語。順番に「天才」「落ちこぼれ」「外国人嫌い」(xénophobe [gzenɔfɔb / ksenɔfɔb] と発音する) の意味。①が解答になる。

熟語 s'y prendre で agir d'une certaine façon pour obtenir un résultat 「行動する、取りかかる」という意味。たとえば、Je m'y suis pris(e) trop tard.「あとの祭りだ (←行動するのが遅すぎた)」となる。よって、s'y prendre mal なら「まずいやり方をする」となり、例文は**シルヴィは私を誘おうとしたがやり方が稚拙だった (←やり方が下手だった)** といった訳になる。なお、同じく中性代名詞を含む s'en prendre à qqch/qqn は「～を非難する、責める、八つ当たりする」の意味 (例：Ne t'en prends pas à nous！「こっちに八つ当たりしないで (←私たちを責めないで)！」/ 英語も似た形 Don't take it out on us! となる)。

aller「行く」が目的地へ向かうことにポイントがあるのに対して、en「出発点 (副詞的代名詞)」の添えられた s'en aller は、(そこ・ここから) 立ち去る」という運動に力点が置かれた言い回し。s'en sortir「抜け出す」、s'en retourner「戻っていく」、あるいは s'envoler「飛び去る」なども同じ。なお、s'en aller は aller とは独立したものとみなされ本来的用法に分類される。

Ah, il est déjà tard. Il **faut que je m'en aille**. となる。いとまを告げる定番の一言で、Il faut que je vous quitte [que j'y aille / que je parte / que je me sauve]. なども類義になる。言うまでもないが、〈il faut que ＋ [接続法]〉の形。

☞ 間投詞 ah と oh

どちらも「ああ、おお」などと訳され、互いに交換可能なケースもあるが、通例、ah は「予想できること」について、oh は「予想できないこと」について用いるという違いがある。例をあげれば、Ah oui, je vois.「ああ、なるほど」に対して、Oh！Ça m'étonne.「ああ、驚いた!」といった具合。

という意味でも使われる単語。

Q 和　訳 下記の文を訳せ。

■ ³ Tout finit par se savoir.

Q 適文選択 下線部と同じになるのは①〜③のどれか。⁴

Son annulation de fiançailles ? Ça va bien finir par se savoir.

① s'ébruiter　② informer　③ se prévoir

---

086 ▶ 09

se demander
〈si ＋ [直説法]〉 〜かどうか自問する、〜だろうかと思う

poser une question à soi-même

□ ¹ Je **me demande** si je peux accomplir ce travail.
　自分がその仕事をやり遂げられるかな。

Q 書き換え ①と②をつないで「彼はこの数学の問題をどうやって解いたのだろう」という文にせよ。²

① Je me demande　② Comment a-t-il résolu ce problème mathématique ?

---

087 ▶ 09

se trouver
(1) (場所に) ある、いる
(2) (形容詞を添えて) 自分が〜だと思う

(1) être dans un lieu

□ ¹ Dijon **se trouve** à mi-chemin entre Paris et Lyon.
　ディジョンはパリとリヨンの間にある。

＊ Dijon est à mi-chemin entre Paris et Lyon. と書き換えられる。

(2) se sentir

□ ² Je **me trouve** mieux depuis que je prends ce complément alimentaire.
　このサプリメントを飲むようになってから前より体調がいい。

finir par + inf. 「最後には〜する、結局は〜になる」の意味なので、「**何事であれいつかは知られてしまうものだ**」といった訳になる。

「彼（彼女）の婚約解消？　それはいずれ口の端（は）にのぼりますよ」という意味。bruit [nm] 「噂」から派生した ① s'ébruiter 「**（噂などが）広まる**」**がこの文脈では類義になる。**② informer は informer qqn de qqch で「人に〜を知らせる」の意味、③ se prévoir は「予測される」（単独の prévenir qqn de qqch なら「人に〜を前もって知らせる、予告する」）という意味。

demander à qqn で「人に求める、頼む、尋ねる」の意味、これを再帰的用法「自らに尋ねる、問いかける」とした代名動詞が se demander になる。

②が間接疑問文となる形にする。よって **Je me demande comment il a résolu ce problème mathématique.** となる。

＊ se trouver mal なら「気分が悪い」(＝ se sentir mal) の意味 (例： Ma femme se trouvait mal à cause de l'humidité.「妻は湿気で気分が悪くなった」)。

Q 文法・語法 下線部を節で書き換えよ。[3]

Je trouve le travail de Guy excellent.

Q 整序問題 [ ] 内の語句を意味が通じるように並べ替えなさい。[4]

Savez-vous [le, où, se, trouve, nouveau] musée?

Q 書き換え 2つの文がほぼ同じ意味になるように [ ] 内に適語を入れよ。[5]

Il y a un endroit très peu bruyant dans ce quartier.
＝ Un endroit [   ] plus tranquilles [   ][   ] dans ce quartier.

---

088 ▶ 09

se passer

(1) (事が) 起きる、行なわれる、(時が) 過ぎる
(2) de qqn / qqch, de + inf.　〜なしですます、〜せずに済ます

(1) avoir lieu ou se dérouler, se conduire, s'écouler

☐ [1] **Qu'est-ce qui _se passe_ ? Tu as l'air déprimé(e).**
　どうしたの (何があったの) ？落ち込んでるみたいだけど。

＊ Que se passe-t-il ? あるいは Qu'est-ce qu'il y a ? も同義になる。

☐ [2] **Ça _s'est_ bien _passé_, ce soir.**
　今晩は楽しかった (うまくいった)。

(2) se priver, ne pas servir d'une chose

☐ [3] **Je ne pourrais jamais _me passer_ de mon ordinateur.**
　私はパソコンなしですますことは決してできやしない。

Q 和 訳 下記の文を訳しなさい。

■ [4] **Je me passerai de vos conseils !**

〈S＋V［trouver］＋OD［直接目的］＋A［属詞］「〜を…だと思う」〉
を〈S＋V［trouver］＋que S＋V［直説法］〉の形に書き換える問題。
le travail de Guy ＝ excellent という関係なので、**Je trouve que le
travail de Guy est excellent**. となり「ギーの仕事は申し分ないと思う」
といった意味になる。「素晴らしいギーの仕事」といった訳はいただけない。

「新しい美術館がどこにあるかご存知ですか?」の意味となり、Savez-vous
[où se trouve le nouveau] musée？と並ぶ（文法的には Savez-vous
où le nouveau musée se trouve？とすることもできなくはないが、動詞が
最後に置かれる形は好まれない）。あわせて、Pouvez-vous me dire où se
trouve ＋ A？「A はどこにあるか教えていただけますか?」も会話で頻繁に
使われる表現パターン。

「この地区には実に静かな場所がある」を直訳「もっとも静かな場所の 1 つ
がこの地区にはある」と書き換えたもの。il y a は il se trouve とも置き換え
られる。最初の空所には前置詞 de と最上級の冠詞 les が縮約された形が
入り、se trouver を用いる展開で Un endroit **[des]** plus tranquilles **[se]**
[trouve] dans ce quartier. となる。

自動詞passerの基本語義は「通る、通過する」（例：La Seine passe à Paris.「セー
ヌ河はパリを流れる」）。

se passer de ＋ qqchで「〜なしですます、〜を必要としない」の意味なので、
「**余計な口出ししないで（←あなたの忠告なんかなくて済む、あなたの忠告
なんて必要としない）!**」といった訳になる。

B 日常会話での使用頻度が高い代名動詞

se tenir

(1) つかまっている、支えている　(2)（ある姿勢や状態を）保つ
(3)（ある場所に）いる　(4) 開催される

(1) s'appuyer ou s'accrocher à qqch

☐ 1　***Tenez-vous*** à la rampe en descendant l'escalier.
階段から降りる際は手すりにつかまってください。

(2) rester dans un certain lieu ou conserver une certaine attitude

☐ 2　***Tiens-toi*** tranquille !
（子どもに）静かにしてなさい（じっとしていなさい）！

☐ 3　***Tiens-toi*** bien !
お行儀よくして！

＊この命令文は「姿勢をちゃんと正して！」といった意味にもなる。

(3) être (quelque part)

☐ 4　***Tiens-toi*** près de moi.
私の近くにおいで。

(4) avoir lieu

☐ 5　Les jeux Olympiques ***se tiendront*** dans votre pays dans un futur proche.
オリンピックが近い将来あなたの国で開催されるでしょう。

＊「（行事などが）開催される」の意味で、フランス語の語義説明（4）にあるように avoir lieu が同義になる。

Q 和　訳 下記の文を訳せ。

■ 6　Les amoureux se tiennent par la main.

Q 作文・ディクテ 「今晩は白ワイン1杯だけにしておこう。」

☐ 7　Ce soir je ＿＿＿＿＿＿＿＿＿＿＿＿ blanc.

☞「**階段**」にからむ「**落下**」**tomber** と前置詞について

「階段から（転がって、滑って）落ちる / 階段から（宙に浮いて）落ちる / 階段（の上）に落ちる」に関して、用いる前置詞の違いは下のイラストを見ていただきたい。

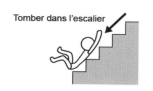
Tomber dans l'escalier

Tomber de l'escalier

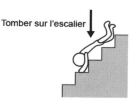
Tomber sur l'escalier

comme il faut「申し分なく、立派に、きちんと（←そうあるべきように）」（＝convenablement）を用いた Tiens-toi comme il faut ！ という言い回しも類義になる。

この se tenir は「互いに結ばれる、par qqch 〜を取り合う」の意味なので、例文は「**恋人が互いに手を取りあっている**」といった訳になる。相互的用法の例。se tenir par la taille なら「互いに腕を腰に回している」という意味になる。

s'en tenir à qqch で「（ある事情があって）〜だけで満足する、〜にとどめておく」という熟語。Ce soir je **m'en tiendrai à un verre de vin** blanc. となる。作文なら現在形 je **m'en tiens** と書いてもかまわない。

se croire
： 自分が〜だと（〜にいると）信じる、自分に〜があると信じる

s'imaginer, se représenter

□ 1 **Mon collègue *se croit* doué.**
私の同僚は自分に才能があると思っている。

＊これは形容詞 doué が属詞になっている例。主節と従属節の主語が同じなので、
Mon collègue croit qu'il est doué. と書き換えることができる。

□ 2 **Où est-ce que tu *te crois* ？**
（相手の言動をとがめて）自分がどこにいるのか分かってるの？

＊くだけた言い回し。「ここをどこだと思っているんだ、場所をわきまえて」といった訳に
もなる。

Q ▐ 動詞選択 ▌ 下記の2つの文に croire か se croire のいずれかを半過去形にし
て入れよ。3
① **Quand j'étais petite, je [　　　　] tout ce qu'on me racontait.**
② **Je ne reconnaissais plus les paysages environnants, je [　　　　] perdu.**

☞ **croire, croire en, croire à の差異**
croire qqn / qqch「信じる」は「発言・言葉を本当だと信じる」（例：Ne croyez pas
cette femme.「あの女性の言うことは信じないで」/ croire cette nouvelle「そのニュー
スを信じる」）、croire en qqn / qqch は「その対象を全体として丸々信頼する、信心す
る」（例：croire en Dieu「神を信じる」）、croire à qqn / qqch は「（その存在や実現・
価値などを）信じる」（例：croire à l'existence des extraterrestres「宇宙人の存在
を信じる」/ croire à la victoire「勝利を信じる」）という意味で用いる。

s'entendre
： (1) 聞こえる
： (2)（人と）気が合う、理解し合う

(1) être entendu

□ 1 **La voix rugissante de la bête s'entend de loin.**
野獣の唸り声は遠くからでも聞こえる。

①は「子どもの頃、人に言われることは何でも信じてしまっていた」の意味で [**croyais**] と入り、②は「周囲の景色に見覚えがなくなったので、道に迷ったと思い込んでしまった」の意味になり [**me croyais**] と入る。①のは直接目的語 tout ce qu'on me racontait が見えるので他動詞 croire が入ると見抜く。

entendre も「（自然に）聞こえてくる」の意味になるが、これはその場限り、ある時間「聞こえる」（例：J'entends du bruit dans la pièce voisine. 「隣の部屋から物音が聞こえる」）を伝えるもので、一般論として「聞こえる、聞こえるものだ」を意味する 代名動詞 s'entendre とは意味合いに違いがある。

＊受動的用法の代名動詞。

☞ **entendre と écouter**

たとえば、Écoutez, vous n'entendez pas quelque chose ? という文がわかれば違いは鮮明になる。つまり「（集中して、耳をすまして）聞いてみて、（そうしたら、自然に）何か聞こえてきませんか？」という差異。あるいはこんな例で。En classe, Dominique n'écoute pas le professeur.「授業中、ドミニクは教師の話を聞いていない（注意して耳を傾けない）」、Dominique n'entend pas le professeur.「ドミニクは教師の話が聞こえない（周囲の環境のせいで聞こえてこない）」という違い。ちなみに Dominique は男女、どちらにも用いられる名前。

(2) se comprendre / être amis ou être d'accord

□ 2　**Je _m'entends_ très bien avec Claire.**
　　　私はクレールととても気が合います。

＊少し改まった感じで、Nous nous entendons à merveille.「私たちはたいへん仲がいい」とか、あるいは Nous avons une bonne relation.「私たちはうまくいってます」といった言い方もする。

□ 3　**_Entendons-nous_ bien là-dessus.**
　　　その点ははっきりさせておきましょう。

＊これは相互的用法「理解し合う」の意味になる。

Q ▮ 和 訳 ▮ 下記の文を訳しなさい。
■ 4　**Ton grand frère s'y entend en physique ?**

092 ▶10
se remettre
(1) à qqch / + inf.　**再び始める**
(2) de qqch　**（病気やショックなどから）回復する**

(1) recommencer une activité

□ 1　**Ma fille _s'est remise_ à jouer de la flûte traversière après six mois.**
　　　娘は半年後、またフルートを吹きだした。

(2) revenir à un meilleur état de santé, à une meilleure situation

118

être en bons termes avec qqn や avoir de bons rapports avec qqn 「人と仲がよい」を用いて Je suis en bons termes [J'ai de bons rapprts] avec Claire. といった言い換えもできる。

「**君のお兄さんは物理に通じていますか ?**」といった訳になる。s'y entendre en qqch で「(技能や学問分野などに) 精通している」(＝ être un expert [une experte] en qqch) の意味になる。

se mettre à + inf. なら「〜し始める」の意味。なお、フランス語の flûte は通常「リコーダー (ブロックフレーテ)」を指す。「横型のフルート (トラヴェルソ)」は左ページ例文の言い方をする。

□ ² **Votre fils *s'est*-il *remis* de son rhume ?**

あなたの息子さんはもう風邪は治りましたか？

＊ remettre には「（人の）健康を回復させる、元気を取り戻させる」（例：Un changement d'air a remis mon oncle.「転地しておじは健康を取り戻した」）の意味がある。

Q 適語選択 下線部と類義になるのは①～③のどれ。³

Il faudra deux semaines avant qu'elle ne se remette de son opération.

① s'évader ② se rétablir ③ se retarder

☞ **虚辞の ne**

〈avant que ＋［接続法］〉には、否定の意味を持たない ne（虚辞）が添えられることがある（主に書き言葉で、従属節中に潜在する否定的な心理を映し出したもの）。たとえば、Rentrons vite avant qu'il [ne] pleuve. で「雨が降る前に（＝雨が降らないうちに）急いで帰ろう」の意味合いで ne だけが添えられるケースがある。あるいは、「恐れ、否定、疑惑」などの表現でも話者の否定的な心理を反映して、虚辞の ne を添えることがある（例：Jérôme a peur que sa femme [ne] soit très fatiguée.「ジェロームは妻がひどく疲れているのではないか（＝そうでないといいのだが）と心配している」）。ほかに、比較表現で、On la croit plus intelligente qu'elle [n']est. で「彼女は実際よりも（＝実際はそうではないが）聡明だと思われている」といったケース（que 以下の部分が劣っている、つまり que 以下が否定的意味合いを内包しているためそれを ne だけで示す）、英語なら接続詞 before や than のうしろには否定にしないと習う語法（そもそも否定の意味合いが内包されている）に相当する。ただし、虚辞は比較表現を除けば、原則、接続法と併用される。

093 ▶10

se permettre

de qqch / de + inf.　（通常は許されないことを）あえて（遠慮なく）〜する

oser faire ou dire qqch

□ ¹ **Cette cliente *s'est permis* des remarques déplacées.**

あの女性客は場違いなことを言ってのけた。

＊例示は 3 人称主語なので「非難」の意味合い。主語が 1 人称なら「（失礼ながら）〜させていただく」という意味（例：Je me permets de vous contredire sur certains

例文は「彼女が手術から回復するまでに 2 週間かかる」という意味。s'évader de qqch で「〜から抜け出す」、se retarder は「遅れる」の意味なので、② **se rétablir** が「健康を回復する」の意味で **se remettre** と類義になる。

🎩**訳文術** 　単純未来を用いた例なので、左記の文を「2 週間かかるだろう」と訳す人が少なくない。しかし、基本、未来形に「〜だろう」の訳は不自然になる。推量に感じとれるからだ（ちなみに、日本語は動詞を未来形にする言葉ではない。「明日また来ます」を「明日また来るだろう（でしょう）」としたら、「で、来るの、来ないの?」と相手から問い返されるはず）。英語 will do を「〜だろう、でしょう」と訳す悪しき慣習は不自然な日本語を生み出す温床になっている。『ぼくたちの英語』の中で、自称、フリーランス語学教師は書いている、「不自然な和訳は必ず間違っている」と。至言である。

permettre は「（〜することを）許可する、許容する」（例：Permettez-moi de vous expliquer.「事情を説明させてください」/ 英語なら Allow me to explain. となる）あるいは「（物事が）許す、可能にする」（例：Nous irons à la pêche demain, si le temps nous le permet.「天候が許せば（←晴れたら）、明日釣りに行こう」/ 英語なら We will go fishing tomorrow, weather permitting. という）とともに、「可能にする、〜できる」の訳も記憶しておきたい（例：Les circonstances ne nous permettent pas de vous aider.「事情があって力添えはできかねます」）。なお、代名動詞の se は間接目的語（「自らに〜することを許す」→「あえて〜する」）。

points. 「いくつかの点についてちょっと反論させていただきます」/ Permettez-moi de vous contredire sur certains points. とほぼ同義)。

Q 作文・ディクテ 「彼女は衆目の前で遠慮なくあなたを侮辱した。」

□ 2 Elle _____ en public.

---

094 ▶ 10

s'occuper

(1) de qqn / qqch　〜の世話をする、〜に従事する、〜に専念する
(2) à + inf.　〜して時間を過ごす
(3) de qqch　〜に関心を抱く

(1) donner ses soins

□ 1 **Vous occupez**-vous de vos parents à la maison ?
自宅で両親の面倒を見ているのですか？

＊ s'occuper de qqn で、英語の take care of に相当する。

□ 2 Je **m**'en **occupe**.
それは私がやります。

＊決まり文句。s'occuper de qqch で「〜に従事する、専念する」の意味。

(2) consacrer du temps et de l'attention à qqn ou à qqch

□ 3 Ils **s'occupent** à jouer aux échecs.
彼らはチェスに興じている。

(3) se faire du souci

□ 4 De quoi tu **t'occupes** ?
あなたには関係ないことでは (余計なお世話だ) ？

＊会話の定番の一言。T'occupe !「口出ししないで!」と略すこともある。Occupe-toi de tes oignons !「あんたには関係ないだろ、余計なお節介はやめて (←自分のタマネギをかまってろ) !」も相手を一喝するきつい一言。

Q 作文・ディクテ 「プジョーのサービスステーションがわが社の車のメンテナンスを担当している。」

□ 5 Le garage Peugeot _____ de notre entreprise.

Elle **s'est permis de vous insulter** en public. となる。ne pas hésiter
à + inf.「遠慮なく〜する」を用いて Elle n'a pas hésité à vous insulter
en public. などと言い換えられる。

他動詞 occuper は「（場所・時間を）占める」が基本語義、形容詞 occupé(e)「忙
しい、使用中の」はここから派生。

Le garage Peugeot **s'occupe de la maintenance des voitures** de
notre entreprise. となる。

■ 6　Est-ce qu'on s'occupe de vous, Madame ?

095 ▶10

se présenter

(1) 自己紹介する　　(2)（場所に）現れる、出頭する
(3) 生じる、起こる
(4) à qqch　〜に志願する、受験する、立候補する

(1) se mettre en présence, se faire connaître à qqn en disant son nom

□ 1　Je *me présente* : Sato Ichiro.
　　　自己紹介します、サトウ・イチロウです。

＊再帰的用法、英語 introduce oneself「自己紹介する」という表現と同じ発想。なお、氏名の順番を Ichiro Sato と西洋風に逆転するのはおかしくはないか。多くの論文や著作で、いまだに Ichiro Sato と書かれているのを見るとざらっとした違和感を覚える。母語が「名姓」の順であれば別だが、わざわざ「姓名」を逆にして名乗るのはおそらく日本人だけではないか。ジャーナリズムで、中国や韓国、北朝鮮などの政治家の名は姓名の順、ところが日本の政治家は名姓の順番で記されるという不可思議。

(2) arriver dans un lieu, paraître devant qqn

□ 2　*Présentez-vous* au commissariat demain.
　　　明日、警察署に出頭してください。

(3) apparaître, venir, avoir lieu

□ 3　Mon mari a raté l'occasion qui *s'est présentée*.
　　　夫は巡ってきたチャンスを逃した。

(4) être candidat à qqch

□ 4　De nombreux candidats *se présentent* au baccalauréat chaque année.
　　　大勢の受験生が毎年バカロレアの試験を受ける。

①「自己紹介させていただきます」　②「友人のミホを紹介させていただきます」

□ 5　① Permettez-moi ~~～～～～～～～～～～～～~~ .
□ 6　② Permettez-moi ~~～～～～～～～～～～～～～～～～～～～～～～～～～～～～～～~~ .

店員が客に対して用いる定番の一言、「**奥様、ご用件は承っていますでしょうか？**」の意味。あるいは、Un instant et je m'occupe de vous.「少しお待ちください、御用はすぐ承ります」も定番。

présenter は「（人を）紹介する」が基本語義（例：Je vous présente à mes parents.「あなたを両親に紹介します」）。

permettre を用いた少々改まった言い回しで、① Permettez-moi **de me présenter**.　② Permettez-moi **de vous présenter mon amie Miho**. となる。なお、普通は ①は左記 (1) の例示のように使い、②は Je vous présente mon amie Miho. といった言い方をする。

Q ■■ 和 訳 ■ 下記の文①、②を和訳せよ。

■ 7 ① Le bébé s'est bien présenté.

■ 8 ② L'affaire se présente bien.

---

096 ▶10

se retrouver

（1）待ち合わせる、落ち合う
（2）（迷ったあとに）道をまた見つける、どこにいるか分かる
（3）（不意に、知らぬまに）ある状態に落ちいってしまう、ついに〜になる

---

(1) être de nouveau avec qqn, être à nouveau réunis ↔ se séparer

□ 1 **Où est-ce qu'on peut *se retrouver* ?**
どこで待ち合わせしょうか？

＊ On se donne rendez-vous où ?「どこで待ち合わせる？」といった言い方もある。

(2) trouver son chemin

□ 2 **On *se retrouve* difficilement dans ce quartier.**
この界隈はなかなか道がわからない。

(3) être subitement dans une nouvelle situation

□ 3 **À la mort de son mari, elle *s'est retrouvée* toute seule.**
夫の死後、彼女はひとりぼっちになってしまった。

Q ■■ 和 訳 ■ 下記の文を訳せ。

■ 4 **Monique s'est trompée de train et elle s'est retrouvée dans une autre ville.**

---

097 ▶10

se rencontrer

（複数の人が偶然に）出会う、（約束して）会う、（物が）出合う

---

se retrouver par hasard ou dans un lieu fixé à l'avance

□ 1 **Elles *se sont rencontrées* à la gare.**
彼女たちは駅でばったり出会った。

＊相互的用法の代名動詞。

se présenter bien で「感じがいい、うまくいきそうだ」の意味だが、左記の 2つの例はうまく訳し分けたい。①は「**赤ん坊はうまくいった**」、つまり「**安産だった**」ということ、②は「**事業はうまくいきそうだ**」という意味になる。なお、Ça se présente bien！なら「（首尾は）うまく行きそう！」という意味。

retrouver が「再会する、（一度いなくなった人やなくなった物を）見つけ出す」（例：J'ai retrouvé par hasard mon ex à la gare de Shibuya.「渋谷駅でたまたま前の夫（妻・恋人）に会った」、J'ai perdu mes clés et je ne les ai pas retrouvées.「鍵をなくして、まだ見つかっていない」）の意味であるのに対して、代名動詞 se retrouver は「落ち合う、待ち合わせる」という意味。

自然な訳をつけるのが少々難しい例。この se retrouver は「（気がついたら）～に来てしまっている」といった意味合い。よって「**モニックは電車を乗り間違って、別の町に来てしまった**」といった訳になる。

rencontrer は「（人に）偶然出会う」（物事に「出会う」の意味でも使う。例：rencontrer des difficultés「困難に出会う」）あるいは「（約束して）会う、会見する」という意味。

適語選択 下線部と同義になるのは①～③のどれ。[2]

Les deux motos se sont rencontrées à ce carrefour hier soir.

① entrer en collision ② stationner en double file ③ tomber sur le côté

Q **内容説明** 下記の小話の笑いのツボを説明せよ。[3]

- Ah ! Nous avons été, ma femme et moi, merveilleusement heureux pendant 25 ans !
- Et ensuite ?
- Et ensuite, nous nous sommes rencontrés à Paris ...

098 ▶10
se préparer
（自分の、自分のために）準備をする、身支度する

être prêt à se produire, agir de manière à être prêt

□ 1 Ça **se prépare**.
（成り行きまかせでなく）入念な準備が必要だ。

□ 2 Attends, je suis en train de **me préparer**.
待って、今、準備（身支度）をしてるから。

Q **適語補充** ほぼ同義になるよう [　] に se préparer を適当な法と時制に活用
して入れよ。[3]

Habillez-vous vite. On va rater le TGV !

= Il faut que [　　　　　　　　] vite, sinon on va rater le TGV.

Q **適語補充** 下記の [　] に入る前置詞を答えなさい。[4]

① Elle se prépare [　　] sortir.

② Elle se prépare [　　] assister à la cérémonie.

099 ▶10
se tirer
（1）de qqch　～から抜け出す、～を切り抜ける
（2）逃げる、立ち去る

（1）sortir avec succès d'une situation difficile

128

「昨晩、2 台のバイクがあの交差点でぶつかった」という意味。①は類義「衝突する」、②は「2 重（道に 1 台ではなく、左右に 2 台並ぶ格好で）駐車する」、③は「横転する」の意味になる。

「妻と私は 25 年すこぶる幸せでした！」のあと、「で、それから？」と転ずれば、通常なら「妻と別れた」とか「病に倒れた」といったような展開を想定するが、この話は「それから、パリで妻と出会った……」と進む。つまり、結婚するまでは別々に「すばらしく幸せ」に暮らしていたが、そのあと「妻」に出会ってしまったという悲運。

préparer は「（食事などを）用意する、準備する」の意味。たとえば、préparer du café なら「（家族のため・客人のためなどに）コーヒーをいれる」の意味だが、代名動詞を用いた se préparer un café なら「自分のためにコーヒーをいれる」という意味になる。

「急いで支度して。（さもないと）TGV に乗り遅れるぞ！」という意味。「身支度する」s'habiller を se préparer を用いて書き換える。il faut que ＋［接続法］に注意して [**vous vous prépariez**] と入れる。

①も②も辞書では「身支度（準備）をする」とあり、違いが判然としないが、① se préparer **à** ＋ inf. は「次の行動に向けて用意する」という含意なので「彼女はそろそろ出かけようと思って支度をする」という意味合い、これに対して ② se préparer **pour** ＋ inf. は「目的のための身支度をする」という意味で「彼女は式に参列するために支度をした」という細かな差異がある。

□ 1 **Elle _s'est_ finalement _tirée_ de ce mauvais pas.**
彼女はとうとうこの難局を切り抜けた（窮地を脱した）。

＊ mauvais pas [nm] は「難局、困難」を指す。se tirer d'affaire も「難局（窮地）を切り抜ける」という類義表現になる。

(2) se sauver, s'enfuir, partir

□ 2 **_Tire-toi_ !**
あっちに行け（うせろ）！

＊下品な言い回し。Va-t'en ! や Casse-toi ! も代名動詞を用いた類義の表現。

□ 3 **Elle _s'est tirée_ en douce.**
彼女はこっそり立ち去った。

＊仏英対立という過去の遺恨にからんだ、類義の言い回しに filer [sortir] à l'anglaise「挨拶せずにこっそり立ち去る（←イギリス風に出ていく）」という言い方がある。
逆に英語では take French leave で「挨拶なしで出ていく（中座、退席、無断欠席する）」を意味する。

Q ▌**和 訳**▐ 下記の文を訳せ。

■ 4 **Cette tâche était très difficile, mais elles s'en sont bien tirées.**

---

100 ▶10

s'engager

(1) à + inf.　〜する約束をする、義務を負う
(2) dans qqch　はまり込む、巻き込まれる、関与する
(3)（会話などが）始まる、開始する

(1) promettre de faire qqch

□ 1 **Elle _s'est engagée_ à rembourser sa dette.**
彼女は借金を返済すると約束した。

＊ Elle a pris l'engagement de rembourser sa dette. と言い換えられる。

(2) pénétrer dans une voie, entrer

□ 2 **La limousine _s'est engagée_ dans une impasse.**
リムジンが袋小路にはまり込んだ。

tirer は「引く」（↔ pousser）が基本語義で、ドアなどの表示は Poussez-Tirez で「押」「引」となる。ただし、喉の奥をチェックするために医者から Tirez la langue ！と言われたら、「舌を引いて」ではなく、「舌を出して」（舌を奥から前へ引き出す）の意味。ややこしや。

「**その仕事はとても難儀だったが、彼女たちはうまくやってのけた**」。s'en tirer bien で「うまくやってのける（乗り切る）」の意味。

(3) commencer

<input disabled="" type="checkbox"> ³ **La conversation s'est engagée tout de suite.**
すぐに会話が始まった。

Q 作文・ディクテ 「当方は欠陥のある商品はお取り替えすると約束しております。」

<input disabled="" type="checkbox"> ⁴ **Nous** ⁓⁓⁓⁓⁓⁓⁓⁓⁓⁓⁓⁓⁓⁓⁓⁓⁓⁓⁓⁓⁓ **défectueux.**

101 ▶11
se terminer   終わる、終了する

finir

<input disabled="" type="checkbox"> ¹ **Ça *s'est terminé* comment, finalement ?**
結局、どうなったの?

＊「最後にはどのように終わったのか?」が直訳。prendre fin「終わる」という類義語
もある。

Q 作文・ディクテ 「この芝居は救いようのない悲劇で終わる。」

<input disabled="" type="checkbox"> ² **Cette** ⁓⁓⁓⁓⁓⁓⁓⁓⁓⁓⁓⁓⁓⁓⁓⁓⁓⁓ **irréparable.**

102 ▶11
s'arrêter   (1) 止まる、停止する
(2) (一時的に行為を) やめる、中断する

(1) faire une halte, un arrêt

<input disabled="" type="checkbox"> ¹ **Est-ce que ce bus *s'arrête* à Châtelet ?**
このバスはシャトレに止まりますか?

＊確認の意味で問いかけるなら Ce bus s'arrête bien à Châtelet ?「シャトレに止ま
りますよね?」といった言い回しを使う。

<input disabled="" type="checkbox"> ² **Le saignement ne *s'arrête* pas.**
血が止まりません。

＊逆に「出血が止まった」なら L'hémorragie s'est arrêtée. という。

132

Nous **nous engageons à remplacer les articles** défectueux. となる。

他動詞 terminer は「終える、終了する」の意味で、訳語としては finir と類義だが、terminer は「（大部分が終わりに近づいていることを）最後までやり終える、仕上げる」（例：Tu termines tes études l'année prochaine ?「来年卒業ですか ?」）という含意で使われることが多い。

se terminer en qqch で「～で終わる、～という形で終わる」（＝ finir par qqch / ＋ inf.）の意味。Cette **pièce se termine en tragédie** irréparable. となる。

ページへ

(2) cesser de fonctionner, de marcher, de parler, etc.

□ 3 **Tout le monde est fatigué. Allez, on *s'arrête* !**
みんな疲れています。もうやめにしよう！

☞ **fatigué(e) と fatigant(e)**

過去分詞派生の fatigué(e) は「人が疲れている」あるいは「人がうんざりしている」という意味（例：Je suis fatigué(e) de ses caprices.「彼（彼女）の気まぐれにはうんざりだ」）。現在分詞派生の fatigant(e) は通常、人ではなく、「疲れさせる物事」を形容するのに用いる（例：Ce travail est très fatigant.「この仕事はとても骨が折れる」）。

□ 4 **Ma femme *s'est arrêtée* de lire.**
妻はいったん本を読むのをやめた。

Q 整序問題 「電車は次の駅には1分しか停車しません。」5

Le train [qu'une minute, s'arrête, ne, la, à] gare prochaine.

☞ **ne ... que と seulement**

限定を表す ne ... que を副詞 seulement を用いて、Le train s'arrête seulement une minute à la gare prochaine. と置き換えられると多くの教科書や参考書に書かれている。だが、この2つの「限定」表現には、少々違いがある。ne ... que は「たったの1分しか停車しない（せいぜい停車しても1分のみ）」という否定的な意味合いが込められているのに対して、seulement には否定的なニュアンスは薄く「停車時間は1分だけ」という限定の事実を客観的に述べるという点。

103 ▶ 11

se maintenir ： （同じ状態に）保たれる、（同じ状態・位置に）とどまる

rester dans le même état

□ 1 **La température dans cette pièce *se maintient* à 25 degrés.**
この部屋の温度は25度に保たれている。

□ 2 **Alors, ça *se maintient* ?**
で、その後お変わりないですか？

＊肯定文 Ça se maintient. なら、たとえば挨拶 Ça va ? への返答として、「（相変わらず）

単独の arrêter は qqch / de ＋ inf. をともなって「止める、やめる ＝ cesser」の意味（例：Il a arrêté de fumer après sa maladie.「彼は病気をしてからタバコを吸うのをやめた =cesser de ＋ inf.」/ なお、s'arrêter de fumer なら「一時的に行為としての喫煙をやめる」ことを意味し、arrêter de fumer なら「習慣的な喫煙をやめる（禁煙）」を指す）。あるいは arrêter は「逮捕する ＝ faire prisonnier」の意味でも用いられる（例：Cette femme a été arrêtée pour meurtre.「あの女は殺人容疑で逮捕された」）。

B

日常会話での使用頻度が高い代名動詞

C

限定を表わす形、Le train [**ne s'arrête qu'une minute à la**] gare prochaine. となる。

maintenir は［語源 main「手」＋ tenir「保つ」］から「維持（保持）する」の意味（例：Le gouvernement a décidé de maintenir l'état d'urgence jusqu'à la fin des JO.「政府はオリンピックが終わるまで緊急事態を取り下げないと決めた」）。なお、maintenir から派生した「維持、保持」を意味する名詞 maintien [nm] はスペリングをミスしやすい。

なんとかやってます、変わりはないです」といった意味になる会話の定型文。

Q 和 訳 ┃ 下記の文を訳しなさい。

■ 3 Les cours des actions se maintiennent à un niveau bas ces deux dernières semaines.

104 ▶11
s'exprimer
（言葉や他の手段で）自分の考えを伝える、自分を表現する

faire connaître sa pensée par la parole ou par des gestes

□ 1 Abel *s'exprime* très bien.
アベルの話には説得力がある（考えをとてもうまく言い表す）。

□ 2 J'ai du mal à *m'exprimer* en anglais.
英語はうまく話せません（書けません）。

＊再帰的用法の代名動詞。

Q 作文・ディクテ ┃「ルロワ夫人は正確で品のいい日本語で自らの考えを述べた。」

□ 3 Mme Leroy ～～～～～～～～～～～～～～～～～～～～ élégant.

105 ▶11
s'annoncer
予想される、〜の気配（兆し）がある

faire savoir une nouvelle à qqn

□ 1 Ça *s'annonce* bien [mal].
上々のすべりだしだ（幸先がいい）[まずいことになりそうだ]。

＊形容詞や副詞をともなって「吉凶を占うような感覚」で使われる代名動詞。会話では「来ること（到着）を知らせる」の意味でも使われる（例：Elle s'est annoncée pour midi.「彼女は昼に来ると言ってきた」）。

和訳は「**ここ 2 週間、株価は低水準のままとどまっている**」となる。cours (d'une action) [nm] は「株価」。

exprimer 「（行動や言語で）表す、表現する」の意味（例：Il a exprimé son manque d'intérêt par un haussement d'épaules. 「彼は肩をすくめることで興味がないことを表した」）。

Mme Leroy **s'est exprimée dans un japonais correct et** élégant. となる。

単独の annoncer は qqch(A) à qqn(B) を従えて「A を B に知らせる」（例：On a déjà annoncé la nouvelle à mon ami Maurice. 「友人のモーリスはすでにそのニュースを知らされていた」）、あるいは「予告する」（例：Le baromètre annonce de la pluie pour demain matin. 「気圧計は明朝の雨を知らせている」）の意味になる。

「今度の選挙は与党にとってかなり難しいものになりそうだ。」

□ ² Les _____ au
pouvoir.

Q 整序問題 意味が通じるように [ ] 内の語句を並べ替えよ。³

Une [du, crise, s'annonce, logement, nouvelle] dans cette région.

Q 文法・語法 「地域」を意味する単語：和訳を参考に quartier, région, zone
のいずれかを入れなさい。⁴

① パリ地域にお住まいですか？

Vous habitez dans la [   ] parisienne ?

② この界隈にはイタリアレストランがありますか？

Il y a un restaurant italien dans le [   ] ?

③ その沿岸地帯にはほとんど人が住んでいない。

La [   ] littorale est peu peuplée.

---

106 ▶11
se garder

(1) de qqch / de + inf.　用心する、〜しないように気をつける
(2) (食品などが) 保存がきく

(1) éviter soigneusement qqch = faire attention à qqch

□ ¹ **Je vais *me garder* d'intervenir dans votre débat sur Zoom.**
私はあなた方のズーム上での論戦に口を挟むつもりはありません。

＊「口を挟まないように気をつけるつもり」が直訳。なお、sur Zoom は「（パソコンなど
の動作環境）プラットフォーム」を指すが、sur le zoom とすると「カメラのズーム機
能」を指すことになる。

(2) pouvoir être conservé = se conserver

□ ² **Ce fromage *se garde* mal, il ne peut pas être conservé longtemps.**
このチーズはもちが悪く、長期保存できません。

Q 適文選択 下記のフランス語と類義にならない文は①〜③のどれ。³

Gardez-vous des pickpockets.

① Disputez-vous avec les pickpockets.

Les **prochaines élections s'annoncent assez difficiles pour le parti** au pouvoir. となる。「与党」は parti gouvernemental [nm] (↔ parti de l'opposition, parti opposant) ともいう。

Une [**nouvelle crise du logement s'annonce**] dans cette région. となり、「この地域には新たな住宅難の兆候がある」という意味になる。

通常、「地域、地域圏、地方」の意味なら ① **région** [nf] が使われるが、類義語との区分は意外に難しい。「地帯、区域」の意味合いが強いなら（言い換えれば région の一部という感覚なら）③ **zone** [nf] が使われ、さらに狭く「界隈、この辺り」の意味なら ② **quartier** [nm] が使われる。

次ページへ

② Méfiez-vous des pickpockets.

③ Prenez garde aux pickpockets.

107 ▶11
se sentir
〈＋属詞〉自分が〜だと感じる、〜という感じがする

éprouver en soi un certain état

☐ 1 **Elle *s'est sentie* heureuse.**
彼女は幸せだと感じた。

＊ heureux(se) は属詞なので、se は直接目的語。

☐ 2 **Tu ne *te sens* pas encore bien ?**
まだ気分がよくないの？

＊自分の気持ちを表現する決まり文句。se sentir bien [mal] で「気分がいい（悪い）」、se sentir mieux なら「元気はつらつになる」、「元気いっぱいだ」なら se sentir en pleine forme と表現する。一方、「気分がすぐれない」なら se sentir faible といった言い方をしたり、se sentir seul(e)「孤独を感じる」、あるいは se sentir en trop「（人の集まりの中で）居場所がないように思う、じゃま者のような気分だ」といった言い回しを使う。

☐ 3 **Je *me sens* soulagé(e).**
気持ちが楽になりました。

Q 作文・ディクテ 「居心地が悪い（気づまりだ）。」
☐ 4 **Je** _____.

108 ▶11
se charger
de qqn, qqch / de + inf. 〜を引き受ける、担当する

s'occuper, avoir la responsabilité de qqn ou de qqch

☐ 1 **Je *me chargerai* de ce travail, si tu veux.**
よかったら、この仕事は私が引き受けます（私が担当しましょう）。

例文は「スリには御用心」(= Attention aux pickpockets.) という意味。①
**の se disputer avec qqn は「(人と) 争う、けんかする」の意味で「用心す
る」という意味はない。**② se méfier de qqn / qqch と③ prendre garde à
qqn / qqch は「〜に用心する」の意味になる。

sentir は「感じる、感じとる」の意味だが、faire sentir なら「(人に何かを) わから
せる、感知させる」の意味、また「(季節などが) 感じられる」なら se faire sentir
という言い回しを用いる (例：Petit à petit, l'automne commence à se faire
sentir.「だんだんと、秋の気配が感じられるようになってきた」)。

Je me sens mal.「気分が悪い」、それに aise [nf]「くつろぎ」という語を添
えた形。Je **me sens mal à l'aise**. となる。Je suis mal à l'aise. あるいは
Je ne me sens pas à ma place. (←自分がふさわしい場所にいない気がす
る) も類義になる。

charger「荷物を負わせる、荷を積む」(↔ décharger) から、代名動詞で「自ら荷
を負えば」→「引き受ける」の意味になる。

Q 作文・ディクテ 「誰がこの計画の準備を担当するのですか？」

□ 2 _____ de ce projet ?

---

109 ▶11
s'entraîner

（スポーツの）トレーニングをする

---

se soumettre à un entraînement

□ 1 Mon mari *s'entraîne* presque tous les jours.
夫はほぼ毎日トレーニングしている。

Q 整序問題 意味が通じるように [ ] 内の語を並べ替えなさい。2

Ma fille [au, en, trois, saut, jours, s'entraîne, longueur] par semaine.

---

110 ▶11
s'intéresser

à qqn / qqch 〜に関心がある、興味を抱く

---

porter de l'intérêt à qqch ou qqn ↔ se désintéresser de qqch

□ 1 Mon amie a l'air de *s'intéresser* à Kévin.
私の女友人はケヴィンに関心があるようだ。

□ 2 Vous vous *intéressez* à l'histoire de la France ?
フランス史に興味がありますか？

＊「国の歴史（通史）」には、国名に冠詞を添えるのが通例（別例：l'histoire du Japon
「日本史」）。ただし、小学校や中学などで「学科」として歴史を扱う場合（テキストの
タイトルなど）には Histoire de France と冠詞を省いた表記が使われることが多い。

Q 適語選択 下記の文の空所に入る適当な語句は①〜③のどれか。3

Cet enfant est [   ] ; il s'intéresse à tout.
① très curieux   ② très prudent   ③ très timide

Qui se charge de la préparation de ce projet ? となる。作文なら、もちろん Qui est-ce qui と書き出してもよい。

entraîner は「（スポーツの）練習をさせる、コーチする」の意味。なお、英語の practice からの類推でフランス語 pratiquer を「練習する」と取り違える人がいるが、これは「（スポーツを日常的に）行なう」の意味（例：Quel sport pratiquez-vous ?「どんなスポーツをなさってますか？」）。あわせて s'exercer は「（楽器を）練習する」という代名動詞（例：Ce violoncelliste s'exerce cinq heures par jour.「このチェロ奏者は1日5時間練習している」）。

Ma fille [**s'entraîne au saut en longueur trois jours**] par semaine. となり、「娘は週に3日走り幅跳びの練習をしている」という意味になる。

intéresser は「（人の）興味を引く、（人に）興味を引かせる」の意味（例：Ce roman policier l'a beaucoup intéressée.「その推理小説に彼女はとても興味を覚えた」）。

①が適当、「**この子はとても好奇心が強くて、何にでも興味を示す**」という意味になる。②なら「とても慎重だ」、③なら「とても臆病だ（おとなしい）」となり文脈にそぐわない。なお、①で使われている形容詞 curieux, curieuse は C'est un enfant curieux de tout. なら「あの子は何でも知りたがる子だ」となるが、名詞の前に置いて、たとえば Cette femme est une cureuse personne. とすると「あの女性は変わった人だ」の意味になるので注意。

111 ▶12

se retirer

立ち去る、de qqch　～から身を引く

se rendre dans un lieu pour se reposer, quitter un lieu

- □ 1　Il est temps de *me retirer*.
   お暇 (いとま) する時間です。

- □ 2　À 75 ans, mon grand-père *s'est retiré* des affaires.
   75 歳で、祖父は事業から引退した。

Q　和　訳　下記の文を訳せ。

■ 3　La mer s'est retirée au loin.

112 ▶12

se prononcer

(1) (文字や単語が) 発音される
(2) 決定を下す、態度を明らかにする

(1) être prononcé

- □ 1　Ça *se prononce* comment ?
   これはどう発音するの？

＊受動的用法。

(2) donner sa décision ＝ se déterminer, se décider

- □ 2　Le jury doit *se prononcer* sur la culpabilité de l'accusé.
   陪審員は被告人の有罪を決しなければなりません。

Q　動詞選択　下記の2つの文に prononcer か se prononcer のいずれかを現在形して入れよ。[3]

① Vous [　　　　　] les 〈R〉 comme des 〈L〉.

② Ce mot s'écrit comme il [　　　　].

retirer は「引き出す、引っ込める」（例：Elle a retiré de l'argent de son compte.「彼女は口座から金を引き出した」）の意味。間違いやすいのは、英語 retire「引退する、退職する」に近いのは、retirer ではなく、代名動詞 se retirer（＝ prendre sa retraite）の方である点。

「潮が遠くに引いた」という意味。この se retirer は refluer（↔ monter）の意味。なお、卑近な例とお叱りを受けるかもしれないが、男性が射精前にペニスを引き抜くこと、つまり「性行為を中止する」ことも se retirer と称する。

prononcer は「発音する、（言葉を）発する」（例：Son nom de famille est très difficile à prononcer.「彼（彼女）の苗字はとても発音しづらい」）の意味。

prononcer「（人が）発音する」と se prononcer「（言葉が）発音される」の違い。①には [**prononcez**] と入って「あなたは R の音を L の音で発音している」、②には [**se prononce**] と入り「この単語は発音される通りに綴る」の意味になる。

B 日常会話での使用頻度が高い代名動詞

se reposer

(1) 休む、休息する
(2) sur qqn （人に）頼る、任せる

(1) cesser de se livrer à une activité fatigante

□ ¹ ***Reposez-vous*** un instant.

（疲れている相手に）ちょっと休んでください。

(2) faire entièrement confiance à qqn

□ ² Il ***se repose*** sur l'expert-comptable depuis de nombreuses années.

彼は長年にわたり会計士を信頼して仕事を任せている。

Q 作文・ディクテ 「彼は忙しすぎて休む暇もない。」

□ ³ Il est _____.

☞ **si ... que** と **trop ... pour** の相関句

英語の so ... that に相当し「形容詞や副詞」をはさんで「とても…なので〜」を意味する相関句となる。つまり「祖父は年をとっていて椅子から容易に立ち上がれない」なら、英仏で以下のようになる。

（英語）My grand-father is so old that he can't get up out of his chair.

（仏語）Mon grand-père est si vieux qu'il ne peut pas se lever de sa chaise.

仏語は少し口語的な形で、Mon grand-père est tellement vieux qu'il ne peut pas se lever de sa chaise. とも書ける。

そしてこれは、英語の too ... to 構文、フランス語の trop ... pour の構文に書き換えられると習う。

（英語）My grandfather is too old to get up out of his chair.

（仏語）Mon grand-père est trop vieux pour se lever de sa chaise.

しかし、構文の頻度としては後者を使うケースが多く、かつ、例に即して言えば、前者は「立ち上がれない」という点に、後者は「年をとっている」点にポイントが置かれるという差異がある。ほかに、英語の enough to do に相当する assez ... pour（例：Elle est assez intelligente pour comprendre cela.「彼女は聡明なのでそれを理解できる」）、あるいは not only A but B に相当する non seulement ... mais（例：Le curé nous dit qu'on doit aimer non seulement ses amis, mais ses ennemis.「司祭は友ばかりでなく敵も愛さなくてはならないと私たちに言う」）といった副詞を用いた相関句もある。

reposer は「（周囲の雰囲気や音楽などが）人の疲れを癒す、休ませる」（例：Cette musique nous repose.「この音楽は私たちの心をなごませてくれる」）の意味で使われる。なお、英語の rest と混同して rester を「休む」の意味だと勘違いする人が少なからずいる（例：Je reste à la maison le week-end et je me repose bien.「週末は家にいて、ゆっくり休みます」）。

英語の so...that に相当する si ... que の形を用いて、Il est **si occupé qu'il n'a pas le temps de se reposer**. となる。

s'installer
身を落ち着ける、居をかまえる

s'établir dans un lieu pour une durée plus ou moins longue

□ 1 **Vous comptez *vous installer* définitivement à Yokohama ?**
横浜にずっと住むつもりですか？

＊もし「横浜に永住する」と言いたいなら rester toute sa vie à Yokohama といった
言い回しを用いる。

Q　和　訳　下記の文を訳しなさい。
■ 2 **Je peux m'installer dans ma chambre à quelle heure ?**

se figurer
（心に）思い描く、〜だと思う

s'imaginer qqch

□ 1 **Tu *te figures* peut-être que je vais t'aider ? Tu rêves !**
もしかして私ががあなたを助けるかもしれないなんて思ってるわけ？　夢でも見
てるの！

Q　和　訳　下記の文を和訳しなさい。
■ 2 **Vous croyiez lui cacher la vérité ? Mais figurez-vous qu'elle était au
courant !**

se cacher
隠れる、身を隠す、（物が）見えなくなる

se mettre dans un endroit difficile à découvrir, se mettre hors de vue ＝ dissimuler

□ 1 **Mes chats tricolores *se cachent* derrière le fauteuil.**
三毛猫たちは肘掛けのうしろに隠れています。

installer は「（家具などを）設置する、（人を）住まわせる」（例：Je vais installer ma famille à Yokohama.「家族を横浜に住まわせるつもりだ」）あるいは「インストールする」（例：installer un logiciel「ソフトをインストールする」）という他動詞。

「何時に部屋に身を落ち着けられますか（泊まれますか）？」が直訳、通常、**「（ホテルで）何時にチェックインできますか？」**（＝ prendre sa chambre）の意味になる。なお、空港の「チェックイン」は l'enregistrement [nm]という。

figure [nf]「顔、人物、図」に関連する figurer は「（形象的に）表現する、象徴する」の意味。

「彼女に本当のことを隠したつもりでいたでしょう？　でもね、彼女はちゃんと知っていましたよ！」といった意味。前文の内容を受けて、〈Figurez-vous que ＋[直説法]〉で「（相手の注意を引いて）なんと実は〜なのです」（＝ Rendez-vous compte que ＋[直説法]）と聞き手にとって意外な事実を伝える表現になる。

マページへ

B　日常会話での使用頻度が高い代名動詞

☞ **椅子** ：写真を見てフランス語を答えよ (不定冠詞と頭文字は示してある)。[2]

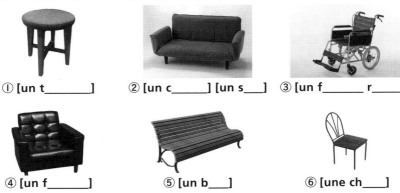

① [un t_____]　　② [un c_____] [un s___]　　③ [un f_____ r_____]

④ [un f_____]　　　　⑤ [un b___]　　　　　　⑥ [une ch___]

☐ [3]　**Où *se cachent* donc mes clés ?**
鍵はいったいどこにいったのだろう？

Q 適語選択 ｜ 適当な前置詞を選べ。[4]

Les lycéens sont joueurs et ils ne se cachent pas [à / de / pour] préférer le jeu à l'étude.

117 ▶12
s'inscrire
(1) à qqch （加入するために本人が〜に）登録する
(2) 組み込まれる

(1) donner son nom en vue de participer à une activité

☐ [1]　**Tu *t'es* déjà *inscrit(e)* à la fac ?**
大学にはもう登録を済ませた？

(2) s'insérer

☐ [2]　**Cette mesure *s'inscrit* dans un plan de réformes à long terme.**
この措置は長期の改革案の一部をなすものだ。

Q 整序問題 ｜ 意味が通じるように [　] 内の語を並べ替えよ。[3]

Il est [pour, trop, s'inscrire, tard].

「腰掛けるもの＝椅子」は総称として siège [nm] と呼ばれ、この単語は「(飛行機・自動車といった乗り物の)座席」も指す。写真は①(背のない)丸椅子、スツール」**tabouret**、②「ソファー」は **canapé** あるいは **sofa** (ただし「(背もたれも肘掛けもない)長椅子、ソファーベッド」は un divan) という。③「車椅子」なら **fauteuil roulant** (←「移動式の肘掛け椅子」)、④「肘掛け椅子」は **fauteuil**、⑤「ベンチ」は **banc**、そして⑥「(背もたれ付きだが肘掛けのない)椅子」は **chaise** と呼ばれる。

他動詞 cacher は「(物や人を)隠す」(例：cacher de l'argent「金を隠す」、cacher la vérité「真実を隠す」) という意味、一方、代名動詞は「(自らの身を隠す→)隠れる、(自らを隠す→)物が見えなくなる」といった意味になる。

「リセの生徒たちは遊び好きで、勉強より遊びが好きだということを隠そうとしない」といった訳になる。se cacher **de** + inf. で「〜するのを隠す、秘密にする」という意味で、多く否定文で使われる。

inscrire は「記入する、書き込む」の意味と「(本人以外が)登録する」(例：M. Mauriac a inscrit sa fille dans une école célèbre.「モーリアック氏は娘を有名校に入れた」) の意味がある。なお、さままざまな機関への「登録(手続き)」 inscription [nf] は海外暮らしの最初の難関。

trop … pour + inf. の構文、Il est **trop tard pour s'inscrire**. で「登録には遅すぎます」の意味になる。

118 ▶12
s'améliorer
（事態・病状・天候などが）好転する、より良くなる、改善される

aller de mieux en mieux ↔ empirer, s'aggraver, se dégrader, se détériorer

□ 1 **Ça *s'est amélioré* ces deux dernières semaines.**
（状況や病状などが）ここ2週間でよくなっています。

□ 2 **Le temps *s'améliore* tout de suite.**
天候はすぐに回復しますよ。

＊ 会話調なら se remettre au beau と置き換えられる。

Q 作文・ディクテ 「近頃、中高年にとって経済状況は好転していますか。」

□ 3 **La situation économique** ＿＿＿＿＿＿ **-t-elle** ＿＿＿＿＿＿＿＿＿＿ **?**

☞ 近頃、最近

現在も含めた「近頃、最近」なら、現在形とともに ces jours-ci, ces temps-ci, ces derniers jours, ces derniers temps が用いられ（例：Mon emploi du temps est trop chargé ces jours-ci. 「最近、予定が立て込んでいます」）、「（近い）過去」の意味なら、過去時制とともに récemment, dernièrement が使われる（例：Tu es au courant ? Isabelle s'est mariée récemmment. 「知ってる？ イザベルが最近結婚したんだよ」）。これに tout を添えて tout récemment, tout dernièrement とすると「ごく最近」の意味になる。

119 ▶12
se sauver
（その場からあわてて）逃げる

courir très vite pour échapper à un danger

□ 1 ***Sauvez-vous* !**
（警告）逃げて!

＊ この例では「危険から」というニュアンスを含むが、se sauver は日常会話では「その場から立ち去る、帰る」という点に重きを置いて使われることが多い（例：Je me sauve. 「おいとまします」）。なお、代名動詞を用いたとっさの警告（命令文）は、ほかに「止まって!」Arrêtez-vous !（Arrête ! は「やめて!」の意味）とか「伏せろ!」Couchez-vous ! あるいは「黙れ!」Tais-toi ! などがある。

再帰代名詞を伴わない単独の améliorer は「改善（改良）する」（＝ rendre meilleur）の意味。

La situation économique **s'améliore**-t-elle **pour les seniors ces jours-ci** ? となる。この前置詞 pour は「（利害や判断の対象）〜にとって」の意味（例：C'est important pour nous.「それは私たちにとって大事なことです」）。

sauver は「救う、助ける」（例：Vous m'avez sauvé la vie.「あなたは命の恩人です（←あなたは私の命を助けてくれた）」）の意味。なお、se sauver の類義語には s'échapper「逃げる」、s'enfuir「逃げ去る、逃走する」、s'evader「脱走する、（現実から）逃避する」などがある。

「銀行強盗は警察が到着する前に (到着しないうちに) 逃げた。」

☐ ² **Les braqueurs** _____ **n'arrive.**

120 ▶12
se qualifier
pour qqch ～の資格を得る

obtenir sa qualification à la suite d'épreuves sportives

☐ ¹ **Ma nièce *s'est qualifiée* pour la finale du tournoi de tennis.**
姪はテニストーナメント決勝進出の出場資格を得た。

Q 和 訳 下記の①、②の差異を考えながら和訳せよ。

■ ² **Elle [① est qualifiée ② s'est qualifiée] pour ce travail.**

121 ▶13
s'asseoir/ s'assoir
座る

poser ses fesses quelque part

☐ ¹ **Je vous en prie, *asseyez-vous*.**
どうぞ、おかけください。

＊ s'asseoir は英語 sit down に相当する、これに対して be seated 「座っている」という状態を指すのは être assis(e) (例：Mon mari est assis dans le fauteuil. 「夫は肘掛け椅子に深々座っている」／「浅く肘掛けに腰かけている」なら前置詞を置き換えて sur le fauteuil とする)、なお、Assis！は犬に「お座り!」と声をかける際に使う。

☐ ² **Est-ce que je peux *m'asseoir* à côté de vous ?**
あなたの隣に座ってもいいですか？

＊ se rasseoir 「再び座る」(＝ s'asseoir de nouveau) という動詞もある。

Q 作文・ディクテ 「ここに椅子があります、どうぞお座りください。」

☐ ³ **Voici une chaise, donnez-vous** _____ **.**

Les braqueurs **se sont sauvés de la banque avant que la police** n'arrive. となる。この n' は虚辞の ne。

qualifier A pour B は「A に B の資格を与える」の意味、qualifier A de B なら 「A を B と呼ぶ」の意味（例：On a qualifié ses recherches de passe-temps d'amateur.「彼（彼女）の研究は素人の手慰みと称されている」）。

①は être qualifié(e) pour qqch は「（能力や条件面で）〜への資格がある」 （= avoir la qualification pour faire une chose）という意味なので「**彼女はこの仕事をする資格（能力）がある**」といった訳になり、②は、たとえば国家試験などに合格して「**彼女はこの仕事をする資格を得た**」という意味になる。

se mettre à son aise [à l'aise]「（上着などを脱いで）楽にする、くつろぐ」を使って「どうぞお楽に」Mettez-vous à votre aise. の一言で相手に腰掛けることを誘導するケースもある。

Voici une chaise, donnez-vous **la peine de vous asseoir**. となる。se donner la peine de + inf. で「わざわざ（苦労して）〜する」の意味だが、 Donnez-vous la peine de + inf. は「どうか〜なさってください」という「丁寧な依頼」。

se plaindre

de qqn / qqch　不平を言う

exprimer qu'on n'est pas content

□ 1　Vous *vous plaignez* de quoi ?
何に文句 (不平) があるのですか?

＊代名動詞は再帰的用法。

Q 作文・ディクテ 「母は長女 (姉) から便りがないと不平をこぼしていた。」

□ 2　Ma mère ＿＿＿＿＿＿＿＿＿＿＿＿＿＿＿ ma sœur ainée.

☞ **否定の位置**

この例は不定法 avoir des nouvelles de ma sœur ainée を否定するために ne pas が不定法の前に置かれたケース。不定法を否定にするにはその直前に、ne pas, ne plus, ne jamais などを置く（例：Prière de ne pas stationner ici. 「（張り紙などで）ここには駐車しないようにお願いします」）。ただし、次の①、②の違い（否定している箇所の違い）はお分かりだろうか。

① Pierre ne peut pas venir ici.　② Pierre peut ne pas venir ici.

①は「ピエールはここに来られない (←来ることができない)」、②は「ピエールがここに来なくてもよい (←来ないということも可能だ)」という意味になる。

se rassurer

安心する、ほっとする

cesser de s'inquiéter, d'avoir peur

□ 1　*Rassurez-vous*, tout se passera bien.
ご安心ください、すべてうまくいきますよ。

Q 適文選択 下線部と意味がほぼ同じになる言い回しは①～③のどれか。

Rassurez-vous, ce n'est pas si grave.[2]

① Croyez-moi.　② Grouillez-vous.　③ Ne vous inquiétez pas.

「同情する」あるいは「憐れむ」（= avoir pitié de qqn）が plaindre の意味（例：plaindre les pauvres「貧しい人たちに同情する」）。また、être à plaindre で「同情に値する」の意味で、これは多く否定文で用いられる（例：Elle n'est pas à plaindre.「彼女に同情なんかいらない」）。

Ma mère **se plaignait de ne pas avoir de nouvelles de** ma sœur ainée. となる。なお、見出し語は「苦痛を訴える」（= manifester sa peine ou sa douleur）の意味でも使われる（例：Il se plaint de maux de tête.「彼は頭痛を訴えている」）。

rassurer は「安心させる、落ち着かせる」という他動詞（例：Le malade était inquiet, mais le médecin a su le rassurer.「病人は心配していたが、医者は彼を落ち着かせる術を心得ていた」/ savoir + inf. で、医師が患者の気持ちを落ち着かせる術を能力的に会得しているという意味合い。もし、この文に pouvoir + inf. を用いた場合「（その場の対応として）患者を落ち着かせることが可能だった」という含意になる）。

「安心なさい、大したことではありませんから」と類義なのは③、①は「（私を）信じてください」、② se grouiller の命令文は se dépêcher のくだけた言い回しで「急いでください」の意味。

124 ▶13
se taire
（話すのをやめて）黙る、
（ある事柄をしゃべらずに）黙っている

ne pas parler

□ 1 ***Taisez-vous*** un peu !
ちょっと黙って！

＊ taire は「言わずにおく、黙秘する」という他動詞もあるが、実質、se taire は本来的
な代名動詞扱い。

Q ┃ 和 訳 ┃ 下記の文を訳しなさい。

■ 2 Au Japon, il y a une idée qu' « il est bon de parler et meilleur de se taire ». ▪━

---

125 ▶13
s'inquiéter
de qqn, qqch / de + inf.　不安になる、心配する

se laisser aller à l'inquiétude

□ 1 Ce n'est rien de grave. Ne ***t'inquiète*** pas.
大したことはない。心配しないで。

＊会話では T'inquiète ! も同義で使う。ne pas s'en faire「心配しない」を用いた Ne
t'en fais pas ! も類義。

Q ┃ 適語選択 ┃ 下記の言い回しに続ける内容として適当でないのは①〜③のどれ。 2 ▪━

Je m'inquiète de ...

① la part de ma nièce　　② l'état de santé de ma mère

③ ne pas voir rentrer mon mari

---

126 ▶13
s'interrompre
（自分の話を）中断する、
de + inf.　（継続している動作を）中断する、途中でやめる

s'arrêter de parler , cesser de faire qqch

「**日本には『話すのはよいことだが、黙っているのはもっとよい』とする考えが
ある**」といった訳になる。Mieux vaut se taire que mal parler.「下手に話
すよりも黙る方がましだ」といった言い方もある。言い換えれば、La parole
est d'argent mais [et] le silence est d'or.「雄弁は銀、沈黙は金」という
金言につながる。

inquiéter は「（人を）不安にさせる、心配させる」（例：La santé de ma fille
m'inquiète.「母の健康が気にかかっている」）という他動詞。代名動詞は再帰的
用法。

「私は心配だ（気をもんでいる）」に続けて②なら「母の健康状態が」、③なら
「夫が帰ってこないので」となって成立するが、①の **de la part de qqn** は
「**（贈り物やメッセージなどが）〜からの**」の意味。無理につなぐと「私の姪
からのが心配です」という意味不明の文とあいなる。

□ 1 Le conférencier a refusé de *s'interrompre* pour répondre aux questions du public.

講演者は聴衆の質問に答えるために話を途中で止めることを拒否した。

Q 適文選択 | 下記の文に続けるのにふさわしい文は①～③のどれか。[2]

Quand elle m'a vu marcher dans la rue, ...

① elle s'est interrompue de fumer.

② elle s'est interrompue de lire pour m'écouter.

② je vous prie de m'excuser de vous interrompre.

127 ▶13

se douter

〈 de qqch / que + [直説法]〉(～でないかと) 思う、予想する、気づく

penser qu'une chose est probable

□ 1 **Tu *t'es douté(e)* de quelque chose ?**

何か気がついた?

□ 2 **Je *me doute* bien que mon fiancé viendra chez moi cet après-midi.**

私はもちろん午後に婚約者が自宅に来ると思っている。

＊ douter が「(本当かどうか) 疑う、不審に思う」という否定的な意味合いであるのに対して、(例: Je commence à douter de sa capacité.「私は彼 (彼女) の能力を疑いだしている」)、代名動詞は「(そうではないかと) 思う、(きっとそうだと) 気づいている」(＝ se rendre compte de qqch / que + [直説法])という肯定的なニュアンス。

Q 作文・ディクテ | 「これから何が起こるのか誰も察しがつかなかった。」

□ 3 _____ **se passer.**

128 ▶13

se foutre

(1) de qqn / qqch　からかう、ばかにする
(2) s'en foutre　そんなこと関係ない、どうでもよい

(1) se moquer de

他動詞 interrompre は「〜をやめる、中断させる」の意味（例：interrompre un entretien「会談を中断する」、Il a interrompu ses études à 15 ans.「彼は 15 歳で学校をやめた」）。代名動詞 s'interrompre は de + inf. を添えて例文のように使ったり、「自分の話をやめる」の意味で用いたり、あるいは s'interrompre dans sa lecture「読書をやめる」といった具合に用いる。

「彼女は私が通りを歩いているのを見かけて」に続けて、①「タバコを吸うのをやめた」、②「読書を中断して私の話に耳を傾けた」、③「あなたの話をさえぎって申し訳ありません」となる。**文意が不自然でないのは①となる。**

douter と se douter、2つの確信度の違いは que の節を従えた際に直説法か接続法かの選択に影響する。和訳でその差異を示すのはなかなか難しいが、概ね以下のようになる。

douter que : Je doute qu'elle vienne ce soir.「今晩、彼女が来ることは疑わしい」［接続法］。

ne pas douter que : Je ne doute pas qu'elle (ne) vienne ce soir.「今晩、彼女が来ることを疑っていない」［接続法］/ 強い確信があるなら Je ne doute pas qu'elle vient [viendra]ce soir. と直説法を用いる。

se douter que : Je me doute qu'elle viendra ce soir.「今晩、彼女は来るように思う（来るものとわかっている）」［直説法］/「彼女は来るのではないか」といった意味よりは確信があり、「彼女は来る」ほどの確信には至らないケース。

se douter de + qqch で「〜に気づいている、〜について察しがつく」の意味、〈aller［直説法半過去］+ inf.〉となる近接未来の時制にも注意したい。**Personne ne se doutait de ce qui allait** se passer. となる。

□ 1 **Notre patron veut qu'on fasse des heures supplémentaires gratuitement, il *se fous* de nous !**

社長は皆が無償で残業することを望んでいるが、まったく私たちをばかにしている！

(2) être indifférent

□ 2 **Je *m'en fous* !**

そんなことどうでもいい（知ったことか）！

＊ Je m'en fiche ! も同義になる。

Q 作文・ディクテ 「ここの住民たちはアジア人をばかにしているような気がする。」

□ 3 J'ai ＿＿＿＿＿＿＿＿＿＿＿＿＿＿＿＿＿＿＿＿ Asiatiques.

☞ **名詞節（同格節）**：和訳を参照しながら 1 ～ 3 の ［ ］内の語を適当な法と時制に活用せよ。[4]

① 私は娘が満足しているとは思えなかった。

Je n'ai pas l'impression que ma fille [être] contente.

② 彼女は息子に医者になってほしいと思っている（←息子が医者になるという願望を持っている）。

Elle a le désir que son fils [devenir] médecin.

③ 彼はもう日本へは戻らないと思いながらモスクワに発つ。

Il part à Moscou avec l'idée qu'il ne [revenir] plus au Japon.

129 ▷13

se brûler　　　　　（人が）やけどする

se faire [causer] une brûlure

□ 1 **Je *me suis brûlé* la langue avec la fondue !**

フォンデュで舌をやけどしたよ！

＊この文は la langue が直接目的語。蛇足ながら、チーズを「溶かして」食す fondue [nf]「（チーズ）フォンデュ」だが、フランス人に聞くと地域によって中に入れるチーズが違う。ただ、かつてフォンデュの本場スイスの老舗で料理長に聞いたら、グリュイエルとエメンタールと即答だった。

直説法現在の活用形 je fous, il fout, nous foutons や過去分詞 foutu などに注意。元来 foutre は「(性行為を)やる」という下品な単語だが、御多分に洩れず下品な単語ほど日常会話での頻度が高い。

J'ai **l'impression que les habitants d'ici se foutent des** Asiatiques. となる。〈avoir l'impression que ＋ [直説法]〉で「～のような気がする」の意味。

〈名詞 ＝ que ＋ S ＋ V〉となる同格節の際に、名詞が願望 désir [nm]・必要 nécessité [nf]・可能性 possibilité [nf]・感情 la peur [nf] などを表すケースでは接続法が使われる。また、文が否定文や疑問文になると接続法になることがある(左記の作文・ディクテの例は直説法だが、①は否定文なので接続法が使われる)。よって、①は接続法現在 **soit**、②も同じく接続法現在 **devienne**、③は直説法単純未来 **reviendra** と入る。

☞ **possibilité「可能性」と probabilité「蓋然性」**
「可能性はありますか?」Il y a des possibilités ? と聞かれたら、仮に万に1つの可能性でも「できる、起こり得る」なら Oui. と返答する。類語 probabilité も「あるそうなこと(起こりそうなこと)」を指す単語だが、こちらは「確率」に関連するケースで用いられる。たとえばこんな会話の流れで。
- Il y a des possibilités d'emploi ?
「就職の可能性は?」
- Oui, je pense que c'est possible, environ 50% de probabilité, je dirais.
「ええ、可能性はありますよ、概ね5割の確率でしょう」。

brûler は他動詞で「焼く、燃やす、焦がす」(例:L'incendie a brûlé la forêt. 「火事が森林を焼いた」)の意味で、自動詞で「燃える、焦げる」(例:L'usine brûle. 「工場が燃えている」)の意味で使われる。

☞ **「森や林」: forêt, bois, bosquet**
一般に forêt [nf] は「深くて広い森」(例:「鬱蒼とした森」forêt dense)、bois [nm] は「それほど深くない林、森」(例:se promener dans le bois de pins「松林を散歩する」)、bosquet [nm]「庭園などの植林された木立、植え込み、人工的な小さな森」(例:bosquets d'un parc「公園の木立」)を指すと言われる。ただ、「深い」「広い」の感覚が仏日でかなり乖離している。たとえば、la forêt de Fontainebleau

(p.165 へ続く)

B
日常会話での使用頻度が高い代名動詞

C

Q 作文・ディクテ 「娘はオーヴンから料理を出す際に親指をやけどをした。」

□ ² Ma _____ le plat du four.

130 ▶13
s'éclater | （楽しくて）夢中で楽しむ、すごくいい気持ちになる

éprouver un grand plaisir dans une activité

□ ¹ **On _s'est éclatés_.**
すごく面白かった。

＊くだけた言い方、On s'est bien amusés. も同義。

Q 適文選択 下記の文と類義にならないのは①〜③のどれ。²

Mon fils s'éclate dans son boulot.

① Mon fils est passionné par son travail.

② Mon fils est un bourreau de travail.

③ Mon fils s'adonne à son travail.

131 ▶14
se presser | （1）（人が）急ぐ （2）（大勢の人が）押し合う

(1) aller plus vite ＝ se dépêcher

□ ¹ **La patronne du café est arrivée sans _se presser_.**
カフェの女性オーナーは急ぐ様子もなくやってきた。

(2) se serrer en très grand nombre

□ ² **Les fans de football _se pressent_ à l'entrée du stade.**
サッカーファンがスタジアムの入口につめかけている。

Q 適語選択 下線部と意味が同じでないのは①〜③のどれ。³

Presse-toi, nous allons être en retard !

① s'affoler ② se dépêcher ③ se hâter

「フォンテーヌブローの森」の面積は 18 000 ha あるとされ、le bois de Boulogne
「ブーローニュの森」でも 846 ha の規模を誇る。東京ドームの面積はおおよそ 4.7
ha、代々木公園が 54 ha、日本一大きな都市公園とされる、国営みちのく杜の湖畔
公園でも 647.4 ha（水面の面積を含む）、富士山麓に広がる原生林（樹海）が約
3000 ha という規模だからだ。なお、「ジャングル、密林」は jungle [nf]、「雑木林」
は taillis [nm]、「薮（やぶ）」は fourré [nm] と呼ばれる。

Ma fille **s'est brûlée au pouce en sortant** le plat du four. となる。
なお、「娘が親指をやけどした」は、ほかに Ma fille s'est brûlé le pouce. /
Ma fille a été brûlée au pouce. とった言い方も可能。

éclater は「爆発する、（笑い声や銃声などが）いきなり発生する」（例：éclater
de rire「どっと笑う」）とか「（喜びや真実などが）はっきりと現れる」（例：La joie
éclate sur votre visage.「あなたの顔に喜びがあふれている」）、あるいは転義で
「（戦争が）勃発する」の意味で使われる。

例文は「息子は仕事に夢中です」の意味。①は être passionné par で「〜
に熱中した、夢中だ」、③s'adonner à は「〜に没頭する、熱中する」の意味。
② **un bourreau de travail は「仕事の鬼」あるいは「勉強の虫」の意味で**
「夢中になる」とは意味合いが違う。

presser は「（ボタンなどを）押す、（人を）せき立てる、（仕事や用件が）急ぎであ
る」といった意味の動詞。

「急いで、私たち遅れそうだから！」の意味で、②③は類義。①は **「取り乱す、**
逆上する」（例：Restez calme, ne vous affolez pas.「落ち着いて、取り乱
さないでください」）**という意味なので例文にはなじまない。**

132 ▶14

se mêler

(1) à, dans qqn / qqch　混ざる、加わる
(2) de qqch　介入する、口出しする

(1) se joindre à d'autres, aller avec eux

□ 1　**Le pickpocket _s'est mêlé_ à la foule attendant le train sur le quai.**
すりはホーム上で電車を待つ人の群れにまぎれた。

(2) s'occuper de qqch

□ 2　**De quoi je _me mêle_ !**
余計な世話だ (私に口出しするな)！

Q 　適文選択　下記の文と類義なのは①〜③のどれか。[3]

Mêle-toi de tes oignons !
① Ce ne sont pas tes affaires !　② Ce n'est pas le moment !
③ Ce n'est pas mon affaire !

133 ▶14

s'inventer

考え出される、でっち上げられる

s'imaginer, se créer qqch

□ 1　**Ça ne _s'invente_ pas !**
これは作り話じゃない (←信じらえないかもしれないが本当だ)！

Q 　作文・ディクテ　「彼女は現実社会から逃れるために架空の世界を作り出している。」

□ 2　**Elle** ＿＿＿＿＿＿＿＿＿＿＿＿＿ **à la réalité.**

134 ▶14

s'excuser

de qqch / de + inf.　(非礼などについて) 謝る、詫びる

présenter ses excuses

se mélanger の注記 (p.363) 参照。

「余計なお節介はやめて！」とか「ほっといてくれ！」（←自分のタマネギの面倒でも見ていろ）（＝ Occupe-toi de tes oignons !）という意味。選択肢は順に、①直訳「これはあなたの問題じゃない」→「余計なお世話だ」(Ce n'est pas tes oignons !)、②直訳「今はその時じゃない」→「今はダメだ」、③「それは私の問題じゃない」となり、①が類義の言い回し。

inventer は「発明する、考え出す、（想像で話などを）でっち上げる」（例：Ces chercheurs ont inventé un vaccin contre la Covid-19.「あの研究者たちが新型コロナワクチンを開発した」、C'est faux, le prévenu a tout inventé.「嘘だ、すべて容疑者のでっち上げだ」）という意味の他動詞。

Elle **s'invente un monde imaginaire pour échapper** à la réalité. となる。左記の語義説明にもあるが s'imaginer と置き換えられる。

□ ¹ Je *m'excuse* de vous déranger.

お邪魔してすみません。

* Excusez-moi de vous déranger. とする方が丁寧な言い回し。

☞ **Je m'excuse. という言い回し**

Excusez-moi.「すみません（申し訳ありません）」に Je m'excuse. と代名動詞を使うのは正しくないとする純正語法主義者 puriste がいる。他動詞 excuser が「弁護する、許す」の意味なので、代名動詞を用いた文を直訳すると「私は自らを許す、大目に見る」ということになりおかしいというのが論拠のようだ。「大目に見る」のはあくまで相手側の判断というわけ。しかしながら、会話では Je m'excuse. が問題なく使われているのが実情だ。

Q 適文選択 ┃ 下記の下線部と同義になる言い回しは①〜③のどれ。²

C'est moi qui ai commis une erreur. Je vous prie de m'excuser.

① Je vous demande pardon.

② Je vous précède.

③ Je vous remercie de tout cœur.

135 ▶14

se blesser （自分が原因で）けがをする

se faire mal

□ ¹ Je *me suis blessé(e)* à la jambe en tombant dans l'escalier.

階段で転んで、脚にけがをしました。

*この文は se が直接目的語。 前置詞 à を省いて、Je me suis blessé la jambe en tombant dans l'escalier. とも表現できる（この場合には la jambe「脚」が直接目的語、se は間接目的語）。あわせて、Je suis tombé(e) dans l'escalier et me suis blessé(e) à la jambe. も同義になる。なお、「自分の不注意、落ち度などでけがをした」ケースは例示のように代名動詞が使われる。

Q 作文・ディクテ ┃「彼女はナイフで指を傷つけた。」

□ ² Elle ＿＿＿＿＿＿＿＿＿＿＿＿ d'un coup de couteau.

excuser は「(人や行為などを) 許す、大目に見る」の意味を表す他動詞 (例: Excusez mon retard. 「遅刻して申し訳ありません」= Excusez-moi d'être en retard. / Excusez-moi, je suis en retard./ Je m'excuse pour mon retard.)。

「私の間違いでした、お詫びいたします (申し訳ありません)」の意味。①が類義表現。②は「お先に失礼します」、③は「心から感謝します」といった意味になる。

単独の blesser は「(肉体的に) 傷を負わせる、(精神的に) 傷つける」という意味 (例: Vous avez blessé son amour-propre. 「あなたは彼 (彼女) の自尊心を傷つけた」)。ただし、自分が原因ではないけがの場合には blesser の受動態が使われる (例: Elle a été blessée dans cette chute de pierres. 「彼女はあの落石で負傷した」)。

Elle **s'est blessée au doigt** d'un coup de couteau. となる。

Q 和 訳 ┃ 下記の文を2つの意味で訳せ。

■ ³ Elles se sont blessées.

136 ▶14
se réjouir
de qqch / + inf. （心から）喜ぶ、楽しむ

éprouver de la joie

☐ ¹ Je *me réjouis* de vous revoir.
またお目にかかれてとても嬉しく思います。

Q 整序問題 ┃ [　]内の語を意味が通じるように並べ替えよ。²

Je [à, de, me, mes, revoir, l'idée, réjouis, bientôt] frères.

137 ▶14
se soigner
（体や身なりを）大事にする、養生する

s'occuper de son bien-être, faire ce qu'il faut pour guérir

☐ ¹ *Soignez-vous* bien !
お大事に（健康に留意してください）！

＊ Prenez soin de votre santé ! や Bon rétablissement ! も類義。

Q 動詞選択 ┃ 下記の2つの文に soigner か se soigner のいずれかを複合過去
形にして入れよ。²

① Ma mère [　　　　　　] elle-même.
② Ma mère [　　　　　　] notre chien.

138 ▶14
se répandre
（液体が）こぼれる、（ニュースや噂などが）広まる

s'étendre sur une surface

前後の文脈がなければ、この代名動詞を再帰的用法と解して「**彼女たちは けがをした**」と訳せるし、相互的用法と解すれば「**彼女たちは互いに傷つけあった**」とも訳すこともできる。ただ後者であれば、l'une l'autre とか les unes les autres あるいは mutuellement といった語を添えて「互いに」の意味合いであることを明示するケースが多い。

jouir は「（de を）楽しむ、喜ぶ」の意味（例：jouir pleinement de la vie「人生を謳歌する」）、réjouir は「（人を）喜ばせる、楽しませる」の意味（例：Le saltimbanque réjouit les enfants.「大道芸人は子どもたちを喜ばせる」）。

Je [**me réjouis à l'idée de bientôt revoir mes**] frères. と並び、「間もなく兄弟に会えると思うと嬉しい」の意味になる。

soigner は「（心を配って）世話をする、治療する」の意味、se faire soigner なら「治療してもらう」（例：se fairer soigner les dents de sagesse「親知らずの治療を受ける」）の意味になる。

①は [**s'est soignée**] と入り、「母は自分で治した」という意味になる。この elle-même は par elle-même「独力で、他人に頼らずに」の意味。②には [**a soigné**] が入り、「母はうちの犬の世話をした」という意味になる。なお、たとえば Ma mère a soigné ses invités. という文なら解釈は 2 通り考えられ、1 つは「母は客たちの世話をした（もてなした）」という意味、今 1 つは prendre soin と解し、少々力技なのだが「母（＝医者）は客たちの治療（手当）をした」という意味。

□ 1 Le vin *s'est répandu* sur le tapis.

ワインが絨毯の上にこぼれた。

＊「(一面に)まき散らされる」感覚の「こぼれる」が見出し語。類義の se renverser なら「(容器などがひっくり返って)ぶちまけられる」というニュアンスで使われる。

□ 2 Le bruit *s'est répandu* très vite dans notre école.

噂はあっという間にわが校内に広まった。

Q 動詞選択 ┃ 下記の2つの文に répandre か se répandre のいずれかを半過去形にして入れよ。3

① Il y avait une fuite dans la salle de bain et l'eau [   ] partout.

② Les roses [   ] une délicieuse odeur partout.

Q 和 訳 ┃ 下記の文を訳せ。

■ 4 Le steak s'est répandu en France après la défaite de Napoléon à la bataille de Waterloo.

---

139 ▶14
se gêner

気兼ねする、遠慮する

---

se mettre mal à l'aise

□ 1 Ne *vous gênez* pas !

(1) (かしこまらず)どうぞご遠慮なく!

(2) (皮肉で、年配者に向かって)遠慮というものがないのですね(ずうずうしい人だね)!

＊見出し語は否定文で使われることが多い。

Q 和 訳 ┃ 下記の文を訳しなさい。

■ 2 Ne vous gênez pas pour moi, faites ce que vous avez à faire.

répandre は「こぼす、まき散らす、（周囲に）放つ」という意味の他動詞。

①は「浴室に漏れがあって、水がいたるところに広がった」（自動詞）の意味で [se répandait] と入り、②は「バラはいたる所に芳しい匂いを放っていた」（他動詞）の意味で [répandaient] と入る。

「広まる」のはニュースや噂だけではない。「**ワーテルローの戦いでナポレオンが敗北したあと、ステーキはフランスに広まった**」という訳になる。皇帝ナポレオンはステーキを好んだが、ワーテルローの戦いでナポレオン軍に勝利したイギリス将軍 Arthur Welleseley, 1st Duke of Wellington、彼が好んだとされるパイ包のステーキにも Beef Wellington という名がつけられている。

gêner は「（肉体的に）窮屈にする、（人や活動などを）妨げる、邪魔になる」（例：Poussez-vous, vous me gênez.「邪魔です、どいていただけませんか」）という他動詞。

avoir à ＋ inf. で「～しなければならない、すべきことがある」といった意味。よって、「**私に気兼ねせず、やるべきことをなさってください**」といった訳になる。

140 ▶14
s'amuser

楽しむ、(面白おかしく) 遊ぶ

se distraire, jouer

□ 1 **Bonne soirée ! *Amusez-vous* bien !**
(出かける人に対して) すてきな宵を! 楽しんできてください!

＊英語の have fun や enjoy oneself に相当。具体的にダンスをしたり、カードゲーム
をしたり何らかの活動をすることを示す。

□ 2 **Les adultes se sont bien amusés à la fête.**
大人たちは祝宴でたっぷり楽しんだ。

Q 和 訳 ①と②の違いを考えて訳しわけよ。

■ 3 **Pascal s'amuse [① avec ses amis   ② de] ses amis.**

141 ▶15
se disputer

avec qqn   (人と) 口論する

se dire des choses désagréables

□ 1 **Arrêtez de *vous disputer* !**
□げんかはやめて!

□ 2 **Ma mère et ma grand-mère *se sont disputées* violemment dans la
cuisine.**
母と祖母が台所で激しく言い争った。

＊ se quereller「けんかする」、se chamailler「言い争いをする」、また s'engueuler「罵
り合う」という下品な言い回しもある。

Q 作文・ディクテ 「残業手当をめぐって上司と口論になることがときどきある。」

□ 3 **Je** _____ **des heures
supplémentaires.**

174

■ amuser は「（人を）楽しませる、面白がらせる」の意味。

■ 「子ども」なら s'amuser bien ＝ jouer bien なのだが、大人に対して「遊ぶ」を意味する jouer を単独では用いないので、s'amuser bien ≠ jouer bien となる。

代名動詞 s'amuser はうしろに置かれる前置詞 avec, de でニュアンスに差が出る。① avec ses amis が「**パスカルは友人と楽しんでいる（一緒に遊んでいる）**」（＝ Pascal et eux jouent ensemble）の意味であるのに対して、② de ses amis なら「**パスカルは友人たちをからかっている**」（＝ Pascal rit de ses amis.）の意味になる。ただし、amuser「楽しませる」の場合、次のような例なら avec, de どちらも差異はなく、Le comédien amusait le public avec [de] ses plaisanteries.「役者は冗談で観客を笑わせた（＝ faire rire）」となる。

disputer は「（試合などを）争う」あるいは「叱る」（例：Mon père ne dispute jamais ma petite sœur.「父は妹をけっして叱らない」（＝ gronder）、Je me suis fait disputer par ma mère.「私は母に叱られた」）といった意味、代名動詞は再帰的用法。ただし、相互的用法「〜を奪い合う」という意味でも使われる（例：Ils se disputent un emploi.「彼らは 1 つの職を奪い合っている」）。

Je **me dispute parfois avec mon patron sur la rémunération** des heures supplémentaires. となる。ただし、けんかの「原因」を導く前置詞には、de, pour, à propos de なども使える（例：Elles se sont disputées à propos de l'héritage de leur grand-père.「彼女たちは祖父の遺産をめぐって言い争った」）。

se déranger

（仕事などを中断したりして）わざわざ何かをする、出かける

cesser de faire ce qu'on faisait, quitter l'endroit où on se trouve

☐ 1 **Mes amis *se sont dérangés* pour venir me voir à l'hôpital.**

友人たちがわざわざ私を病院に見舞いに来てくれた。

Q 文法・語法 「行く」「来る」aller, venir ： 下記の4つの文を違いを意識して和訳せよ。 2

① **Luka est allé(e) chez le vétérinaire avec son chien.**

② **Luka est venu(e) chez le vétérinaire avec son chien.**

③ **On viendra vous voir demain soir, ça va ?**

④ **Tu viens chez moi à pied ?**

Q 和 訳 下記の文を和訳せよ。

■ 3 **Ne vous dérangez pas pour moi !**

se calmer

（人が）落ち着く、気を静める、（天候・苦痛などが）和らぐ、静まる

devenir calme, retrouver son calme

☐ 1 ***Calme-toi* et réfléchis !**

落ち着いて考えて!

＊ se calmer は「興奮や怒りを静める」という意味（ちなみに calmant [nm] は「鎮痛剤、鎮静剤」）で、類義語の se tranquilliser は「動揺や不安を静める」という意味の単語（ちなみに tranquillisant [nm] は「精神安定剤」を指す）。

☐ 2 **La mer *s'est calmée* dans l'après-midi.**

午後、海は穏やかになった。

Q 作文・ディクテ 「薬のおかげで痛みが和らいだ。」

☐ 3 **Grâce au médicament, _____.**

déranger な「(仕事や休息の) 邪魔をする」の意味。se déranger は「自分にとっ
て厄介なことを人のためにやる」という再帰的用法。

> Luka は男女共通に使われる名前。①は「**リュカは飼い犬を連れて獣医のと
> ころに行った**」、②は「**リュカは飼い犬を連れて獣医にやって来た**」という意
> 味。①では話者が「獣医のところにいない」のに対して、②では話者が「獣
> 医のところにいる」という点に差異がある。③と④は同じ venir が話し相手
> の元に「行く」「来る」と和訳が切り替わるケース。③「**明晩あなたの家に行く
> けど、いい?**」(話者は話し相手の家に行く)、④は「**うちには歩いて来る?**」(話
> 者は話し相手を自宅に迎える)」という訳になる。

> 「**どうぞ私のことはお構いなく!**」(←私のためにわざわざ何かしなくていい)。
> ちなみに Excusez-moi de vous déranger. なら「お邪魔して申し訳ない」と
> いう意味になる。

形容詞 calme「静かな」、男性名詞 calme なら「静けさ、落ち着き」、動詞
calmer は「静める、和らげる」という意味になる。

☞ après-midi の性

après-midi は男性名詞とするのが通例だが、女性名詞として扱う人もいる。前置詞
と名詞でできた合成名詞は、原則、男性扱いなのだが、la matinée「朝、午前中」
と la soirée「晩、夕べ (日没から就寝時まで)」の間に位置する時間帯からの類推
であろうか、女性として扱われるケースがある (例:une courte après-midi glaciale
「凍てつくような短い午後」)。

> Grâce au médicament, **la douleur s'est calmée**. となる。

144 ▶15

s'arranger

（物事が）うまくいく、
avec qqn　人と仲良くやる（うまくやっていく）

(1) devenir meilleur

☐ 1　**La situation était difficile au début, mais elle a fini par *s'arranger*.**
最初、状況は難しかったが、最後にはうまくいった。

☐ 2　**Ça va *s'arranger* !**
何とかなるさ!

(2) se mettre d'accord

☐ 3　**Ça ne me regarde pas. *Arrange-toi* avec tes parents.**
私には関係ないことです。ご両親とうまくやってください。

＊ s'arranger は「身なりを整える、手はずを整える」(= prendre des dispositions pour + inf.) の意味でも使われる（例：Elle ne sais pas s'arranger.「彼女はおしゃれの仕方を知りません」、Arrangez-vous pour partir demain matin.「明朝出発できるように準備してください」）。

Q 　整序問題　「私は時間通り着けるようにいつも都合をつけています。」4

Je [à, pour, être, toujours, m'arrange] l'heure.

145 ▶15

se relâcher

（人が）たるむ、（規則などが）ゆるむ、熱意をなくす

devenir moins étroit, devenir moins rigoureux

☐ 1　**Ce n'est pas le moment de *se relâcher*.**
のんびりしている（だらけている）場合じゃない。

Q 　適文選択　下記の文と類義なのは①～③のどれ。2

Vous vous relâchez !

① Allez, on s'arrête !　② Faites de votre mieux !　　③ Vous mollissez !

178

arranger は「（物を）きちんと整える」（例：Ma secrétaire a arrangé les fleurs dans le vase.「秘書が花瓶に花を生けた」）、あるいは「（人にとって）都合がいい」（例：Ça m'arrange.「それは私には好都合だ」）という意味。なお、arranger qqn は「人に都合がいい」（＝ convenir）の意味で、英語 arrange に引きずられて「配置する、整える」（＝ disposer, aménager）の意味ではないので注意したい。

Je [**m'arrange toujours pour être à**] l'heure. となる。s'arranger pour ＋ inf. は「〜するように都合をつける」の意味。

relâcher は「（ぴんと張っているものを）ゆるめる」（例：relâcher sa surveillance「警戒体制をゆるめる」）あるいは「釈放する」の意味。

「お前たちたるんでるぞ！」と周囲に喝をいれる一言。①は s'arrêter「やめる」で「もう、やめにしよう」の意味。②は faire de son mieux「最善を尽くす」を用いた文で「できるだけのことはやりなさい」の意味。**類義になるのは③の mollir を用いた一言**、「弱まる、くじける、たじろぐ」という意味の自動詞。

146 ▶15
s'absenter
（いるべき場所から）ちょっと離れる、席を外す

quitter un moment le lieu où on est

☐ 1 Elle *s'est absentée* un instant.

只今、彼女は席を外しております。

＊代名動詞の形しかない（absenter 単独では用いない）本来的用法の代名動詞なので、se (s') は直接目的語。absent(e) はもちろん「不在の、欠席した」という形容詞。

Q 作文・ディクテ 「すみません、電話をしたいのでちょっと席を外します。」

☐ 2 Excusez-moi, ＿＿＿＿＿＿＿＿＿＿ pour ＿＿＿＿＿.

147 ▶15
s'embrasser
（互いに）キスをしあう

se donner un baiser, des baisers

☐ 1 Ils *se sont embrassés* dans la rue.

彼らは通りでキスをした。

Q 作文・ディクテ 「新郎新婦が大勢の招待客を前にキスをした。」

☐ 2 ＿＿＿＿＿＿＿＿＿＿＿＿＿＿＿ un grand nombre d'invités.

148 ▶15
se décourager
落胆する、がっかりする

perdre sa motivation

☐ 1 Ne *vous découragez* pas, recommencez !

そう落ちこまずに、もう一度やってごらん!

Q 作文・ディクテ 「1度の失敗でがっかりするなよ。」

☐ 2 ＿＿＿＿＿＿＿＿＿＿＿＿ échec.

Excusez-moi, **je m'absente une minute** pour **téléphoner**. となる。

元来 embrasser は bras「腕」が見え隠れしているように prendre et serrer dans ses bras「腕に抱く、抱きしめる」の意味の動詞だったが、現在では「キスをする」という意味で用いる。代名動詞は相互的用法。もし「抱きしめる」なら étreindre, enlacer あるいは serrer entre ses bras といった言い方をする。

Les nouveaux mariés se sont embrassés devant un grand nombre d'invités. となる。

décourager［語源 dé「反」＋ courage「勇気」］は「（人を）落胆させる」の意味で、代名動詞なら「自分を落胆させる」→「落胆する」という自動詞の意味（再帰的用法）となる。

Ne te décourage pas au premier échec. となる。

Q 文法・語法 **échec** の類義語：下記の空所に échec, erreur, faute のいずれ
かを入れよ。³

① C'est dans l'[   ] qu'on apprend.

② Ce n'est pas de ma [   ] !

③ Il a fait une [   ] de calcul.

---

149 ▶15
se fatiguer
(1)（肉体的・精神的に）疲れる
(2) de qqch　〜にうんざりする

---

(1) dépenser ses forces physiques ou intellectuelles

□ ¹　**Mon grand-père est âgé, il *se fatigue* vite.**
祖父は老齢で、すぐに疲れる。

(2) en avoir assez

□ ²　**On *se fatigue* vite de ce jeu vidéo.**
このテレヴィゲームにはすぐに飽きがきます。

＊「（興味や気力を失って）飽きる」の意味、se lasser de qqch が類義になる。「退屈する」感覚なら s'ennuyer de qqch が使われる。

Q 和　訳 下記の文を訳せ。

■ ³　**Ne te fatigue pas !**

---

150 ▶15
s'ennuyer
(1)（人が）退屈する　(2) de qqn　〜がいなくて寂しい

---

(1) trouver le temps long

□ ¹　**Je *m'ennuie* à mourir avec lui.**
彼と一緒にいるのは死ぬほど退屈だ。

＊会話で s'ennuyer comme un rat mort（←死んだネズミのように退屈だ）も「ひどく退屈している」の意味になる決まり文句。

échec [nm] は「失敗、挫折」の意味で、①に入り「失敗は成功のもと（←人は失敗で学ぶ）」（= On apprend en faillant.）となる。**faute** [nf] は「間違い、落ち度」の意味で、②に入り「私のせいじゃない！」となる。③には「誤り、思い違い、ミス」を意味する **erreur** [nf] が入り、「彼は計算間違いをした」となる。なお、辞書には「不成功、失敗」insuccès [nm] という単語も載っているが、正直、この単語が使われている例をこれまで耳にしたことがない。

fatiguer は他動詞で「疲れさせる」の意味。ただし、会話では自動詞「疲れる」の意味で代名動詞と同じように使う。つまり、左記の例は Mon grand-père est âgé, il fatigue vite. と言い換えられる。

上記 (1),(2) の語義以外に会話では「無駄な努力をする、無理をする」の意味でも使われる。文脈次第で、「**そんなこと言っても無駄だ（嘘をついて悪あがきはするな）！**」、「**（何もしない相手に対して皮肉で）無理しなくていいよ！**」といった訳になる。

ennuyer は「退屈させる、困らせる」の意味。s'ennuyer（= trouver le temps long）は再帰的用法。くだけて s'embêter、改まって se morfondre と類義になる。

(2) regretter son absence

□ 2 **Je _m'ennuie_ de toi, reviens dès que possible !**

君がいなくて寂しい、すぐにでも戻って!

＊ s'ennuyer de qqn なら「人がいなくて寂しい」(= manquer qqn) の意味になる。

Q 適語選択 下記の文に入れるのに<u>不適当な前置詞</u>は①~③のどれか。3

Je m'ennuie [① à ② avec ③ de] mon père.

---

151 ▶16
se méfier

de qqn / qqch ～を信用しない、用心する

ne pas avoir confiance, ne pas se fier à qqn ou à qqch

□ 1 **_Méfie-toi_ de cette femme, c'est une escroque !**

(相手が気づいていないことへの注意を促して) あの女には気をつけろ、詐欺師
だから!

＊本来的用法の代名動詞。

Q 適語選択 下記の下線部と同じ意味なのは①~③のどれか。2

Il faut se méfier des inconnus.

① compatir avec ② faire attention aux ③ se prendre d'amitié pour

---

152 ▶16
s'habiller

服を着る、着替える、～の服装をする

mettre ses vêtements ↔ se déshabiller, choisir ses vêtements

□ 1 **Dépêche-toi de _t'habiller_ !**

早く服を着なさい!

＊ s'habiller は直接目的語を取らず (つまり、そのうしろに衣服を置かず) に「服を着
る」とか「服装の良し悪し」をも含めて表現する代名動詞。たとえば、Je mets mon
pyjama.「私はパジャマを着る」は可能でも、Je m'habille ~~mon pyjama~~. といった

184

①が**不適当**。② avec qqn を入れると「父といると退屈だ」の意味、③ de qqn なら「父がいなくて寂しい」という意味になる。もし、s'ennuyer à ＋ inf. なら「〜することにうんざりしている」の意味（例：Je m'ennuie à l'attendre.「彼（彼女）を待っているのにくたびれた」）になるが、名詞 mon père は置けない。

「見知らぬ人には用心しないといけない」の意味。選択肢は順に「同情する」「用心する」「仲良くする」の意味。②**が答えになる**。

habiller は「〜に服を着せる、（衣服が）似合う」という他動詞（例：Cette robe blanche t'habille bien.「その白のワンピースは君によく似合う」）。

言い方はできない（ただし、s'habiller en noir「黒い服装をする」とか、s'habiller en Père Noël「サンタに扮する」といった言い回しは可）。mettre は「（服や靴、帽子、メガネや装身具などを体の一部に）着る、つける」の意味だが、s'habiller は「（たとえば下着だけの状態から上も下も服全体を）着る」を意味する単語であるため。なお、se vêtir「服を着る」という改まった類語もある。

□ 2 **Mon oncle ne sait vraiment pas *s'habiller*.**
おじは本当に服のセンスがない。

Q 作文・ディクテ ┃「妻は正装して同僚の結婚式に参列した。」
□ 3 **Ma femme** _____ **d'un collègue.**

Q 適語選択 ┃ 下記の [　] 内に入るのはどの動詞か答えよ。[4]
Mon oncle [① s'habille　② met　③ porte] la barbe depuis l'âge de 20 ans.

153 ▶16
se débrouiller
┊ **（困難を）なんとか切り抜ける、**
┊ **pour + inf.　なんとか～できるようにする**

se tirer d'affaire habilement, faire qqch sans aide

□ 1 **Non, je ne t'aiderai pas. *Débrouille-toi* !**
いいえ、手助けはしませんよ。自分でなんとかしなさい!

□ 2 ***Débrouillez-vous* pour être à l'heure.**
なんとか時間に間に合わせてください。

＊反意となる se brouiller は「混乱する、もつれる」という動詞（例：Tout se brouille dans ma tête.「頭の中がすっかり混乱している」）。

Q 作文・ディクテ ┃「私はポール・アンプロワ（ハローワークに相当する「公的雇用センター」）に足を運んで、何とかして仕事を見つけよう。」
□ 3 **Je** _____ **du travail** _____ **.**

例文の反意表現なら Ma tante est toujours bien habillée.「おばはいつでもすてきな装いをしている」（être habillé は「服を着ている」状態）といった言い方ができる。

この s'habiller は「ドレスアップする」（＝ s'endimancher）の意味。「妻は同僚の結婚式に参列するために正装した」という訳し方もできる。Ma femme **s'est habillée pour assister au mariage** d'un collègue. となる。

「おじは 20 歳から顎ひげをたくわえている」という意味。ここには「身に着ける」という瞬間の動作ではなく、「（衣服・装身具などを）身につけている、（ひげなどを）生やしている」という「**状態」を指す動詞③が入る**。あるいは「彼女はハイヒールを履き慣れている（←ハイヒールを自然に履きこなす）」Elle porte facilement des chaussures à talons hauts. といったケースでも porter が用いられる。

☞ **ひげ**

「（口）髭」「（顎）鬚」「（頬）髯」と「ひげ」という漢字が書き分けられるように、フランス語でも順に「髭」moustache [nf]、「鬚、髯」barbe [nf]、「髯」favoris [nm.pl] などと言い分けられる。ひげダンディズムは奥が深い。ちなみに「無精ひげ」は barbe de plusieurs jours と呼ばれセクシーな男性の代名詞と持て囃されたりする。なお、「猫やアザラシのひげ」は moustaches [nf.pl] である。

débrouiller は「（紛争やもつれなどを）解く、解決する」という意味の動詞（例：La police a eu du mal à débrouiller ce cas difficile.「警察はその難事件を解決するのに苦労した」）。

Je **me débrouillerai pour trouver** du travail **en allant au Pôle Emploi**. となる。

154 ▶16
se dépêcher
急ぐ、de + inf.　急いで〜する

accélérer la vitesse avec laquelle on fait un travail, un mouvement, etc., faire avec rapidité

- □ 1 **Si tu ne *te dépêches* pas, tu vas arriver en retard à l'école.**
  急がないと、学校に遅れるよ。

＊〈命令文 + sinon + S + V〉「〜なさい、さもないと……」の相関句を使って、Dépêche-toi, sinon tu vas arriver en retard à l'école. と言い換えられる。

- □ 2 **Veuillez *vous dépêcher* jusqu'à la gare de Lyon.**
  (タクシーで) リヨン駅まで急いでいただけますか。
- □ 3 ***Dépêche-toi* de t'habiller.**
  早く服を着て。

＊ dépêcher という動詞は存在し「(使者などを) 急いで派遣する」という意味になるが、本来的な代名動詞として扱われる。se presser「急ぐ」(例：Pressez-vous !「急ぎなさい!」) は類義語。

Q 整序問題 ┃ [　] 内の語を適当な語順に並べ替えよ。[4]

Ce n'est pas [de, la, se, peine, dépêcher].

155 ▶16
s'endormir
寝入る、寝つく

commencer à dormir, perdre conscience dans le sommeil

- □ 1 **J'ai du mal à *m'endormir*.**
  私は寝つきが悪い。
- □ 2 **Ma femme *s'est endormie* vers 2 heures du matin.**
  妻は午前2時ごろに寝ついた。

＊ endormir は「眠らせる」という他動詞、代名動詞は再帰的用法 (自発的意味) で「眠りに落ちる、眠り込む」(英語 fall asleep) の意味になる。se rendormir「再び眠り込む」という派生語もある。なお、類義 dormir が「眠っている状態」(例：Plus de

Ce n'est pas la peine de ＋ inf. で「〜するには及ばない、わざわざ〜する
までもない」という意味。よって、「急ぐ必要はない」Ce n'est pas [**la peine
de se dépêcher**]. となる。なお、逆に「急がなくてはなりません」Il faut
que je me dépêche. とか、あるいは Je dois partir.「もう行かなければなり
ません」といった言い回しを使う。

bruit ! Mes enfants dorment. 「音を立てないで！子どもたちが寝てるのよ」/ La nuit dernière, ma femme n'a dormi que 2 heures. 「昨夜、妻は 2 時間しか寝ていない」) を表すのに対して、見出し語は「眠る動作の始動」を表す。

Q ▊動詞活用▊ 「私の知らぬ間に、犬たちが私のベッドの上で寝てしまっていた」となるよう ［ ］内の動詞を適当な法と時制に活用させよ。[3]

Avant que je [s'en rendre] compte, mes chiens [s'endormir] sur mon lit.

156 ▶16
se ficher, se fiche
de qqn, qqch　からかう、問題にしない

se moquer de

☐ [1] **Je *m*'en *fiche* !**
そんなことどうでもいい（知ったことか）！

＊ foutre の婉曲語、よって例文は Je m'en fous ! と同義。なお、se fiche という不定法のスペリングは動詞不定法の語尾、-er, -ir, -re, -oir に当てはまらない実に稀な例。

Q ▊書き換え▊ se ficher を用いて下記の内容と類義になる文を作れ。[2]

Je ne suis pas intéressé par ce problème.

157 ▶16
se détendre
緊張がほぐれる、くつろぐ

devenir moins tendu ＝ se relaxer

☐ [1] ***Détends-toi* un peu.**
少し気を楽に。

＊ se décontracter「硬さがほぐれる」を用いた Décontracte-toi un peu. も類義表現。

☐ [2] **Vous *vous êtes* bien *détendu(e)* ?**
のんびりできましたか？

Avant que je [**m'en rende**] compte, mes chiens [**s'étaient endormis**] sur mon lit. となる。〈avant que ＋ ［接続法］〉に注意。なお、se rendre compte de qqch は「～に気づく、わかる」の意味。

「私はその問題に関心がない」の意味で **Je me fiche de ce problème**. となる。

détendre は「（ピンと張ったものを）ゆるめる、緊張をほぐす」（例：La musique, ça détend.「音楽は気持ちを緩めてくれる」）の意味。

Q 作文・ディクテ 「両国首脳によるトップ会談後、外交上の緊張は和らいだ。」

□ ³   **La situation** _____ **après** _____
_____ **les deux pays.**

---

158 ▶16
se fâcher   (1) 腹を立てる   (2) 仲たがいする

---

(1) se mettre en colère

□ ¹   **Ne *vous fâchez* pas !**
怒らないで！

＊再帰的用法。

(2) se brouiller avec qqn

□ ²   **Elle *s'est fâchée* contre son petit frère et elle ne le voit plus.**
彼女は弟とけんかして、もう彼には会わない。

＊ se fâcher contre qqn なら「〜に腹をたてる」(=se mettre en colère)、se mettre avec qqn なら「仲たがいする、疎遠になる」(＝ se brouiller) と区別されること多い。ただし、現在では両者を区別せずに、avec qqn を広く「〜とけんかする」の意味で用いる傾向にある。なお、se fâcher は相互的用法「(主語が複数で) お互いに仲たがいする」でも使われる (例：Les deux amies se sont fachées.「2人の女友だちは仲たがいした」)。反意語は se réconcilier「仲直りする、和解する」(例：Les deux amis se sont réconciliés.「2人の友人は仲直りした」)。

Q 作文・ディクテ 「彼女は遅れて着いた娘に腹を立てた。」

□ ³   **Elle** _____ **retard.**

Q 適語選択 下線部とほぼ同義になるのは①〜③のどれ。⁴

René a insulté ma femme alors je <u>me suis fâché</u> et je l'ai giflé.

① broyer du noir   ② rire jaune   ③ voir rouge

La situation **diplomatique s'est détendue** après **la conférence au sommet entre** les deux pays. となる。なお、「トップ会談」は la rencontre au sommet あるいは単に le sommet ともいう。

fâcher は「怒らせる、気を悪くさせる」(↔ réjouir) という他動詞。

Elle **s'est fâchée contre sa fille qui est arrivée en** retard. となる。「彼女は娘が遅れてやって来たので腹を立てた」と訳すこともできる。

順番に① broyer du noir「ふさぎ込む」、② rire jaune「作り笑いをする」、③ voir rouge「かっとなる」(この jaune と rouge は副詞) という意味。例文は「ルネが女房を侮辱したので、かっとして彼をなぐった」という意味。よって、**③が解答**。

159 ▶16
se baigner
（海）水浴をする

se mettre dans l'eau pour nager, pour le plaisir

☐ 1 **On est allés *se baigner* à la mer.**
海水浴に行った（←海に泳ぎに行った）。

Q 作文・ディクテ 「小学生の頃、私は炎天下で冷たい水を浴びるのが大好きでした。」

☐ 2 **Quand** _____, **j'adorais** _____ **l'eau froide** _____ **brûlant.**

160 ▶16
se maquiller
（自分の顔に）メイクする

mettre des produits colorés sur le visage pour se déguiser ou pour s'embellir

☐ 1 **Je ne *me maquille* jamais pour aller au travail.**
職場に行くのに私はまったく化粧をしません（すっぴんです）。

Q 作文・ディクテ 「私たちには化粧をする時間が必要です。」

☐ 2 **Nous avons** _____.

Q 文法・語法 **avoir besoin de qqch**：次の文の [　] 内から正しい語句を選べ。3

① **Ces fleurs ont besoin [d'/ de l' / d'une] eau.**
② **Cette chambre a besoin [de / du / d'un] bon nettoyage.**

☞ **双数（一対）という考え方**
lune [nf]「月」に関連する単数の la lunette は「望遠鏡」だが、複数 les lunettes とすると「メガネ」の意味。une paire de lunettes なら「（対になった）メガネ1組」を指す。ほかに une paire de chaussures「靴1足」、une paire de gants「手袋1組」なども同じで、この考え方は英語にも反映されている。ただし、英語では a pair of trousers と数える「ズボン」だが、仏語では un pantalon となり、一対とは考えない。

194

この単語は子どもたちの海岸での水遊びなども含むので、もし本格的に「泳ぐ」の意味を表したいなら動詞 nager を用いる。また「入浴する」という意味の載っている辞書もあるが、その場合には通例 prendre un bain が使われる（例：La plupart des Japonais prennent un bain presque tous les jours.「大半の日本人はほぼ毎日風呂に入る」）。

Quand **j'étais à l'école primaire**, j'adorais **me baigner dans** l'eau froide **sous le soleil** brûlant. となる。

maquiller は「（人に）化粧する」の意味。なお、「薄化粧する」なら se maquiller légèrement、「厚化粧する」なら se maquiller trop、「厚化粧している」という状態なら être trop maquillé(e), être très maquillé(e) という。

Nous avons **besoin de temps pour nous maquiller**. となる。

これは意外に盲点となりやすい。①は **de が入り**「この花には水が必要だ」、②は **d'un が適当**で「この部屋はきちんと掃除する必要がある」となる。avoir besoin de のうしろに "[部分冠詞]＋[名詞]" あるいは "[複数の不定冠詞]＋[名詞]" が続く際には、その冠詞を省く必要があるが（例：avoir besoin d'argent「金が必要だ」、avoir besoin de nouvelles lunettes「新しいメガネが必要だ」）、それ以外の冠詞はそのまま添えられる。

161 ▶17
se réconcilier

avec qqn ～と和解する、互いに和解する

avoir de nouveau de bonnes relations après une brouille ↔ se fâcher

□ 1 Elle *s'est* enfin *réconciliée* avec sa fille.
彼女はやっと娘と仲直りした。

Q 動詞選択 下記の2つの文に réconcilier か se réconcilier のいずれかを複合過去形にして入れよ。2

① Elles [　　　　　　　] avec l'aide de leur patron.
② Elles [　　　　　　　] leur mère avec leur grand frère.

162 ▶17
se droguer

麻薬を服用する

prendre de la drogue

□ 1 Qu'est-ce qui pousse les jeunes à *se droguer* ?
若者たちを麻薬に駆り立てるのは何なのか？

Q 適語選択 [　] に入れられないのは①〜③のどれか。2

[　] que vous vous droguez.
① Il est dommage　② Il me semble que　③ Il paraît

163 ▶17
se parfumer

（自分に）香水をつける

mettre du parfum sur soi ou sur ses vêtements

□ 1 Cette femme *se parfume* toujours trop !
いつだってあの女性は香水がきつすぎる！

réconcilier「和解させる」の意味で、この例は再帰的用法の代名動詞。

①は「彼女たちは上司の仲介で仲直りした」という意味で受動的用法の代名動詞 [**se sont réconciliées**] と入り、②は「彼女たちは母親と兄を和解させた」の意味で [**ont réconcilié**] と入る。

droguer は「（人に多量の）麻薬を飲ませる、中毒にする」の意味（例：Le ravisseur a drogué la femme qu'il a kidnappée.「誘拐犯は誘拐した女性に麻薬を飲ませた」）で、代名動詞は再帰的用法。

順に「あなたが麻薬をやっているとは残念だ」「私にはあなたが麻薬をやっているように思える」「（外見から）あなたは麻薬をやっているように見える」という意味になるが、①は直説法ではなく、〈Il est dommage que S ＋ V［接続法］〉となるので、Il est dommage que vous **droguiez.** とならなくてはならない。**この空所には不適。**

parfum [nm]「香り、香水」から派生、parfumer は「芳香で満たす、人に香水をつける」の意味。代名動詞は再帰的用法。

① Cette femme se parfume discrètement.

② Cette femme se parfume libéralement.

③ Cette femme se parfume ostensiblement.

164 ▶17
se déshabiller
服を脱ぐ

enlever ses habits [les vêtements] ↔ s'habiller

☐ [1] Dépêchez-vous de **vous déshabiller**.

急いで、服を脱いでください。

Q 作文・ディクテ 「クレールは服を脱ぎ、素っ裸で川で泳いだ。」

☐ [2] Claire _____ dans la rivière.

Q 適文選択 下記の文につなげると文意が不自然なものはどれ。[3]

Elle s'est déshabillée et ...

① s'est baladée dans la rue   ② s'est douchée

③ s'est mise au lit de bonne heure

165 ▶17
se brosser
（自分の～に）ブラシをかける、（自分の～を）磨く

passer une brosse dans [sur] qqch

☐ [1] Ma fille **se brossait** les cheveux devant le miroir.

娘は鏡の前でブラシで髪をとかしていた。

Q 作文・ディクテ 「祖父は塩で歯を磨いている。」

☐ [2] Mon grand-père _____ .

順に添えられた副詞は「さりげなく、控えめに」「惜しげもなく」「これ見よがしに」の意味、**例文と反意なのは①になる。**

déshabiller は「服を脱がせる」という他動詞。具体的に「（衣服などを）脱ぐ」なら、たとえば enlever [ôter] son manteau「コートを脱ぐ」、ôter [quitter] ses chaussures, se déchausser「靴を脱ぐ」といった言い回しを使う。これを代名動詞で使えば再帰的用法で「服を脱ぐ」の意味になる。

Claire **s'est déshabillée et s'est baignée toute nue** dans la rivière. となる。

「彼女は服を脱いで ①通りを散歩した se balader　②シャワーを浴びた se doucher　③早くにベッドに入った se mettre au lit」。**①のストリーキングもどきは自然とは言い難い。**

brosser「ブラシをかける」で書き換えると Ma fille brossait ses cheveux devant le miroir. となる。

Mon grand-père **se brosse les dents avec du sel**. となる。「歯を磨く」は se laver les dents ともいう。

166 ▶17

se coiffer

（自分の）髪を整える

se peigner les cheveux

□ 1 **On ne *se coiffe* pas en public !**

人前で髪をとかさないで！

Q 適語選択 | 正しい語句は①〜③のどれか。[2]

Immédiatement avant l'entretien, beaucoup de candidats se sont [① coiffé ② coiffées ③ coiffés] devant les glaces.

167 ▶17

s'affoler

冷静さを失う、（動転して）うろたえる

paniquer, devenir comme fou, se dépêcher

□ 1 **Ne *vous affolez* pas, ce n'est pas grave.**

慌てないで（取り乱さないで）、大したことじゃないから。

＊代名動詞は再帰的用法。

Q 選択問題 | 上記の例文「慌てないで」Ne vous affolez pas. の類義となる のは①〜③のどれか。[2]

① Pas de chance !　② Pas de panique !　③ Pas possible !

☞〈**Pas de ＋[（無冠詞）名詞]**〉の言い回し

主語・動詞・ne を省いた〈Pas de ＋[（無冠詞）名詞]〉の形で感嘆や命令を伝える。Pas de chance !「ついてない」、Pas de panique !「慌てないで」の他に、Pas de blagues !「冗談はよせ」、Pas d'histoires !「ごちゃごちゃ言うな」など。あるいは Pas d'alcool !「酒はだめ!」（＝ Ne bois pas !）と禁止を表したりする。

coiffure [nf] 「髪型、理髪」に関連する coiffer は「（人の）髪を整える」（例：Elle coiffre sa fille. 「彼女は娘の髪をとかしてやる」）のに対して、se coiffer は「自分の髪を整える」の意味。なお、décoiffer「（人の）髪を乱す」という動詞もある（例：Le vent l'a décoiffée. 「風で彼女の髪が乱れた」）。

「面接直前に、大勢の受験者は鏡の前で髪を整えた」の意味。例示の candidat は男性複数名詞なので、**性数を正しく一致させた③が正しい。**

affoler は「（恐怖などで）人を動転させる、ひどく心配させる」の意味。この例のように「感情、喜怒哀楽」にからむ動詞は「〜をさせる」という他動詞で、代名動詞で自動詞「〜する」となる例がたくさんある。たとえば「怒らせる」mettre qqn en colère, fâcher qqn：「怒る」se mettre en colère, se fâcher、「喜ばす」réjouir qqn：「喜ぶ」se réjouir、「楽しませる」amuser qqn：「楽しむ」s'amuser などなど。

②が類義表現。Pas d'affolement ! ともいう。①は「ついてない」、③は「まさか（信じられない、あり得ない）」の意味。

☞ 機会・チャンス

単に、そうした「機会」の意味で使われるのは occasion [nf]（例：Voici une bonne occasion de vous présenter au président de notre université. 「いい機会なので学長に紹介しましょう」）。chance [nf] はそこに「可能性を高める、成功につながる」という意味合いが添えられる（例：Donnez-moi une dernière chance [opportunité], s'il vous plaît. 「私にもう一度だけチャンスをください」/ ただし、opportunité を「チャンス」の意味で使うのは英語 opportunity の乱用・誤用とする辞書もある）。

168 ▶17
se bagarrer

（殴り合いの）けんかをする

se donner des coups

☐ 1 **Arrêtez de *vous bagarrer* !**

殴り合いのけんかはやめて！

Q 適語選択 「彼らは殴り合いのけんかを始めた」の下線部の同義語を選べ。2

Ils ont commencé à se bagarrer.

① se battre ② se disputer ③ se plaindre

169 ▶17
se balader

散歩する、ぶらつく

se promener

☐ 1 **Elles se sont baladées autour de la baie de Yokohama.**

彼女たちは横浜湾の周辺を散策した。

* se promener の類語だが、se balader の方が「（あちこち見ながら）楽しんで散策する、連れ歩く」という含意がある。名詞 balade [nf] を用いて faire une balade ともいう（ただし、ballade [nf] と綴れば「（音楽の）バラード」の意味なので注意）。なお、「（気分転換を兼ねて）散歩する（←屋外の空気を吸う）」prendre l'air という言い回しもよく使われる。

Q 作文・ディクテ 「ブーローニュの森をサイクリングしませんか？」

☐ 2 **On pourrait _____ de Boulogne ?**

☞ **pouvoir と vouloir**

「～しませんか」という誘い、あるいは「～していただけますか」といった依頼には pouvoir も vouloir も使うことができる。ただし、背景にはいささか違いがある。「可能性の確認」pouvoir と「意志の確認」vouloir という本来の差異とともに、前者は誘いや依頼を受けた相手に「諾否」がゆだねられているのに対して、後者は相手が断らないことを前提に打診する意味合いになる。したがって、懇意でない人に「電話番号を教えてくださいますか？」

口語で使われる bagarrer は「争う、闘うを」意味する単語。それを相互的用法で「（互いに）争う、けんかする」とするのが se bagarrer（あるいは se bagarrer avec qqn の形で再帰的用法でも使う）。

① **se battre が類語だが、se bagarrer の方が口語的**。なお、en arriver [en venir] aux mains「けんかする（←ついに手を出す）」という言い回しもある。②は「口げんかする」の意味、③は「不平を言う」という意味。になる

balader は「散歩させる」の意味（例：Il a baladé ses enfants.「彼は子どもたちを散歩させた（連れ歩いた）」）。

「車で散策する」＝「ドライヴする」なら se balader en voiture となるので、「自転車で散歩する」＝「サイクリングする」と考えて On pourrait **se balader à vélo dans le bois** de Boulogne ? となる。なお、作文なら On pourrait se balader en vélo [à bicyclette, en bicyclette] dans le bois de Boulogne ? も可。

なら Pouvez [Pourriez]-vous me donner votre numéro de téléphone ? と聞く方が、相手は「はい」「いいえ」と反応がしやすい理屈。

170 ▶17
se décontracter
（緊張をといて）くつろぐ、リラックスする

détendre son corps, avoir l'esprit tranquille ＝ se relaxer

□ 1 ***Décontracte-toi*** avant l'examen, va au cinéma !
試験前に緊張をとくのに、映画に行ったら！

Q 選択問題 ┃ 下記のフランス語とほぼ同義なのは①〜③のいずれか。 2
Décontractez-vous.
① Arrêtez de pleurer.　② Détendez-vous.　③ Ne me touchez pas.

171 ▶18
se défouler
ストレス（欲求不満）を解消する、憂さを晴らす

se libérer en faisant ce qu'on a envie de faire

□ 1 Nous avons besoin de ***nous défouler*** en faisant du sport.
私たちはスポーツをしてストレスを解消する必要がある。

＊くだけた言い方。

Q 適語選択 ┃ 下線部と同義になるのは①〜③のいずれか。 2
Tout d'abord, pensez à vous défouler.
① combattre le stress　② contrôler le stress　③ déstresser

172 ▶18
se dégonfler
(1)（風船などが）しぼむ、空気が抜ける
(2) おじけづく、自信をなくす

(1) se vider de son air

décontracter［語源 dé「反」＋ contracter「（人を）緊張させる」］は「（人を）く
つろがせる」の意味で、代名動詞なら「自分をくつろがせる」という再帰的用法と
なる。

「気持ち（体）を楽にしてください」の意味なので②**se détendre** が同義。
①は「泣かないで（←泣くのはやめて）」、③は「触らないで」の意味。

他動詞 défouler「ストレスを解消させる」に対して、代名動詞は再帰的用法の自
動詞になる。

「まず何より、ストレスの解消を考えてください」。順に①「ストレスと闘う」、②
「ストレスを抑制する」、**③**が「**ストレスを解消する**」の意味。

☐ ¹ **Les ballons *se sont dégonflés*.**
風船がしぼんだ。

(2) reculer devant une action difficile, par manque de courage

☐ ² **Germaine n'a finalement pas parlé à son patron, elle *s'est dégonflée* à la dernière minute.**
ジェルメーヌは結局上司に話をしなかった、土壇場でおじけづいたせいだ。

＊この例は、いわば擬物法、具象化と言えるくだけた言い回し。

Q | 適語選択 | 下線部とほぼ同じ意味になるのは①～③のどれ。³

Gautier fait beaucoup de plans, mais il finit toujours par se dégonfler.
① abandonner ② s'y attacher ③ y arriver

173 ▶18
se détromper ┊（人が）間違っていると悟る、誤りに気づく

changer d'opinion, ne plus avoir une opinion mauvaise ou fausse

☐ ¹ **Vous pensez qu'elle est sincère, *détrompez-vous* !**
彼女が誠実だと思っているのですか、それは間違っています（目を覚ましてください）！

＊会話では多く命令法で使われる。

Q | 文法・語法 | 「私は思う」という言い回し：下記の文に入る適語を選べ。²

Je [crois / pense / trouve] que mes parents ont quitté Haneda en toute sécurité sur le vol de 11 heures.

Q | 選択問題 | 下記の言い回しと類義になる文を①～③から選べ。³

Détrompez-vous.
① C'est une mauvaise idée. ② Vous avez l'air en forme.
③ Vous vous trompez.

dégonfler は「（風船などの）空気を抜く、しぼませる」（↔ gonfler「ふくらませる」）の意味。代名動詞は再帰的用法（自発的とも取れる）。

「ゴーティエは計画をあれこれと立てるが、最後にはいつもしぼんでしまう」。se dégonfler は通常「行動を起こす前にしぼむ」という意味合いで使われる動詞。②「それに執着する」③「そこに至る」は意味の方向が逆。この文では①**「あきらめる、放棄する」が類義になる。**

他動詞 détromper は「誤りを悟らせる」の意味（例：On n'arrivera jamais à la détromper.「彼女に誤りを悟らせることはできまい」＝ désabuser）、代名動詞は再帰的用法で自動詞になる。

penser は「（理性）頭で考えた結果そう思う、推断する」のに対して、croire は「（感覚）薄い根拠で、そう信じている（その一方で強い思い込みという面もある）」という意味合いの単語。trouver は「（評価）五感を通して経験したことをベースに下した判断」を指す。例文は「両親は 11 時の便で無事羽田を出発したと思う」の意味。飛行機の運行に鑑みた客観的な判断なので、**pense を選ぶのが自然**。なお、「（繰り返し）思いめぐらす」の意味なら songer、「評価する、算定する」の意味合いなら estimer（例：J'estime cette voiture à 5 000 euros au plus.「この車はせいぜい５千ユーロぐらいだと思う」、「疑う」というニュアンスなら soupçonner（例：Je la soupçonne de ce crime.「その犯罪に手を染めたのは彼女だと思う」）、あるいは「（正しいと）認める」という含意なら admettre（例：Je n'admets pas cette théorie.「この理論が正しいとは思わない」）といった動詞にも「思う」という軽い訳が可能。

「誤りに気づいてください」が直訳、文脈次第だが相手が正しいと思っている事柄が「間違っていますよ、そんなことはありません」という決まり文句。よって③**が類義の表現。**①は「その考えはよくない」、②は「元気そうですね」の意味。

174 ▶18
se distraire
気晴らしをする

occuper agréablement son esprit

□ ¹ **Tu travailles trop, tu as besoin de *te distraire*.**
働きすぎだよ、気晴らしをしないと。

Q 適語選択 下線部と類義にならないのは①～③のどれ。²
Il aime jouer de la batterie pour se distraire.
① comme passe-temps　② d'un bout du jour à l'autre　③ pour s'amuser

175 ▶18
s'égarer
迷子になる、道に迷う、紛失する

perdre son chemin

□ ¹ **Je *me suis égaré(e)* dans une ville que je ne connaissais pas.**
知らない街で、迷子になりました。

＊ égarer は「迷わせる、紛失する」の意味 (例：Les gens étourdis égarent souvent leurs affaires. 「そそっかしい人はしょっちゅう身の回りの品をなくす」)、「自らを紛失する」が s'égarer という代名動詞。

Q 適語選択 下線部と置き換えられるのは①～③のどれ。²
Il est très dangereux de s'égarer en montagne.
① s'assoupir　② se perdre　③ se traîner

176 ▶18
s'énerver
いらだつ、神経が高ぶる

perdre son calme, devenir de plus en plus nerveux

□ ¹ **Mon grand-père *s'énerve* facilement.**
祖父はすぐにいらいらする。

distraire は「人を楽しませる、人の気を晴らす」の意味。se distraire は「自分が楽しむ、気晴らしをする」の意味になる。

「彼は気晴らしに（面白半分で）ドラムを叩くのが好きだ」の意味なので、類義なのは①「気晴らしに」あるいは③「面白半分に、興味本位で」（＝ par curiosité, par jeu）。② **d'un bout du jour à l'autre は「四六時中」**（＝ tout le jour, nuit et jour）**という意味で類義にはならない。**

☞ **gens の性**

gens は男性複数として扱われる名詞だが、直前に形容詞が置かれると女性形をとる変わり種（例：Ce sont de bonnes gens.「あれは善良な人たちだ」）。ただし、後続する形容詞は男性形になるという変則でもある（例：Toutes ces bonnes gens sont heureux.「あの善良な人たちは皆幸せだ」）。

「山で道に迷うのはとても危険だ」の意味。**「自らを失う」＝「道に迷う、迷子になる」と同義なのは se perdre**、①は「まどろむ、うとうとする」、③は「這（は）う、のろのろ歩く」の意味。

énerver は「（人を）いらだたせる」という他動詞（例：Ça m'énerve d'attendre, même un peu.「（非人称構文）少しでも待たされると私はいらいらする」）。代名動詞は「自らをいらだたせる」→「いらだつ」となる。

Q 適文選択 | 下記の文と類義なのは①〜③のどれか。[2]

Ne t'énerve pas !

① Gardez ton sang-froid !　② Ne t'inquiète pas !　③ Soigne-toi bien !

---

177 ▶18
s'enivrer

酔う

se mettre en état d'ivresse

☐ [1]　**Ma mère *s'enivre* vite.**

母は酒が弱い (←すぐに酔っぱらう)。

Q 作文・ディクテ |「ワインは飲んでもなんともないし、けっして酔わないと彼女は言う。」

☐ [2]　**Elle dit** ～～～～～～～～～～～～～～**, qu'elle** ～～～～～～～～～～～**.**

---

178 ▶18
se fouler

(1) (足首などを) くじく、捻挫する
(2) (多くは否定文で) ひどく苦労する

(1) se blesser à une articulation

☐ [1]　**Elle *s'est foulé* la cheville gauche.**

彼女は左の足首を捻挫した。

＊ la cheville が直接目的語なので過去分詞の性数一致は行なわれない。

(2) se donner du mal, se fatiguer

☐ [2]　**Il ne *se foule* pas.**

彼はのんびりやっている。

Q 作文・ディクテ |「彼女はスピーチを苦もなくやってのけた、去年と同じものを使っ
たからだ。」

☐ [3]　**Elle** ～～～～～～～～～～～～～～～～～～～**, elle a utilisé** ～～～～～～～～～～

～～～～～～～～**.**

210

「いらいら（興奮）しないで」の意味になる。①は類義「冷静でいて」となる。
②は「心配しないで」、③は病気の人へ「お大事に」という一言。

ivre「（酒に）酔った」から派生した enivrer ［語源 en「〜の状態にする」＋ ivre］
は「酔わせる」の意味、その代名動詞は再帰的用法で「酔う」の意味。くだけた言
い方に se soûler「酔っ払う」がある。

Elle dit **que le vin ne lui fait rien**, qu'elle **ne s'enivre jamais**. となる。

Elle **ne s'est pas foulée pour son discours**, elle a utilisé **le même
que l'année dernière**. となる。ne pas se fouler pour ＋ inf. で「楽々と
（苦もなく）〜する」の意味。

179 ▶18

se garer
(人が) 駐車する

ranger son véhicule sur un lieu de stationnement

☐ ¹ **Est-ce que je peux *me garer* ici ?**
ここに駐車していいですか。

＊ avoir le droit de ＋ inf.「〜する権利がある、〜することを許可されている」を用い
て、Est-ce que j'ai le droit de me garer à cet endroit ? といった言い方もできる。

Q ┃ 整序問題 ┃ 意味が通じるように [　] 内の語を並べ替えなさい。²

Le chauffeur de taxi s'est [de, la, le, sur, bord, garé] route.

Q ┃ 内容説明 ┃ 下記の小話の笑いのツボを説明せよ。³

Une dame visite le zoo. S'arrêtant devant une cage, elle se parle à elle-même :

- Que pourrait bien nous raconter ce lion s'il pouvait parler ?

Alors un enfant lui répond :

- Il dirait : je suis un tigre.

---

180 ▶18

se gâter
傷む、腐る、悪化する

devenir mauvais

☐ ¹ **Ça *se gâte*.**
事態が悪化してきた (険悪だ)。

＊文脈次第で「(天候) 雲行きが怪しい」「台なしだ」といった訳も可能。

Q ┃ 適語選択 ┃ 下線部と類義になるのは①〜③のどれ。²

Les oranges dans le carton commencent à se gâter.

① se délabrer ② se détériorer ③ pourrir

車両が主語で「駐車する」とするなら stationner を用いる（例：Quelques voitures stationnent sur la route.「通り沿いに数台の車が駐車している」）。

「タクシー運転手は道端に車を駐車した」Le chauffeur de taxi s'est [**garé sur le bord de la**] route. となる。「不意（唐突）に車を止める」あるいは「（人が）立ち止まる」という場合なら s'arrêter を用いる。

動物園の檻の前に立ち止まって、「もしこのライオンが話せたらなんて言うかしら？」と独り言を言う女性に、子どもが相手の勘違いを正して「こう言うさ、ボクだってトラですけど」と返答するところ。なお、属詞が tigre でなく、un tigre なのは、まさしく「トラのなかの一頭」と言いたいであろう動物の気持ちを子どもが斟酌したため。

gâter は「台なしにする、傷める」（例：Le sucre gâte les dents.「糖分は歯をだめにする」）という意味の他動詞。

「ダンボールの中のオレンジが傷み始めた」の意味。①は「（建物や家具などが）傷む」、②は「商品が傷む」の意味。③**「腐る」が類義**になる。

B 日常会話での使用頻度が高い代名動詞

C

213

181 ▶19
se grouiller
急ぐ

familier de se dépêcher

□ 1　***Grouille-toi*** !
　　急いで！

＊フランス語の語義説明にもあるように se dépêcher のくだけた言い方。

Q ┃ 適文選択 ┃ 下線部と類義になるのは①〜③のどれ。 2

Je suis désolé(e), il faut que je me grouille.

① je m'analyse　② je me décide　③ je me hâte

182 ▶19
se marrer
楽しむ、面白がる、笑う

s'amuser, rire

□ 1　**On *s'est* bien *marrés* hier soir.**
　　昨夜 (ゆうべ) はとても楽しかった。

＊本来的用法の se marrer はフランス語の語義説明にあるように s'amuser「遊ぶ」、rire「笑う」のくだけた言い方。

Q ┃ 作文・ディクテ ┃「それはちっとも笑えない。」

□ 2　**Il** ＿＿＿＿＿＿＿＿＿＿＿＿＿＿ .

183 ▶19
se recoiffer
（自分の乱れた）髪をなおす

remettre en ordre sa coiffure

□ 1　**Tu devrais *te recoiffer*.**
　　髪をとかした方がいいよ。

grouiller は「うごめく、ごった返す」（例：La gare grouille de monde. 「駅は人でごった返している」= regorger）という意味の自動詞。

「悪いですが、急がなくてはなりませんので」。s'analyser は「自己分析する」、se décider は「決める」、**se hâter は「急ぐ」（= se dépêcher）の意味なので③が類義になる**。se hâter de +inf. 「急いで〜する」も記憶しておきたい（例：Mon mari s'est hâté de terminer ce travail pour regarder un film à la télé. 「テレヴィで映画を見るために夫は急いでその仕事を終えた」）。

定型表現 Il y a de quoi se marrer. 「それは笑える」を否定した文、つまり、**Il n'y a pas de quoi se marrer.** となる。

* coiffure [nf]「髪型、理髪、美容」に関連する類義の se coiffer は「（自分の）髪を整える」、se peigner は「髪をとかす」に意味であるのに対して、見出し語は「（再び）髪をとかし直す」の意味合い。

Q | 整序問題 | [　]の語句を意味が通じるように並べ替えよ。[2]

Julienne [de, devant, la glace, la salle de bain, s'est recoiffée].

---

184 ▶19
se ressaisir | 落ち着きを取り戻す、立ち直る

redevenir maître de soi

□ [1] **Mon fils *s'est ressaisi* après son échec.**
息子は失敗の後立直った。

Q | 適文選択 | 下線と同じ意味で使われるのは①〜③のどれか。[2]

Allez, ressaisis-toi !
① s'évanouir ② se reprendre ③ se vexer

---

185 ▶19
se salir | 汚れる、自分の体（衣服）を汚す

devenir sale

□ [1] **Fais attention de ne pas *te salir* !**
（食事の際に）汚さないように気をつけて！

Q | 作文・ディクテ | 「娘は水たまりで転んで服を汚した。」

□ [2] **Ma fille ＿＿＿＿＿＿＿＿＿＿＿ la flaque.**

A

Julienne [**s'est recoiffée devant la glace de la salle de bain**]. と並び、「ジュリエンヌは浴室の鏡の前で髪を直した」といった意味になる。

ressaisir は「再び手に取る、再びとらえる、取り戻す」という意味（例：La grande anxiété l'a ressaisie. 「大きな不安が再び彼女をとらえた」）。

B

日常会話での使用頻度が高い代名動詞

「さあさあ、立ち直って（気を落ち着けて）！」の意味。②を用いて **Allez, reprends-toi !** と書き換えられる。①は「気を失う」（= perdre conscience [connaissance]）、③は「気を悪くする」（= se froisser）の意味になる。

sale 「不潔な、汚い、汚れた」から派生する salir は「汚す」rendre sale の意味。英語なら get dirty となるが、これは get oneself dirty の再帰代名詞が落ちた形と考えられる。

C

Ma fille **s'est salie en tombant dans** la flaque. となる。ちなみに「娘は水たまりで両手を汚した」なら Ma fille s'est sali les mains en tombant dans la flaque. となる。過去分詞の性数一致の有無に注意。

se surmener | 自分の体を酷使する、無理してがんばる

se fatiguer à l'excès

□ ¹ **Ne *vous surmenez* pas !**

無理しないで！

Q 作文・ディクテ 「課長は無理してがんばると病気になりかねない。」

□ ² **Le chef de section** 〰〰〰〰〰〰〰〰〰〰〰〰 .

surmener は「(仕事などが) 人を過労に陥らせる、過度の努力を強いる」(例 : Ce travail m'a surmené(e). 「この仕事でオーヴァーワークになってしまった」) の意味。

[動詞] ＋ [形容詞 (属詞)] の形をとる tomber を用いて、Le chef de section **va tomber malade s'il se surmène**. となる。ちなみに、se surmener は十分強意的な言い回しなので、「無理してがんばりすぎる」se surmener trop といった修飾を添えるのは適当でない。

C

仏検２級〜準１級レヴェル／準１級レヴェル超

187 ▶ 20
se faire

(1) 作られる　(2) 〜になる　(3) à qqch　〜に慣れる
(4) (自分のために) 〜を作る　(5) s'en faire 心配する

---

(1) se former

☐ 1　**Le vin *se fait* en vieillissant.**
ワインは寝かせておいしくなっていく。

＊受動的用法の例。直訳するなら「ワインは熟成しながら作られる」となる。この例は s'améliorer とか se bonifier に置き換えられる。

(2) commencer à être, devenir

☐ 2　**Ce chien d'aveugle *se fait* vieux.**
あの盲導犬は年をとってきた。

(3) s'habituer à qqch

☐ 3　**Vous *vous ferez* vite à ce quartier.**
あなたはすぐにこの界隈に慣れますよ。

(4) fabriquer, créer

☐ 4　**Elles *s'est fait* beaucoup d'amis à Paris.**
彼女はパリで友人をたくさん作った。

＊ se faire une robe「(自分用に) ドレスを作る」、se faire des illusions「幻想を持つ」なども同じ語義の例。

(5) se faire du souci

☐ 5　**Ne *t'en fais* pas, ça ira !**
心配いらないよ、うまくいくよ！

＊ s'en faire「心配する (＝ se faire du souci [du tracas] の下線部を en で受けたと考えられる)、「遠慮する」は多く否定文で用いる。Ne t'inquiète pas ! も類義。

☞ **s'en で始まる代名動詞の例**
s'en aller「(人が) 立ち去る、(物が) 消え去る」＝ partir, quitter, disparaître
s'en retourner「(もといた場所に) 帰る」＝ quitter
＊上記の2つは古いフランス語生まれで目的語を取らない動詞から代名動詞が作られている例。この en は「副詞的な代名詞 (漠然とした状況や理由を表し「そこから」＝ de cela)」を意味する。

左記の例と同じく、ワインがらみでは se boire「飲まれる、飲める」を用いた Le vin blanc se boit frais.「白ワインは冷やして飲むものだ」、Le vin rouge se boit chambré.「赤ワインは室温で飲むとよい」といった主語の特性（可能性、規範や必要性）を表す受動的用法を記憶しておきたい（別例：La verre mince se casse facilement.「薄いガラスは割れやすい」）。

s'en donner (à cœur joie)「(存分に) 楽しむ」= profiter pleinement du plaisir procuré par une activité

s'en prendre à qqn / qqch「〜を非難する、責める」= attaquer, agresser

s'en tirer「切り抜ける、やってのける」= se débrouiller, s'en sortir

s'en vouloir「〜で自分をとがめる、遺憾に思う」= garder de la rancune contre soi-même

Q ⬛ 和 訳 | 下記の文を訳せ。

■ 6 ① Elle se fait friser les cheveux.

■ 7 ② Il est grand temps de se faire vacciner.

Q ⬛ 和 訳 | 下記の文を訳せ。

■ 8 Désolé(e), mais il se fait tard et je dois rentrer maintenant.

188 ▶20
se donner
(1) 〜に打ち込む　(2) 互いに与え合う　(3) 自分に与える

(1) se consacrer à

□ 1 **Mes parents *se sont donnés* entièrement à leur travail pour protéger l'ancienne brasserie de saké.**
両親は古い酒蔵を守るために全身全霊を込めて仕事に打ち込んだ。

* se donner à son travail で「仕事に打ち込む」という意味。「仕事をやりすぎだぞ!」Tu te donnes trop à ton travail ! といった使い方もする。

(2) s'offrir mutuellement

□ 2 **Ils *se sont donné* des coups en public sans hésiter.**
彼らは人前で平気で殴り合った。

* 相互的用法。

(3) donner à soi-même

□ 3 **Ma sœur *s'est donné* beaucoup de mal pour être promue directrice.**
姉 (妹) は部長に昇進するために大いにがんばった。

* beaucoup de mal「たくさんの苦労」(mal「苦労、難儀」の意味では不可算名詞) が直接目的語で、se (s') は間接目的語。なお、promu(e) は promouvoir「昇進させる」(不定法・過去分詞での使用が大半) の過去分詞。

うしろに不定法を導くケース。① 〈se faire ＋ inf. ＋ ［名詞］〉で「～を…してもらう（される）」の意味（se faire の受動的用法、「使役」のニュアンスで主語の意志が反映している）。**彼女は髪にパーマをかけてもらう**」という意味になる。この例では直接目的語は les cheveux で se は間接目的語。②se faire ＋ inf. も「～してもらう（される）」の形。**今はまさに予防接種を受けてもらう時期だ**」といった意味になる。あるいは Où est-ce qu'on peut se faire enregistrer ?「どこでチェックイン（飛行機の搭乗手続き）ができますか（←してもらえますか）？」とか、Je voudrais me faire examiner.「（医者に）診察を受けたいのですが」といったケースで使われる。ただし、se faire ＋ inf. で、Il s'est fait renverser par une moto.「彼はバイクにはねられた」のように、主語の意志とは無関係に「～される」の意味になることもあるので注意。

il se fait ... は「（時間が）～になる、（事態が）生じる」の意味になる非人称表現。**残念ですが、遅いのでおいとましなくてはなりません**」という意味になる。

Q 文法・語法 | **donner**：次の①と②に入る共通の動詞（直説法現在）を答えよ。 [4]

① La publicité pour la bière me [   ] soif.

② La randonnée en montagne me [   ] faim.

Q 適文選択 | 下記の文と意味が異なるのは①～③のどれか。 [5]

Elle s'est donné la mort.

① Elle s'est noyée.   ② Elle s'est suicidée.   ③ Elle s'est tuée.

Q 整序問題 | [ ] 内の語を意味の通る語順に並べなさい。 [6]

Donnez-vous [de, la, vous, peine, asseoir].

189 ▶20

se montrer

(1) 姿を見せる   (2)（自分が～）であることを示す

(1) apparaître à la vue

□ [1] **À 5h30 du matin, le soleil *se montre* à l'horizon.**

午前5時半、太陽が地平線に現れた。

＊再帰的用法の代名動詞の比喩的な使い方。

(2) se révéler

□ [2] **Elle *s'est montrée* généreuse avec nous.**

彼女は私たちに気前のいいところを見せた。

Q 文法・語法 | **montrer**：下記の文を訳せ。 [3]

Montrez-moi comment utiliser cet outil, s'il vous plaît.

Q 適語選択 | 下線部と類義でない語は①～③のどれ。 [4]

Quelques années plus tard, cette vaccination s'est montrée peu efficace.

① s'avérer   ② s'embrouiller   ③ se révéler

Q 適語選択 | 下線部とほぼ同じ意味になるのは①～③のどれ。 [5]

Quand elle s'est mise en colère, Yvette s'est montrée sous son vrai jour.

① se déguiser   ② se démaquiller   ③ se démasquer

物を主語にして、＜［人］＋ avoir chaud [froid, faim, soif, sommeil]＞の感覚で donner が使われるのは盲点になりやすい。空欄にはどちらにも **donne** と入り、①「ビールの宣伝を見ると喉が渇いてくる（←宣伝が私に渇きを与える）」、② randonnée [nf] は「遠出、遠足」のことで、「山歩きをするとお腹がすく（←山歩きが私に空腹を与える）」という意味になる。ただし、peur や honte では donner でなく faire を用いる（例：Les scènes de chirurgie à la télévision me font peur.「テレヴィで手術シーンを見ると怖くなる」）。この点も盲点となりやすい。

「彼女は自らに死を与えた」→「自殺した」という意味。se suicider, se tuer は同義の表現だが、**se noyer は「溺死する」という意味**。

Donnez-vous [**la peine de vous asseoir**]. と並ぶ。se donner la peine de ＋ inf. で、prendre la peine de ＋ inf. と同義、「わざわざ（苦労して）〜する」の意味で、これを例示のように命令文で使うと「どうか〜してください」という丁寧な依頼になる。例文は「どうぞお座りになってください」という意味。

montrer は通常「見せる、（感情などを）表す、（道などを）教える」の意味で使われるが、間接疑問（特に comment）の節を従えて「〜なのかを示す、教える」（＝ expliquer）は盲点になりやすい。例文は**この道具はどうやって使うのか教えてください**」という意味。

「数年後、このワクチン接種がほとんど効果のないことがわかった（判明した）」の意味。①、③は「〜であることがわかる、判明する」の意味で se montrer と類義語になるが、②は「**頭が混乱する**」の意味で例文とは置き換えられない。

「イヴェットは怒って本性を現した」という意味。se montrer sous son vrai jour で「本性を現す」（＝ révéler sa vraie nature）の意味。順に、「変装する」「（自分の）化粧を落とす」「本心を明かす、正体を現す」の意味なので、③ **が類義語**。

se laisser

＋ inf.　（他動詞の不定法）〜される　（自動詞の不定法）
〜するに任せる

ne pas s'empêcher de, ne pas se priver de

□ 1 Elles *se sont laissé* surprendre au retour de la promenade par une averse.
彼女たちは散歩の帰りにわか雨に襲われた。

□ 2 Elles *se sont laissées* vivre à la campagne.
彼女たちは片田舎で呑気に暮らしていた。

＊他動詞の不定法が続くケースでは複合時制での過去分詞は不変だが、自動詞の
ケースは通常、過去分詞が主語と性数一致する。

Q 文法・語法 ┃ laisser aller と faire aller : laisser aller と faire aller いずれ
かを複合過去形にして下記の空所に入れよ。[3]

① Elle [　　　　　] sa fille dans une école de cuisine réputée.
② Sur ce problème gênant, j'[　　　　　　] les choses.

Q 書き換え ┃ se laisser aller à qqch の形を使って、下記の文を書き換えよ。[4]
Hugo était fou de colère.

s'offrir

（自分のために食事や娯楽など）奮発する、
奮発して〜を楽しむ

se donner à soi

□ 1 Aujourd'hui c'est ton anniversaire alors on va *s'offrir* un bon repas au restaurant !
今日は君の誕生日だから、レストランでご馳走を食べよう!

＊［語源 of「〜に向かって」＋ frir「運ぶ」→「捧げる」］から派生した offrir は「贈る、
プレゼントする、提供する」の意味。よって、s'offrir は「自分にプレゼントする」という
再帰的用法から「（自分に）奮発する」の意味になる。

Q 作文・ディクテ ┃「退職後、私の両親は豪華な世界旅行を自分たちのために奮発し
た。」

☞ **laisser tomber と se laisser tomber**

laisser tomber qqch/qqn は「(物を)うっかり落とす、(人を)見捨てる」の意味(例:
Elle a laissé tomber son petit ami pour un autre.「彼女は恋人を振って別の男性に走った」)。なお、会話で「やめておく、あきらめる」の意味でも使われ、Laisse tomber！で「やめとけ（ほっときな）！」の意味になる。代名動詞 se laisser tomber なら「うっかり転ぶ」の意味(例:Ma fille s'est laissée tomber.「娘はうっかり転んだ」/ tomber は自動詞なので主語との性数一致を行なうのが通例)。

① Elle **a fait aller** sa fille dans une école de cuisine réputée.「彼女は娘を評判の料理学校に通わせた」となり、faire ＋ inf. が積極的に「〜させる」の意味であるに対して、laisser ＋ inf. は消極的に「〜させておく」という放任・放置のニュアンスを表すので、② Sur ce problème gênant, j'**ai laissé aller** les choses.「その面倒な問題については事の成り行きに任せた」となる。なお、laisser ＋ inf. では、通常、意味上の主語が不定法の前に置かれる点にも注意(例:Je laisse mes enfants jouer dans mon jardin.「子どもたちを庭で自由に遊ばせておく」)。

「ユゴーは怒りで我を忘れた」の意味。se laisser aller à qqch は「〜に身をゆだねる、我を忘れる」という意味。よって、**Hugo s'est laissé aller à la colère.** と言い換えられる。あわせて、se laisser aller が s'abandonner「投げやりになる」の意味になるケースも記憶しておきたい (例:Depuis qu'il n'a plus de travail, il se laisse aller.「彼は職をなくしてから、やけになっている」)。

□ 2 Après la retraite, ⁓⁓⁓⁓⁓⁓⁓⁓⁓⁓⁓⁓⁓⁓⁓⁓⁓⁓⁓⁓⁓⁓⁓⁓⁓⁓⁓⁓⁓⁓⁓⁓⁓
⁓⁓ du monde.

Q 適語選択 下線部とほぼ同義になるのは①～③のどれか。[3]

Ma femme s'est offert un déjeuner excellent.

① faire cadeau de ② se payer ③ se présenter

192 ▶20
se toucher

（物が）触れ合う

être très proche

□ 1 **Les deux restaurants de sushi(s) _se touchent_.**
2 軒の寿司屋は隣り合っている。

＊相互的用法。Les deux restaurants de sushi(s) sont contigus. と言い換えること
もできる。

Q 動詞選択 下記の2つの文に toucher か se toucher のいずれかを不定法で
入れよ。[2]

① **Quoi qu'il arrive, ne laissez pas ces deux fils [   ].**
② **Prière de ne pas [   ] !**

193 ▶20
se lire

(1)（本や文章が）読まれる、読める
(2)（感情が）読みとれる

(1) pouvoir lire

□ 1 **Ce livre _se lit_ facilement : je l'ai fini en une heure.**
この本は簡単に読める、1時間で読み終わった。

＊受動的用法の代名動詞。なお「この本は私の娘には簡単に読める」C̶e̶ l̶i̶v̶r̶e̶ s̶e̶ l̶i̶t̶
f̶a̶c̶i̶l̶e̶m̶e̶n̶t̶ p̶a̶r̶ m̶a̶ f̶i̶l̶l̶e̶. といった言い方はしない。代名動詞の受動的用法 se lire
は受動態 être lu とは違って、誰が、いつ、どこで読んでも「簡単に読まれる、読める」
の意味で、つまりは行為者を特定しない表現であるため。

Après la retraite, **mes parents se sont offert un magnifique voyage autour** du monde. となる。

「妻は奮発して豪華なランチを食べた」という意味。**②が類義語「自分で贅沢する」の意味**。①は「～をプレゼントする」(＝ offrir) の意味、③は「現れる、自己紹介する」といった意味 (英語の present と混同しないように)。

toucher は他動詞なら「(手で) 触る、(給与を) 受けとる」、また「(～と) 隣接している」の意味でも使われる (例：L'atelier de réparation touche notre maison. 「修理工場が私たちの家のすぐ隣だ」)。自動詞なら「(壊れやすいものに手を) 触れる」の意味で、多くは否定形で使われる (例：Ne touchez pas à cette poterie, elle est très fragile. 「その土器に触らないで、壊れやすいから」)。

① には [**se toucher**] と入り「何があってもこの 2 本の線を接触させないように」という意味、②には [**toucher**] と入って「(展示品などに) 手を触れないでください」の意味になる。Merci de ne pas toucher ! といった言い方もする。

(2) être discerné, reconnu

□ 2 **La peur *s'est* tout de suite *lue* sur son visage.**
彼 (彼女) の顔にはすぐさま恐怖の色が浮かんだ。

☞ **顔**

visage [nm] は「顔」を意味するもっとも一般的な語 (例：Cette fille a un joli visage. 「あの娘は可愛い顔立ちだ」)。figure [nf] は「顔」を意味する日常語 (例：se laver la figure「顔を洗う」)、face [nf] は少々改まった表現として使われることが多い (例：se voiler la face「顔を背ける (←現実から目を背ける)」。tête [nf] も「顔つき、表情」の意味で用いられる (例：faire la tête「ふくれっ面をする」。なお、「目鼻立ち」の意味なら traits [nm.pl]、「顔色」なら mine [nf] といった単語も使われる。

Q 作文・ディクテ 「この古典作家はよく読まれている。」

□ 3 **Cet** _____ .

Q 適語選択 下線部と置き換えられないのは①〜③のどれか。[4]

Le découragement se lit sur le visage de mon père.

① s'assombrir ② se manifester ③ se voir

194 ▶20
se changer

(1) en qqch 〜になる、変わる
(2) 着替える

(1) se transformer en qqch, devenir

□ 1 **Ce soir, la pluie risque de *se changer* en neige.**
今夜、雨が雪になる恐れがある。

＊「主語 A が en B に "変化する"」という表現。

Q 文法・語法 **changer**：下記の2つの文の違いを説明せよ。[2]

① **Elle a changé de coiffure il y a une semaine.**

② **Elle a changé sa coiffure dans les toilettes.**

(2) mettre d'autres vêtements ＝ changer de vêtements

□ 3 **Va *te changer*, tu es tout mouillé.**
さあ着替えて、ずぶ濡れじゃないか。

Cet **auteur classique se lit beaucoup**. となる。

「失望の色が父の顔に浮かんだ」（←表情に見てとれる）の意味。「（感情な
ど が）読み取れる、見てとれる」を意味する②、③は類義になるが、①はそう
ではない。sombre「暗い」から派生した s'assombrir は「（表情が）曇る、（気
持ちが）暗くなる」の語義で使われ、Son visage s'assombrit rapidement.
「彼（彼女）の顔が急に曇った」といった言い回しで用いられる語。

「天気が変わる恐れがある」なら Le temps risque de changer. と言うし、「天気
が雪に変わった」なら Le temps a tourné à la neige. といった言い方をする。

〈changer de ＋［無冠詞名詞］〉は「全面的な変更」を指すのに対して、〈
changer ＋［所有形容詞］＋［名詞］〉は「部分的な変更・修正」を指す。よっ
て、①「彼女は1週間前にヘアースタイルを変えた」の意味、②は「彼女は
化粧室で髪を手直しした」の意味になる。

Q 作文・ディクテ 「結婚して半年で、理想の王女は意地悪な魔女に様変わりした。」

☐ 4 Après _____ , la princesse _____

_____ .

Q 適語選択 下線部と置き換えられるのは①〜③のどれか。[5]

Je voudrais me changer pour aller à la fête d'anniversaire de mon ami.

① se couvrir bien ② mettre d'autres habits ③ ôter un vêtement

---

195 ▶20

s'assurer

(1) ⟨ de + qqch / que ＋[直説法]⟩確かめる、確認する
(2) contre / sur qqch 〜に対する保険に入る

(1) vérifier que qqch est sûr

☐ 1 **Assurez-vous** que vous n'avez rien oublié dans le bus.

バスの車内にお忘れ物がないようご確認ください。

(2) prendre une assurance

☐ 2 Elle **s'est assurée** contre l'incendie.

彼女は火災保険に加入した。

Q 作文・ディクテ 「姉はその噂が正確であることを確認した。」

☐ 3 Ma grande sœur _____ .

---

196 ▶20

se risquer

（危険なことにでも）あえて踏み込む、
à + inf.   思い切って〜する

s'avancer prudemment

☐ 1 Notre entreprise **s'est risquée** sur le marché chinois.

わが社は中国市場に進出した。

＊「危険を覚悟で」という含意がある。

Q 適語選択 どちらか正しい方を選べ。[2]

Ce cheval ne [① risque   ② se risque] pas de gagner la course.

Après **six mois de mariage**, la princesse **idéale s'est changée en méchante sorcière**. となる。

「友人の誕生日パーティーに行くので着替えたい」といった意味。順に「着込む」「着替える」「服を脱ぐ」の意味なので、**解答は②になる**。

［語源 as「〜に対して」＋ surer「確かだと口にする」］から生まれた assurer は「（人に）〜だと断言する、保証する」の意味。たとえば、Elle nous a assuré qu'elle viendrait. なら「彼女は私たちに必ず来ると言い切った」といった意味になる。
単独の assurer は「〜に保険をかける、（保険で）保障する」の意味でも使われる。Elle a assuré ses bijoux contre le vol. なら「彼女は宝石に盗難保険をかけた」という意味になる。

Ma grande sœur **s'est assurée de l'exactitude de cette rumeur**. となる。Ma grande sœur s'est assuré [a confirmé] que cette rumeur était exacte. などと言い換えることもできる（過去分詞の性数一致の有無に注意）。

risquer は「危険にさらす、危険を冒す」という他動詞（例：Qui ne risque rien n'a rien.「虎穴に入らずんば虎子（児）を得ず（←危険を冒さないものは何も得られない）」/ 英語は No pain, no gain. という）。

「あの馬がレースに勝つ可能性（チャンス）はない」という意味で、①が入る。risquer de ＋ inf. は「〜の恐れがある、〜しかねない」の意味のほかに「（これから）〜する可能性がある、チャンスがある」（＝ pouvoir）の意味（未来の可能性を現在から予測するので直説法現在）で使われる。もし「過去」に関して、「あの馬がレースに勝つチャンスはなかった」と言いたいなら Ce cheval ne risquait pas de gagner la course. と直説法半過去が使われる。なお、se risquer de ＋ inf. という形では用いない。

s'apprendre
学習できる、覚えられる

entrer dans la mémoire, se retenir

□ 1 La plongée sous-marine **s'apprend** en une demi-journée.
スキューバダイビングは半日で学べる。

□ 2 Le titre de ce livre **s'apprend** difficilement, n'est-ce pas ?
この本のタイトルは覚えにくいですよね?

Q 文法・語法 ‖ apprendre：下記の2つの文の違いを説明せよ。[3]

① Je voudrais apprendre à faire une présentation en français.

② J'apprends à faire du ski aux enfants.

Q 適語選択 ‖ 下線部とほぼ同じ意味になるのは①〜③のどれか。[4]

Un tel savoir-faire ne s'apprend pas en quelques jours.

① s'acquérir   ② se sentir   ③ se souvenir

se produire
（主に、不幸な出来事や不意の出来事が）起こる

avoir lieu

□ 1 Une catastrophe aérienne vient de **se produire** au large de l'océan Atlantique Nord.
北大西洋沖合で飛行機事故があったばかりだ。

□ 2 Il **s'est produit** un incident regrettable dans une zone dépeuplée où vivaient mes grands-parents.
祖父母の暮らす過疎地で残念なことが起きた

＊これは非人称の文。il se produit ＋ ［不定冠詞］＋ ［名詞］…の形をとる。

Q 適語選択 ‖ 下線部と置き換えられない言い回しは①〜③のどれか。[3]

Il s'est produit un accident sur l'autoroute.

① Il a été décidé   ② Il est arrivé   ③ Il s'est passé

apprendre 単独なら大別して「学ぶ、覚える」（例：Mon frère a appris le chinois à Hong Kong.「兄（弟）は香港で中国語を覚えた」）と「（知識・情報を）知らせる、教える」（例：Ma tante m'a appris à conduire.「おばが運転を教えてくれた」）の意味で使われる動詞。

上記のように apprendre は「学ぶ」という意味と「教える」（＝ enseigner）という相反する意味を持っている単語。①は、apprendre à ＋ inf. で「～することを習う、学ぶ」となり**私はフランス語でプレゼンテーションすることを学びたい**」の意味になる。②も apprendre à ＋ inf. なのだが、そこに à qqn が添えられているので「…に～することを教える」の意味となり、「**私は子どもたちにスキーを教えている**」となる。

「そのようなノウハウは数日では学べない」の意味。選択肢は順に①「（自分のために知識などを）獲得される、身につく」、②「自分が～だと感じる」③は「覚えている、思い出す」といった意味。**①が類義になる。**

［語源 pro「前に」＋ duire「導く」→「生み出す」］という語形成で生まれた produire は「引き起こす、（自然に）生み出す、創作する」（例：Ce bananier produit plus de 100 fruits.「このバナナの木には 100 本以上のバナナの実がなる」）あるいは「生産する」（例：Cette usine produit de l'électricité.「この工場は電力を生み出している」）の意味。

「高速で事故が起こった」という意味の非人称構文。Un accident s'est produit sur l'autoroute. とも書けるし、Il y a eu un accident sur l'autoroute. とも言い換えられる。「（事故などが）起きる、発生する」を意味する②と③には置き換えられるが、**①は il a été décidé que** …で「～ということが決まった」となる形なので置き換えられない。

Q 動詞選択 | 下記の2つの文に produire か se produire のいずれかを複合過
去形して入れよ。[4]

① Ce pianiste [　　　　] une œuvre très variée.

② La célèbre pianiste [　　　　] en concert.

---

199 ▶20

se relever

起き上がる、立ち上がる、de qqch　～から立ち直る

---

se remettre debout

☐ 1　**Je ne veux pas *me relever* à cause de mes maux de dos, tu peux allumer la lumière ?**

腰痛のせいで起き上がりたくないんだ、明かりをつけてくれない？

☐ 2　**Ma femme *s'est relevée* difficilement de cet échec.**

妻はその失敗からなかなか立ち直れなかった。

Q 作文・ディクテ | 「娘はまだ一人では立ち上がれません。」

☐ 3　**Ma fille** ＿＿＿＿＿＿＿＿＿＿＿＿＿＿＿＿ **.**

---

200 ▶20

s'écrire

(1) 互いに手紙を出し合う
(2) （文字や手紙などが）書かれる、綴られる

---

(1) s'envoyer des lettres

☐ 1　**Élise et son correspondant *s'écrivent* au moins une fois par mois.**

エリーズと彼女のペンフレンドは、少なくとも月に1度は互いに手紙を出し合っている。

＊相互的用法。この用法では se (s') は間接目的語になるので注意。

(2) avoir telle orthographe

☐ 2　**Ça *s'écrit* comment ?**

それはどう綴りますか（どう書きますか）？

＊この例では、se (s') は直接目的語。

①には **produire**「（芸術家が）創作する」（＝ composer, faire une œuvre）を入れて「このピアニストは実に多彩な作品群を生み出した」とし、②には **se produire**「（芸術家が）舞台に出る」(=jouer, paraître en public au cours d'une représentation) を入れ、「有名な女性ピアニストがコンサートに出演した」となる。結果、①には a produit、②には s'est produite と入る。

relever は「起こす、立て直す」あるいは「（体の一部を）持ち上げる」（例：relever la tête「頭をもたげる」）といった意味。なお、見出し語は＜se relever de ＋［病気］＞で「（病気から）立ち直る」の意味でも使われる（例：Mon mari se relève d'une grippe.「夫はインフルエンザから回復した」）。

ne ... pas encore「まだ〜ない」を用いて、Ma fille **ne sait pas encore se relever toute seule**. となる。

écrire の基本語義は「（文字や文章を）書く」の意味（例：Écrivez votre adresse ici.「ここに住所を書いてください」）。

Q 書き換え ‖ 下記の①と②を1文にまとめなさい。[3]

① Je ne sais pas.

② Comment ce mot s'écrit-il ?

---

201 ▶ 21

se défendre

(1) de qqch 〜から身を守る、抵抗する
(2) de + inf. 否認（否定）する
(3) うまくやってのける、〜する能力がある

---

(1) se protéger, résister à une attaque

□ [1] **À la montagne en hiver, il faut *se défendre* du froid.**

冬山では寒さから身を守らなくてはならない。

＊ se défendre contre le froid とも言える。

(2) refuser d'admettre

□ [2] **Cet auteur *s'est défendu* d'avoir écrit un livre immoral.**

その作家は不道徳な書物を書いたことを否定した。

＊これは「他人が事実だと決めつけたことに否を唱える」ことを言う。

(3) être capable de faire qqch

□ [3] **Il y a beaucoup de personnes âgées qui *se défendent* bien pour leur âge dans cette région.**

この界隈には年齢のわりに元気な老人が多い。

Q 書き換え ‖ 下記の空所に適語を入れなさい。[4]

Ma fille se défend bien en mathématiques.

＝ **Ma fille [e] [b   ] en mathématiques.**

＝ **Ma fille [e] [f   ] en mathématiques.**

---

202 ▶ 21

se réaliser

(夢や計画が) 実現する

---

devenir réel

Je ne sais pas comment ce mot s'écrit. 「この単語をどう綴るのかわかりません」と間接疑問文をしたがえる。

「娘は数学がなかなかよくできます（得意です）」の意味。空所には「〜が得意である、上手である」を意味する〈être bon en ＋［教科］〉＝〈être fort en ＋［教科］〉が使われ、「娘」が主語なので **[est] [bonne]** / **[est] [forte]** と入る。なお、「スポーツやゲームが得意」とするなら前置詞は à が使われる（例：être bon [fort] aux échecs「チェスが得意だ」）。

□ ¹ Tous ses projets **_se sont réalisés_**.
彼 (彼女) の計画はすべて実現した。

Q 適語選択 下線部と類義になるのは①~③のどれか。²

J'aimerais que mon rêve se réalise.

① s'éveiller de son rêve　② exaucer son rêve　③ poursuivre son rêve

Q 文法·語法 j'aimerais と je voudrais : 下記の2文の違いを考えつつ和訳せよ。³

① J'aimerais travailler dans une entreprise japonaise.

② Je voudrais parler à votre directeur commercial, s'il vous plaît.

---

203 ▶ 21

se poursuivre

続く、続行される

continuer

□ ¹ Les discussions intenses **_se sont poursuivies_** tard dans la nuit.
激しい議論が夜遅くまで続けられた。

Q 和 訳 下記の文を訳せ。

■ ² Le procès de l'affaire du curry empoisonné s'est poursuivi aujourd'hui.

---

204 ▶ 21

s'imposer

(1)（自分の価値で）認められる　(2) ぜひ必要とされる
(3) 自分に～を課する

(1) se faire reconnaître par sa valeur

□ ¹ M. Hara **_s'impose_** comme un des meilleurs entraîneurs de baseball au Japon.
原氏は日本では有数の野球監督の一人と目されている。

(2) être nécessaire, être indispensable

□ ² On doit prendre les mesures qui **_s'imposent_**.
必要な措置を講じなくてはならない。

［語源 real「現実の」ものとする］から生まれた réaliser も「実現する、（映画など
を）製作する」の意味だが、人が主語（あるいは計画などが主語で受け身）で用
いる（例：Mon fils a enfin réalisé son projet.「息子はとうとう計画を実現し
た」）。

「夢が実現したらいいな」という意味。順に ①「夢から覚める」②「夢をかな
える」③「夢を追う」の意味なので、**類義になるのは②。**

①は「**できれば日系の企業で働きたい**」、②は「**お願いします、お宅の営業
部長さんと話をしたいのですが**」という意味。どちらも条件法現在を用いた
頻度の高い言い回しで、「〜したい」と訳されるためほぼ同義とだけ教わるこ
とが多いが、前者は話者の「願望・希望（できれば〜したい）」（言い換えれ
ば、可能性が低い願いが少なくない）を述べるのに対して、後者は「語気緩
和」、丁寧な言い回しである点に照準が当たるので「注文や依頼」（現実性
の高い願い）で使われることが多いという微妙な違いがある。

［語源 pour「徹底的に」＋ suivre「うしろについて行く」］から、poursuivre は「追
跡する、続ける」（例：poursuivre ses études「学業（勉学）を続ける」）の意味。

「**毒物カレー事件の裁判は今日も続けられた**」という意味になる。

🎩 **訳文術**　左記の文を直訳すると「もっとも優秀な野球監督たちの中の
一人」となるが、この訳は考えてみると少し抵抗がある。最上級を使いながら
「最高のものが複数ある」という中身になっている。フランス語（あるいは英
語）ではおかしくなくても、そのまま直訳すると和訳としてはぎこちないバラン
スを欠いたものになってしまう。「屈指の」とか「有数の」といった日本語に近
い言い回しだと感じる。

(3) s'obliger à

□ ³ **Ma secrétaire *s'impose* de lire des magazines en français.**
私の秘書は努めてフランス語で雑誌を読むようにしている。

Q ▌書き換え▌ 下記の文を代名動詞 s'imposer で書き換えよ。⁴

La coopération est absolument nécessaire.

205 ▶21
se former

┊ **（ひとりでに）形をなす、〜の形をとる**

apparaître sous une certaine forme

□ ¹ **Quand on chauffe le lait, une mince pellicule *se forme*.**
牛乳を温めると薄い膜ができる。

＊ forme [nf]「形、姿」から派生した former は「形成する、形づくっている」（例：former une équipe「チームを作る」）という他動詞。ついでに記せば、réformer なら「形を正しく作り戻す」→「改める、改革する」（例：réformer les coutumes「習慣を改める」）の意味、déformer なら「形をゆがめる、歪曲する」といった意味になる。

Q ▌作文・ディクテ▌「彼は水疱瘡を患っていて、皮膚にぶつぶつ（吹き出物）ができている。」
□ ² **Il a la varicelle :** ～～～～～～～～～～～～～～～～～～～**.**

206 ▶21
se conduire

┊ **（人が）ふるまう、（ある）態度をとる**

avoir une bonne ou une mauvaise conduite ＝ se comporter, agir

□ ¹ **Quand elle boit, Céline *se conduit* mal.**
酒が入ると、セリーヌは素行が悪い。

Q ▌作文・ディクテ▌「子どもたちは昼食の時間とても行儀がよかった。」
□ ² **Les enfants** ～～～～～～～～～～～～～～～～～ **du déjeuner.**

［語源 im「上に」＋ poser「置く」→課する］から生じた imposer は「強いる、受け入れさせる、課税する」といった意味の動詞（例：Il impose toujours ses idées「彼は自分の考えをいつも周りに押しつける」）。(3) の用例は再帰的用法として類推はきくが、他は単独の imposer とは意味合いがかなり転化している。

La coopération s'impose. となり、「協力が是が非でも必要だ」の意味になる。

se former（＝ prendre forme）は非人称構文でも使われるので、たとえば左記の例は Il se forme une mince pellicule sur le lait. といった書き方もできる。

Il a la varicelle : **des boutons se forment sur sa peau**. となる。

conduire が「連れて行く、〜へ導く、運転する」（例：Tu veux que je te conduise chez le médecin ?「医者のところまで連れて行こうか?」、Ce train vous conduira à Milan.「この電車に乗ればミラノに行けます」）の意味なので、代名動詞「（人が）ふるまう、（ある）態度をとる」という語義とはうまく結びつかないと感じられるかもしれないが、たとえば、se conduire mal なら「自らを悪へと連れて行く（導く）」→「ひどい態度をとる」（＝「素行が悪い」）という流れと解せる。なお、reconduire「（帰る人を）送っていく、見送る」（＝ raccompagner）（例：Claire a reconduit Jean-Pierre chez lui.「クレールはジャン・ピエールを家まで送った」）という関連する動詞もある。

Les enfants **se sont très bien conduits à l'heure** du déjeuner. となる。

仏検2級〜準1級レヴェル／準1級レヴェル超

207 ▶21
se priver
（人が快楽や・手段などを）自ら断つ、
切り詰めた暮らしをする

ne pas vouloir profiter de qqch

□ 1 Cette mère célibataire **s'est privée** pour élever ses enfants.
あのシングルマザーは子育てのために生活を切り詰めてきた。

Q 動詞選択 | 下記の2つの文に priver か se priver のいずれかを複合過去形し
て入れよ。[2]

① Elle [　　　　　] de tout pour économiser.

② La panne [　　　　　　] tout le quartier d'électricité.

208 ▶21
se lier
avec qqn 　〜と親交を結ぶ、友だちになる

établir des relations d'amitié, avoir des relations avec qqn

□ 1 Cet homme ne **se lie** pas facilement.
あの男はなかなか人と打ち解けない。

Q 作文・ディクテ |「村人たちは隣村の最長老と仲よくなった。」

□ 2 Les villageois ＿＿＿＿＿＿＿＿＿＿＿ du village voisin.

209 ▶21
se déclarer
（災害や病気などを）発生する

commencer à se manifester

□ 1 Le feu **s'est** d'abord **déclaré** dans l'entrepôt.
火災はまず倉庫で発生した。

Q 書き換え | 下記の文を se déclarer を使って書き換えよ。[2]

J'ai subitement eu de la fièvre au milieu de la nuit.

priver は「（必要なものや好きなものを）奪う、取り上げる」（↔ donner, fournir）
という動詞（例：Les prisonniers sont privés de divers droits en prison.「囚
人は刑務所でさまざまな権利を奪われる」）。

①は「彼女はお金を貯めようとしてすべてを切り詰めた」、②は「停電のた
めその界隈一帯は電気が使えなかった」の意味にする。①は se priver de
qqch で「〜を断つ」、②は priver ＋ A ＋ de B で「A（地域や人）から B（必
要なもの）を奪う」の意味。よって、① **s'est privée**、② **a privé** と入る。

lier は「（まとめて）縛る、（人を共通の要素で）結びつける、（友情関係で）結ぶ」
の意味（例：C'est la passion pour le yoga qui nous a liés.「ヨガ好きのため
私たちは友だちになった」）。代名動詞は再帰的用法で用いられる。

Les villageois **se sont liés d'amitié avec le doyen** du village voisin.
となる。se lier d'amitié avec qnn で「人と友情で結ばれる」の意味になる。

[語源 dé「完全に」＋ clarer「明らかにする」→「しっかり立場を鮮明にする」]
から生じた déclarer は「宣言する、言明する」（単に「知らせる、発表する」なら
annoncer）、あるいは「申告する」（例：Vous avez quelque chose à déclarer ?
「（税関で）何か申告するものはありますか？」）の意味だが、se déclarer は意味
合いが大きく変わり、物が主語で「（火災などが）発生する、起こる」の意味にな
る。ただ、再帰的用法 Elle s'est enfin déclarée sur ses intentions.「彼女はと
うとう自分の意図を明らかにした」といった使い方もある。

「突然、夜中に熱が出た」**Ma fièvre s'est déclarée subitement au
milieu de la nuit**. といった言い方ができる。

210 ▶21
se quitter
（一時的あるいは決定的に）互いに別れる

se séparer de qqn

□ ¹ **Elles _se sont quittées_ avec beaucoup de tristesse.**
彼女たちはお互いとても悲しそうに別れた。

＊ se séparer と類義、受動的用法の代名動詞。

Q 作文・ディクテ ｜「彼らは互いのことが心配で、片時も離れられない。」

□ ² Ils ～～～～～～～～～～～～～～ et ne ～～～～～～～～～～ .

211 ▶22
se lancer
dans qqch ～に身を投じる、乗り出す、
à qqch ～に突進する

se jeter avec énergie dans qqch

□ ¹ **Ma tante _s'est lancée_ dans la politique.**
おばは政界に身を投じた（政界に打って出た）。

＊代名動詞は再帰的用法。

Q 整序問題 ｜[ ] 内の語を意味が通じるように並べ替えよ。²

Les troupes [à, de, se, sur, toute, sont lancées, l'ennemie, première ligne] allure.

212 ▶22
se limiter
à qqch / inf. ～にとどめる

se donner des limites, avoir des limites

□ ¹ **La cuisine japonaise ne _se limite_ pas aux sushi(s).**
日本食は寿司だけではありません。

quitter は「（人のもとを）去る、別れる、（場所を）離れる」（例：Il faut que je vous quitte.「もう行かなくてはなりません」）あるいは「（仕事などを）やめる」の意味。

Ils **s'inquiètent l'un pour l'autre** et ne **peuvent pas se quitter**. となる。

lancer は「（勢いよく遠くの目標へ向けて）投げる」という意味合い（類義の jeter は「（無造作に）投げる、ほうる」、projeter なら「投げ出す、投げつける」の意味合い）、あるいは「（商品などを）売り出す、発射する」の意味で用いる。

Les troupes [**de première ligne se sont lancées sur l'ennemi à toute**] allure. と並び、「前線部隊は全速力で敵陣に突進した」という意味になる。

limiter は「境界をつける、制限する」（例：limiter la vitesse「スピードを制限する」）という他動詞。関連する名詞は 2 つあり、limite [nf] は「境界、限界」（例：connaître ses limites「己の限界を知っている」）の意味、limitation [nf] は「制限、規制」（例：sans limitation de temps「時間制限なしに」）を意味する。

Q 作文・ディクテ 「1日に酒 1 杯にしておきなさい。」

☐ 2 ~~_____~~ par jour.

---

213 ▶22

s'établir

(1)（店舗を）開設する、開業する　　(2)（何かが）生じる

---

(1) s'installer en un lieu pour y exercer une activité commerciale

☐ 1 **Mon oncle vient de *s'établir* à Dijon.**
おじはディジョンで商売を始めたばかりだ。

(2) naître

☐ 2 **Les coutumes étranges de cette île *se sont établies* quand ?**
この島の奇妙な風習はいつ生まれたのですか?

Q 適語選択 下記の空欄に入る動詞はどちらが正しいか。3

Il [a établi / s'est établi] entre ces deux pays des relations diplomatiques.

---

214 ▶22

se placer

（ある席や立場などに）身を置く、置かれる

---

se mettre à une place

☐ 1 **_Plaçons-nous_ au premier rang.**
最前列に座りましょう。

Q 適語選択 下線部とほぼ同じ意味になるのは①~③のどれ。2

Mon fils veut se placer chez Toyota.
① chômer　② fusionner　③ obtenir un emploi

250

Limite-toi à un verre de saké par jour. となる。

☞ **物の量や単位の例**

（コップ・グラス）１杯のワイン　un verre de vin　＊ un verre à vin「ワイングラス」
（カップ）１杯のコーヒー　une tasse de café　＊ une tasse à café「コーヒーカップ」
（スプーン）１杯の砂糖　une cuillerée de sucre
（バケツ）１杯の水　un seau d'eau
（ボル / 椀）１杯のシードル（リンゴ酒）　une bolée de cidre
ワイン１瓶　une bouteille de vin
チーズひとかけ　un morceau de fromage
タバコ１箱　un paquet de cigarettes
ハサミ１丁　une paire de ciseaux
卵１ダース　une douzaine d'œufs

B

établir は形容詞 stable「安定した」から派生した動詞で「しっかり立たせる」という含意がある。「設置する、（計画などを）立てる、（関係を）樹立する」という意味の他動詞。

il は非人称、「あの両国間に外交関係が生まれた」という意味になる。もし、他動詞 établir を用いるなら Ces deux pays ont établi des relations diplomatiques. といった形をとる。したがって、**空欄には代名動詞 s'est établi が入る**。

placer は「（場所を決めて）置く、位置づける、（人を仕事などに）就かせる、配属する」（例：Elle a placé son iPhone dans son sac.「彼女は iPhone をバッグにしまった」）という他動詞。

C

「息子はトヨタに入りたがっている」、つまり se placer は「就職する」という意味なので③**「職を得る」が解答になる**。①は「失業する」（＝ perdre son travail）、②は「合併する」（ちなみに「企業合併」は fusion d'entreprises [nf]）という意味。

仏検２級〜準１級レヴェル／準１級レヴェル超

se payer

(1)（自分の取り分を）受け取る　(2)（自分のために）奮発して買う　(3) 支払われる、報いられる

(1) prendre l'argent qui est dû

□ 1　**Voici dix mille yens, *payez-vous* et rendez-moi la monnaie.**
ここに1万円ありますから、代金をとって、つりは返してください。

(2) s'offrir

□ 2　**Je *me suis payé* un nouvel ordinateur.**
思い切って新しいパソコンを買いました。

＊くだけた言い方。

(3) devoir être payé, pouvoir être payé

□ 3　**Tout *se paie*.**
結局、何事も報われる（どんなことにも報いがある）。

＊受動的用法。

Q 和　訳 ｜ 下記の文を訳しなさい。

■ 4　**Arrêtez de vous payer sa tête !**

Q 適語選択 ｜ 下線部と置き換えられないのは①〜③のどれ。5

Ma tante s'est payé du bon temps en Suisse.
① avoir du bon temps　② avoir un bon temps　③ passer un bon moment

se diriger

(1) vers qqn / qqch　向かって進む、（〜の方へ）向けられる
(2)（仕事の）進路を決める

(1) aller vers un lieu, se déplacer vers un but

□ 1　**Quand la cloche a sonné, tous les élèves *se sont dirigés* vers la sortie.**
ベルが鳴ったとき、生徒全員が出口に向かった。

(2) choisir une orientation professionnelle

□ 2　**Ma fille *s'est dirigée* vers la médecine.**
娘は医学の道に進んだ。

「彼（彼女）を馬鹿にしないで」の意味。se payer la tête de qqn で se moquer de qqn と同義になる。

se payer du bon temps で「楽しく、くつろいで過ごす」(＝ s'en payer une tranche) といった意味。よって、「おばはスイスで楽しい時を過ごした」という意味になる。①と③は類義表現だが、②の言い回しは使われない。

[語源 di「正しく」＋ riger「指揮する」→「正しく導く」] となる diriger は「向ける、向かわせる」という他動詞、代名動詞なら「向かう、向けられる」という自動詞の意味になる。

Q 整序問題 ┃ 意味が通るように [ ] 内の語を並べ替えなさい。[3]

J'ai rencontré le chef ce matin, mais il [à, la, se, dans, opposée, direction, dirigeait] notre entreprise.

---

217 ▶22

se retenir

(1)（倒れないよう）身を支える、つかまる
(2)（〜しないように）自制する、自分を抑える
(3)（言葉などが）覚えられる

---

(1) s'empêcher de tomber

□ [1] **Ma fille *s'est retenue* à mon bras.**
　　娘は私の腕につかまった（すがりついた）。

＊ s'accrocher à qqch と類義。

(2) résister à une envie

□ [2] **Thomas ne sait pas *se retenir*.**
　　トマはこらえ性がない。

＊この文は文脈によっては「おしっこががまんできない」という意味にもとれる。

(3) entrer dans la mémoire

□ [3] **Ce poème de Baudelaire *se retient* facilement.**
　　このボードレールの詩は簡単に覚えられる。

＊この文は Ce poème de Baudelaire s'apprend facilement. と言い換えられる。

☞ **ギリシア語起源**

ギリシア語からラテン語に入り、フランス語となって受け継がれた単語は多々ある。古代ローマ時代に貴族の姉弟がギリシア語を学ぶことはステータスでもあったことも大きく影響している。なかでも、-me のスペリングで終わる男性名詞に、幾つも具体例が見出せる。例文中の poème もその例。ほかに programme, système, thème などが該当し、énigme のように女性名詞だがギリシア語起源の単語もある。日常語では école や théâtre あるいは carte などが代表的なギリシア語起源の語彙だ。

Q 整序問題 ┃ [ ] 内の語を適当な順に並べ替えよ。[4]

Mon ami a [à, de, eu, se, un, fou, mal, rire, retenir].

J'ai rencontré le chef ce matin, mais il [**se dirigeait dans la direction opposée à**] notre entreprise. と並ぶ。「今朝、主任に会ったが、会社とは反対方向に向かっていた」となる。

retenir qqn par le bras なら「～の腕を支える」という意味になる。

[語源 re「うしろに」＋ tenir] から生まれた retenir は「（自分の何かが外に現れないように）抑える」（例：retenir ses larmes「涙を抑える（こらえる）」）の意味があり、retenir qqn de ＋ inf. なら「人が～するのを制止する」の意味になる。

retenir には「記憶に留める、忘れない」（例：un nom facile à retenir「覚えやすい名前」）の意味もある。

Mon ami a [**eu un mal fou à se retenir de rire**]. と並べて、「友人は笑いを抑えるのに苦労した」という意味になる。avoir un fou rire なら「（抑えきれずに）ばか笑いをする」の意味になる。

A

B

C 仏検2級～準1級レヴェル／準1級レヴェル超

se nommer

～という名である、名乗る

avoir comme nom, s'appeler

☐ ¹ **Mon fils *se nomme* Tanaka Ichiro.**
息子は田中一郎という名です。

＊この代名動詞は「固有名詞」（本名）には使えるが「（あだ名などで）呼ばれている」と
いった文では用いない（例：On la nomme « la mère des sciences ». 「彼女は学
問の母と呼ばれている」/ これを ~~Elle se nomme « la mère des sciences»~~. とする
ことはできない）。

Q 適文選択 ┃ 下記の文とほぼ同じ意味になるのは①〜③のどれか。²

Nomme-toi !

① Dis ton nom!   ② Nom de Dieu !   ③ Quelle déception !

se livrer

(1) 胸の内を明かす
(2) （敵などに）身を委ねる、自首する

(1) parler de soi ＝ se confier

☐ ¹ **C'est le lâche qui ne *se livre* à personne.**
誰にも心を許そうとしないのは臆病者だ。

＊ ouvrir son cœur 「心の底を打ち明ける」という類義表現もある。

(2) se remettre au pouvoir de qqn

☐ ² **Le voleur *s'est livré* à la police hier soir.**
窃盗犯は昨夜警察に自首した。

Q 適文選択 ┃ 次の①〜③のうち誤文を選べ。³

① **Elle s'est livrée à domicile.**

② **Elle s'est livrée à la joie.**

③ **Elle s'est livrée à la lecture.**

nom [nm]「名前」に由来する nommer は「名づける、名をいう」の意味（例：Ses parents l'ont nommée Sakura.「両親は彼女をサクラと名づけた」）。

B

「名を名のれ」という命令文。①が同義。②は「ちくしょう、くそ、なんだって」（憤慨、驚き、罵りの一言）、③は「がっかりだ」という「落胆、失望」の一言。

livrer は「（商品などを）配達する、引き渡す、（秘密などを）明かす」（例：se faire livrer「配達してもらう」）の意味。代名動詞は再帰的用法。

C
仏検2級～準1級レヴェル／準1級レヴェル超

「（感情などに）身を委ねる、没頭する」の意味でも使われるので、②「彼女は喜びに我を忘れた」、③「彼女は読書にふけった」は文として成立する。①は誤文。 Elle a livré à domicile.「彼女は宅配した」なら意味は通じるが、代名動詞には「（商品などを）配達する」という意味はない。

220 ▶22
se fixer

(1) 定住する
(2) sur, à qqch　決まる、(それに) 落ち着く

(1) s'établir, s'installer quelque part

☐ 1　**Ils *se sont fixés* définitivement à Satoyama, dans le département de Gifu.** ◄

　　彼らは最終的に岐阜にある里山に居をかまえた。

＊ fixer は「(ある場所・位置に) 固定する、定着させる」という他動詞。代名動詞はその再帰的用法。

(2) s'arrêter, se porter sur

☐ 2　**Son choix *s'est fixé* sur une chemise bleue à 15 000 yens.**

　　彼 (彼女) の選択は 15000 円の青いシャツ (ブラウス) に決まった。

＊ fixer「決める」(=décider)。

☞ **「選択」を意味する動詞**

choix [nm] を生んだ動詞 choisir は、そもそも「味見する」という意味。一般的な「選択」を指し、「2 つ以上のものの中から自由に自分がそう望むものを単数、あるいは複数選ぶ」という単語。sélectionner は少し改まった「選択」で、いくつかの候補 (選択肢) があって、その中から比較、対照して最適なものを「選び出す」という意味合い。[語源 pré「前に」＋ férer「運ぶ」]となる préférer A à B は 2 つの事物を比べて好きな方、つまり「B より A を選ぶ」の意味。なお、option [nf] も「選択」の意味をもつ名詞だが、これは「制限内での選択」を指す (ちなみに matière obligatoire [nf]「必修科目」に対して「選択科目」のことを option と呼ぶ)。

Q 作文・ディクテ 「パスカルがディジョン郊外に居をかまえて 15 年です。」

☐ 3　Ça fait ＿＿＿＿＿＿＿＿＿＿＿＿＿＿＿＿＿＿＿ de Dijon.

☞ **「郊外に」**

en banlieue ＝ dans la banlieue と習うが、前者は en ville「都会で、町で」や à la campagne「田舎に」と同じように「概念」をとらえる言い方であるのに対して、後者は「何番地」「(パリの) 20 区」といった具体的な場所をイメージさせるという差異がある。

258

「岐阜（県）にある」は à Gifu や en Gifu といった表記も考えられなくはない。ただ、日本の「県」の表記にフランス語での統一基準がない。AFP 通信社 (Agence France Presse) に勤務するフランス人曰く、これは厄介な問題で、通常は dans le département を用いて前置詞の問題を回避しているという。この例は、その忠告に従った。なお、dans la préfecture de Gifu も acceptable とのこと。

読みは同じ「パスカル」だが、Pascal なら男性、Pascale なら女性、よって Ça fait **quinze ans que Pascal s'est fixé (Pascale s'est fixée) dans la banlieue** de Dijon. となる。また「ディジョン郊外に」は en banlieue de Dijon とも書くことができる。

221 ▶23
se conserver

もつ、保存される

rester intact

□ ¹ **Cette viande séchée *se conserve* plusieurs mois.**
この干し肉は数ヶ月はもつ。

＊「腐る」pourrir あるいは「かびが生える」moisir などが反意語。

Q ｜ 適語補充 ｜ 下記の2つの文がほぼ同じ意味になるように［ ］に適語を入れよ。²

J'aime plutôt les aliments qui ne se conservent pas.
＝ **J'aime plutôt les aliments qui [s] [c   ] [m   ].**

222 ▶23
se soumettre

(1) à qqch　～に従う、同意する
(2) 降伏する、服従する

(1) accepter d'obéir

□ ¹ **Elles *se sont soumises* à la décision de la majorité.**
彼女たちは多数派の決定に従った。

(2) se rendre, revenir à l'obéissance

□ ² **La junte militaire n'a pas pu amener certains rebelles à *se soumettre*.**
革命軍政権は幾人かの反逆者を服従させることができなかった。

＊ amener qqn à ＋ inf. は「人を～するように仕向ける」という意味。

Q ｜ 作文・ディクテ ｜「否応なく、人々は新しい法律に従わなくてはならない。」

□ ³ **Inévitablement, les gens ＿＿＿＿＿＿＿＿＿＿＿＿＿ .**

223 ▶23
se tourner

(ある方向に) 向きを変える、体の向きを変える

changer son corps de position par un mouvement circulaire

[語源 con「一緒に」＋ server「守る」] から生まれた conserver は「保存する」
（例：conserver les aliments「食品を保存する」）、あるいは「保管する、保つ」
（＝ garder）の意味。

「私はむしろ保存のきかない食品が好きだ」の意味で、[se] [**conserve**]
[**mal**] と入る。なお、辞書に de bonne [mauvaise] garde で「（食べ物が）
保存のきく[きかない]」と記されているものがあるが、これは一度も聞いたこ
とがない。

B

[語源 sou「下に」＋ mettre] から生まれた soumetttre は「（人や領土などを）
服従させる、（判断を検討や試験などに）委ねる」という他動詞なので、La junte
militaire n'a pas pu soumettre certains rebelles. とすれば類義の文になる。

C

Inévitablement, les gens **ont dû se soumettre à la nouvelle loi**. と
なる。inévitablement は「必然的に、必ず」という意味の副詞。

□ 1 Clara **s'est tournée** vers moi et m'a parlé.

クララは私の方に振り向いて、私に話しかけた。

＊ 別例として se tourner à gauche「左を向く」、se tourner du côté de la fenêtre「窓
の方を向く」あるいは se tourner dans son lit「ベッドで体の向きを変える」などは頻
度が高い。

Q ▌ 和 訳 ▌ 下記の文を訳せ。

■ 2 Mon fils se tourne les pouces.

224 ▶23
s'organiser ┊ （活動を）段取りよく行なう、計画的に進める

prendre les mesures nécessaires pour faire qqch, aménager son temps
pour agir efficacement

□ 1 De nombreuses manifestations **se sont organisées** partout en Italie.

イタリア各地で数多くのデモが組織された。

Q ▌作文・ディクテ▌「フローランスは時間を無駄にしないよう考えていつも計画を立
てる。」

□ 2 Florence ⁓⁓⁓⁓⁓⁓⁓⁓⁓⁓⁓⁓⁓⁓⁓⁓⁓⁓⁓⁓⁓⁓⁓⁓⁓⁓ de temps.

225 ▶23
se déplacer ┊ 移動する、出向く

changer de place ou de poste

□ 1 Mon grand-père a beaucoup de mal à **se déplacer** à cause du son âge.

祖父は年のせいで動くのにひどく不自由をしている。

Q ▌ 適文選択 ▌ ①～③のうち不適当な文はどれか。 2

① Le typhon se déplace lentement vers l'est.

tourner は「ろくろ、旋盤」を意味する tour [nm] から生まれた語で「回る、曲がる」といった意味。

「息子は何もしないでいる（のらくらと暮らしている）」の意味。se tourner les pouces は ne rien faire の意味で、手を組んで、親指をクルクルと回す動作を指す。

[語源 organe [nm]「組織」する] となる organiser は「（催しなどを）企画準備する、組織（構成）する」という動詞。

Florence **s'organise toujours afin de ne pas gaspiller** de temps. となる。

[語源 dé「分離」＋ placer「置く」] から生じた déplacer は文字通り「移動させる、位置を変える」（例：déplacer des meubles「家具を移動する」）の意味、代名動詞は再帰的用法。

次ページへ

263

② Mon mari se déplace beaucoup dans son métier.

③ Notre entreprise s'est déplacée en banlieue de Tokyo le mois dernier.

226 ▶23
se saisir
de qqch　占拠する、奪う、(強く)つかむ

s' emparer de qqn ou qqch

☐ 1　L'armée **s'est saisie** de l'aéroport.
軍隊が空港を制圧した。

Q 動詞選択 ｜ 下記の2つの文に saisir か se saisir のいずれかを複合過去形で
入れよ。²

① Le gardien de but [　　　] le ballon.

② La criminelle [　　　] d'un couteau.

227 ▶23
se mourir
死に瀕している、消えかけている

être en train de mourir

☐ 1　Le blessé **se meurt**.
けが人が死にかけている。

＊この代名動詞は文章語で、mourir「死ぬ」が結果動詞なので(たとえば、複合過去
形ならすでに「死んでしまった」ことになる)、現在形か半過去形でしか使えない。

Q 動詞選択 ｜ 下記の空欄に mourir か se mourir のいずれかを直説法半過去
形に活用して入れよ。²

① Le jour [　　　　].

② Le sans-abri [　　　　] dans le froid.

①は「台風は東にゆっくり移動している」、②は「夫はよく出張する」の意味。**不適当なのは③**。「会社」は動かないので「移動する」ことはできない。もし「わが社は先月東京郊外に移転した」と言いたいなら se relocaliser といった語を使う。なお、「（生産拠点などを）海外に移転する」ケースなら délocaliser という動詞が使われる。

saisir は「つかむ、とらえる」（例：saisir l'occasion「チャンスをとらえる」）あるいは「（意味を）つかむ、把握する」（例：Les enfants ont tout de suite saisi mon explication.「子どもたちはすぐに私の説明を理解した」）、ないしは「（データを）入力する」（例：Saisissez votre code d'accès.「アクセスコードを入力してください」）といった意味で使われる。

どちらも「つかむ」と訳せる点ではさして違いはない。①「ゴールキーパーがボールをつかんだ（拾い上げた）/ ただし「キャッチした、受け止めた」という意味合いなら attraper le ballon を使う」、②「犯人はナイフをつかんだ（所持していた）」。①は「動作」だが、②は「（強く）つかむ」の意味合いとともに mettre en sa possession「所持している」のニュアンスを含んでいる。よって、①には **[a saisi]**、②には **[s'est saisie]** と入る。

①の mourir は「滅びる、消える」の意味で「日が暮れかかっていた」の意味。通常、「日が暮れる」は Le jour tombe. ということが多い。Le jour **[mourait]**. となる。②は「ホームレスが寒さで死にかけていた」という意味になる。Le sans-abri **[se mourait]** dans le froid. となる。なお、ホームレス sans-abri [n] は複数でも変化しない。

228 ▶23
se fournir

（必要なものをある場所で）買い物する、調達する

faire ses achats

□ 1 Ma grand-mère **se fournit** toujours dans le même supermarché.
祖母は決まって同じスーパーで買い物をする。

＊再帰的用法、「自らに〜を供給する」の意味合いから。faire ses courses だけでなく、s'approvisionner, se ravitailler といった類語もある。

Q 作文・ディクテ 「夫は週に2度近所の肉屋で買い出しをする。」

□ 2 Mon mari _____ .

229 ▶23
se consacrer

à qqn / qqch 〜に自分を捧げる、没頭する

se donner, faire excessivement

□ 1 Ma mère **se consacre** entièrement à sa petite-fille.
母は孫娘にかかりきりだ。

Q 作文・ディクテ 「引退してから、彼は DIY（日曜大工）に没頭できる。」

□ 2 Depuis qu' _____, il peut _____ .

230 ▶23
se remplir

いっぱいになる、満ちる

devenir plein

□ 1 La salle **se remplissait** de spectateurs.
ホールは観客でいっぱいだった。

fournir A(qqch) à B(qqn) で「B（人）に A（必要な物品を）を供給する、与える」の意味になる（例：Mon secrétaire m'a fourni les renseignements que je lui avais demandés.「秘書は私の求めていた情報を提供してくれた」）。

Mon mari **se fournit deux fois par semaine chez le boucher du quartier**. となる。boucher, bouchère は「肉屋さん（店主）」のこと。「近所の肉屋（店）」なら la boucherie du quartier [du coin] といった言い方をする。なお、「肉屋（店）に行く」なら aller à la boucherie と前置詞が à になる点にも注意。

consacrer は「（神に）捧げる」とか「（自分の時間や力を）費やす、割く」（例：consacrer sa vie à écrire un dictionnaire「生涯を辞書作りに捧げる」）の意味。

＜depuis que ＋［直説法現在・複合過去］＞で「〜以来（ずっと）」の意味。よって、Depuis qu'**il est à la retraite**, il peut **se consacrer au bricolage**. となる。

（人や物を）いっぱいにする、満たす、（書類の空欄に）必要事項を書き記す」の意味で remplir は使われる（例：Veuillez remplir ce formulaire.「この用紙に記入をお願いします」）。

□ 2 **Le pachinko** 〰〰〰〰〰〰〰〰〰〰〰〰〰〰〰〰〰〰〰〰〰 **minute.**

---

231 ▶24
s'appliquer

(1) à qqn / qqch　当てはまる、適用される
(2) à qqch / à + inf.　専念する、熱心に〜する

(1) être utilisé par ou pour qqn

□ 1 **Ce règlement *s'applique* à tous les élèves de notre école.**
この規則は本校の全生徒に適用される。

(2) mettre tout son soin ou attention à faire qqch

□ 2 **Ses notes seront meilleures si elle *s'applique* davantage.**
もっと身をいれれば、彼女の成績はよくなるでしょう。

Q **整序問題** 彼はマグロの養殖の研究に熱心に打ち込んでいる。³

Il [à, avec, s'applique, l'élevage, ardeur, étudier] du thon.

☞ **avec ＋ [（無冠詞）抽象名詞]（副詞 No.1）**

上記の「熱心に」avec ardeur は ardemment と置き換えられる。ほかに、Il s'est conduit avec courage.（＝ courageusement）「彼は勇敢に行動した」/ Elle agit avec prudence.（＝ prudemment）「彼女は慎重に振る舞う」といった具合に、「抽象名詞」を avec とともに用いて副詞として使うことができる。なお、この副詞を強めるために、avec beaucoup d'intérêt「とても興味深く」、avec la plus grande fermeté「断固毅然とした態度で」、avec une joie débordante「溢れんばかりの喜びで」（限定の形容詞が添えられると冠詞が必要になる）といった言い回しが使われるのは盲点になりやすい。

---

232 ▶24
se résoudre

à qqch/inf.　決心する

prendre la décision de faire qqch

□ 1 **Ma tante *s'est résolue* à se présenter aux élections.**
おばは選挙に出ると決心を固めた。

Le pachinko **nouvellement ouvert s'est rempli en une** minute. と
なる。ちなみに、本書のチェックをお願いした Julien Richard- 木口さんから
「パチンコ屋」のフランス語訳についての次のコメントあり。J'ai demandé
à plusieurs personnes, tout le monde est d'accord pour dire « un
pachinko ». « Établissement de pachinko » serait aussi correct,
mais trop formel. ちなみに、機械翻訳などで採用されている salon de
pachinko という訳については、« Salon » renvoie une image très calme,
élégante, comme un salon de thé, qui ne correspond pas du tout à
l'atmosphère d'un pachinko. とのことだ。

[語源 ap「〜に」+ pliquer「折る」→「折り畳んで 2 つのものが当たる」→「当
てはめる、当てはまる」] から派生した appliquer「適用する」が受動的用法の代
名動詞として用いられている例。

II [**s'applique avec ardeur à étudier l'élevage**] du thon. となる。

résoudre は「解く、解決する」あるいは résoudre qqn à + inf. で「人に〜する
決心をさせる」の意味。あるいは résoudre de + inf. で「〜すると決める」という
意味でも使える。

＊ Ma tante a pris la résolution de se présenter [d'être candidate] aux élections. と言い換えられる。

Q ▌動詞選択▐ 下記の2つの文に résoudre か se résoudre のいずれかを複合過去形にして入れよ。²

① Elle [　　　　　] à quitter François.
② Elle [　　　　　] de sortir en voiture.

---

233 ▶24
se pousser
（場所を空けるために）詰める

---

s'écarter pour laisser de la place

□ ¹ **_Pousse-toi_, je n'ai pas de place.**
ちょっと詰めて、僕の場所がないんだ

Q ▌整序問題▐ [　] 内の語を意味が通じるように並べ替えよ。²

Une dame s'est [le, me, dans, pour, métro, bondé, poussée, laisser] passer.

---

234 ▶24
se plaire
（1）à qqch / inf.　（ある場所・人が）気に入る
（2）互いに気にいる

（1）se trouver bien dans un lieu ou avec qqn

□ ¹ **_Vous plaisez_-vous dans cet appartement avec vue sur le port de Kobe ?**
神戸港を見渡せるこのアパルトマンがお気に入りですか?

＊再帰的用法。

（2）s'apprécier mutuellement

□ ² **Louis et Louise _se sont plu_ dès qu'ils se sont vus.**
ルイとルイーズは出会ったその時から意気投合した。

＊相互的用法（se sont plus とする人もいるが、過去分詞 plu は原則、不変）。

①は「彼女はフランソワと別れる決心をした」、②は「彼女は車で出かける（ド
ライブする）と決めた」の意味。後続の前置詞の違いとともに、再帰代名
詞 se は「意志」を表すので、②は①に比べれば「決意」「覚悟」の度合いが
低い（ただし、この区別が微妙なケースもないではない）。ともあれ、**①には
[s'est résolue]、②には [a résolu] が入る。**

pousser は「（物の位置や姿勢を変えるために）押す」（例：pousser la table「テー
ブルを押す」／「移動」を伴わずにボタンなどを「押す」なら appuyer sur あるい
は presser を用いる。例：appuyer sur le clavier de l'ordinateur「パソコンの
キーボードを押す」）、あるいは「（人を）押しのける、駆り立てる」の意味。

Une dame s'est [**poussée dans le métro bondé pour me laisser**]
passer. となる。「ご婦人が私を通そうとして混んだ地下鉄でどいてくれた」と
いう意味になる。

plaire は「（人の）気に入る」の意味（例：Ce film français m'a beaucoup plu.
「あのフランス映画はとても気に入った（面白かった）」。

□ 3 Ma tante ~~~~~~~~~~~~~~~~~~~~~~~~~~~~~~~~~~~~~ et modestement.

---

235 ▶24
se révéler
（隠れていたものが）現れる、明らかになる

---

se montrer, devenir visible (apparent)

□ 1 **Heureusement, le talent de mon fils *s'est révélé* peu à peu.**
嬉しいことに、息子の才能が徐々に現れた。

* se révéler の類義語に se faire jour「明らかになる」がある。

Q 書き換え 下記の文を se révéler で書き換えよ。 2

Son témoignage a révélé la vérité.

---

236 ▶24
se concentrer
sur qqch （〜に）精神を集中する

---

fixer son attention

□ 1 **Elle n'arrive pas à *se concentrer* sur son travail.**
彼女は自分の仕事に集中することができません。

Q 作文・ディクテ 「集中すればうまくいくよ。」

□ 2 **Tu vas** ~~~~~~~~~~~~~~~~~~~~~~~~~~~~.

---

237 ▶24
se confier
à qqn 〜に（自分の胸中を）打ち明ける

---

faire des confidences

□ 1 **Elle *s'est confiée* à moi.**
彼女は私に胸のうちを打ち明けた。

Ma tante **s'est toujours plu à vivre discrètement** et modestement.
となる。過去分詞を性数一致させて plue とする人もないではないが、se
plaire は過去分詞 plu は原則、不変とされる。

［語源 ré「離す」＋ véler「覆いをする」→「覆いをとる」］から生じた révéler
なので「（未知の事実や秘密を）明かす」の意味（例：L'homme a révélé un
crime qu'il avait commis il y avait dix ans.「男は 10 年前に犯した犯罪を暴
露した」）。

Par son témoignage, la vérité s'est révélée. と書き換えられる。「彼
（彼女）の証言のせいで、真実が明らかになった」という意味になる。

［語源 con「一緒に」＋ centre [nm]「中心」→「中心に集める」］から生まれ
た concentrer は「（人が物に）集中（集結）させる」（例：Les étudiants en
médecine concentraient leur attention sur la vidéo chirurgicale.「医学生た
ちは手術のヴィデオに注意を集中していた」）の意味で、se concentrer は「（人
が）注意を集中する」（＝ concentrer son esprit sur qqch）の意味になる。

Tu vas **y arriver si tu te concentres**. となる。この例ではy arriverで「成
功する」という熟語。

［語源 con「完全に」＋ fier「信じる」］となる confier は「委ねる、（内密に）〜を
打ち明ける」の意味を持つ。これを代名動詞で使うと、se「自分の意中、秘密」を
目的語とした動詞になる。なお、相互的用法なら「互いに打ち明け合う」という意
味になる。

Q 作文・ディクテ 「私がもっとも心やすく自分の胸のうちを打ち明けられるのは姉です。」

☐ ² C'est ＿＿＿＿＿＿＿＿＿＿＿＿＿＿＿ le plus facilement.

---

238 ▶ 24

se justifier

（自分の）無実を証明する、自分を正当化する

---

expliquer son comportement, donner une raison

☐ ¹ **Léon essaie de _se justifier_ mais personne ne le croit.**

レオンは無実を証明しようとする（自分の行為の釈明に努める）が、誰も彼を信じない。

☞ **接尾辞：-ifier「〜にする」「〜化する」の例**

clair(e)「明確な」＋ ifier → clarifier「明快にする、はっきりさせる」
identité [nf]「同一性、身元」＋ ifier → identifier「身元を確認する」
simple「単純な」＋ ifier → simplifier「単純にする、簡略化する」
vérité [nf]「真実」＋ ifier → vérifier「（正しいと）確かめる、検査する」

Q 和 訳 下記の文を訳せ。

■ ² **Cette montre est très chère, mais ça se justifie.**

---

239 ▶ 24

se développer

発展（発達）する

---

prendre des dimensions de plus en plus grandes

☐ ¹ **La civilisation occidentale _s'est_ d'abord _développée_ autour de la Méditerrannée.**

西洋文明はまず地中海の周辺で発達した。

Q 作文・ディクテ 「わが社はここ数年でものすごく成長した。」

☐ ² **Notre entreprise ＿＿＿＿＿＿＿＿＿＿＿＿ quelques années.**

強調構文を用いて C'est **à ma grande sœur que je peux me confier** le plus facilement. となる。

[語源 juste「公正な、正しい」＋ ifier「〜にする、〜化する」] となる justifier は「（人の）無実を証明する、〜を正当化する、（正当だという）根拠を示す」（例：Justifiez votre point de vue, s'il vous plaît.「あなたの見解の根拠をお示しください」）の意味。

この se justifier は être fondé sur de bonnes raisons「（物品や行為が）正当な理由に基づいている」の意味。よって「**この時計はとても高価だが、それだけの価値はある**」といった意味になる。

[語源 dé「解く」＋ velop「包み」→「包みを開き、可能性を開く」] となる développer は「発展（発達）させる」という他動詞。代名動詞は再帰的用法で自動詞になる。

Notre entreprise **s'est terriblement développée depuis** quelques années. となる。

240 ▶24
se baisser

身をかかがめる

se pencher vers le bas

□ 1 **La dame *s'est baissée* pour ramasser les pièces qui tombaient.**
夫人は落ちている硬貨を拾おうと身をかがめた。

Q 不適語選択 下線部「ちょっとかがんで、何も見えないので」と意味の異なる言い
回しを選びなさい。²

Baisse-toi un peu, on ne voit rien.
① Courbe-toi ② Lève-toi ③ Penche-toi

241 ▶25
se prêter

(1) à qqn / qqch　応じる、同意する、加担する
(2) à qqch　適している、向いている

(1) consentir à qqn ou qqch, supporter

□ 1 **Elle ne *s'est* jamais *prêtée* à la négociation.**
彼女は交渉にはけっして応じなかった。

(2) convenir à qqch, être utilisable pour qqch

□ 2 **Le sol de cette région *se prête* bien à la culture des céréales.**
この地域の土壌は穀物の栽培に適している。

Q 作文・ディクテ 「自分はそうした詐欺まがいの行為に与（くみ）するつもりはない。」
□ 3 **Je n'ai pas** _____ **frauduleux.**

242 ▶25
se rapporter

à qqn / qqch　～と関係がある

être en relation avec qqn / avoir un rapport, un lien avec qqch

□ 1 **Cette question ne *se rapporte* pas du tout à ma leçon d'aujourd'hui.**
その質問は本日の私の講義とまったく関係がないものです。

bas, basse「低い」に関連する baisser は自動詞で「低くなる、下がる」（例：Le yen baisse de plus en plus.「円は次第に下がっている」）の意味とともに、他動詞で「（強度を）弱める」（例：Baissez la radio, s'il vous plaît.「ラジオの音量を下げてください」）とか「（物や身体の一部を）下げる」（例：L'enfant a baissé la tête parce qu'il a été ignoré par sa mère.「その子は母親に無視されてうなだれた」）の意味がある。代名動詞 se baisser は「自分自身を下げる」→「身をかがめる」という再帰的用法の代名動詞となる。

se baisser の同義語に se courber, se pencher があり、s'accroupir「しゃがむ、うずくまる」という類義語もある。**②は「立ち上がって、起き上がって」の意味。**

prêter は「（物品などを）貸す、（労力などを）提供する」の意味。この単語は原則「（無料で）貸す」の意味。ただし、「金銭」を目的語として「（ある金額を）貸す」の意味でも用いられる（例：Tu peux me prêter 1000 yens ?「1000 円かしてくれない?」）。ときに、「貸し借り」は日本語とは発想を変えて Tu me le prêtes ? なら「これ借りてもいい?（←私にこれを貸してくれる?）」となる点には注意。なお、「（金銭を）借りる」なら emprunter という。「金銭の貸し借り」でなく、「（家や車などを）賃貸する、賃借りする」場合、言い換えれば「使う見返りに金銭などを支払う場合」は louer を使う（例：Un propriétaire loue une maison.「大家が家を貸す」、Un locataire loue une maison.「借家人が家を借りる」）。ただし、その場から移動できない物を「借りる」なら、たとえば「すみません、トイレをお借りできますか?」なら Excusez-moi, puis-je utiliser les toilettes ? と utiliser を用いる。

Je n'ai pas **l'intention de me prêter à de tels actes** frauduleux. となる。

rapporter は「（元の場所に）戻す、返す、持ち帰る」という意味。emporter が反意語。

277

＊前頁の文は Cette question n'a aucun rapport avec ma leçon d'aujourd'hui. と書き換えられる。また、correspondre à qqch「〜に相当する、一致する」を用いて、Cette question ne correspond pas du tout à ma leçon d'aujourd'hui. とも言い換えられる。

Q ![書き換え] 下記の文を代名動詞 se rapporter で書き換えなさい。[2]

Tout ce qui concerne ce musicien m'intéresse beaucoup.

243 ▶25
s'appuyer
(1) sur qqch /qqn　〜にもたれかかる、寄りかかる
(2) sur qqn / qqch　よりどころとする、頼る

(1) peser de tout son poids sur qqch ou sur qqn

☐ [1] ***Appuie-toi*** au mur.
壁に寄りかかって。

(2) se servir de qqch ou qqn comme soutien

☐ [2] On peut ***s'appuyer*** entièrement sur notre directeur.
部長に全面的に任せて大丈夫ですよ。

＊ compter sur qqn「〜を当てにする、任せる」もほぼ同義なので On peut compter entièrement sur notre directeur. と言い換えられる。

Q ![作文・ディクテ]「その経済予測は数多のデータに基づいていて、信頼性が高い。」

☐ [3] La ＿＿＿＿＿＿＿ est fiable, elle ＿＿＿＿＿＿ un grand nombre
de ＿＿＿＿．

244 ▶25
s'échapper
逃げる、（煙や水などが）出てくる

s'enfuir, sortir

☐ [1] On a vu de la fumée ***s'échapper*** du cratère.
煙が火口から吹き出ているのが見えた。

concerner qqn ＝ se rapporter à qqn であることから、**Tout ce qui se rapporte à ce musicien m'intéresse beaucoup**. と書き換えられる。「この音楽家に関することなら何でも私は大いに関心がある」といった意味。

appuyer は「＜qqch（A 体や物の部位）sur qqch（B 体や物の部位）＞ A を B にもたせかける」の意味になる（例：Si tu veux dormir, appuie ta tête sur mon épaule.「眠りたいなら、頭を僕の肩にもたせかけたらいいよ」）。

La **prévision économique** est fiable, elle **s'appuie sur** un grand nombre de **données**. となる。

échapper は「（追跡などを）逃れる」（例：Le criminel a habilement échappé aux policiers.「犯人は警察官から巧みに逃れた」）の意味。

Q 作文・ディクテ 「サーカスで、ライオン一頭とクマ一頭が檻から逃げた。」

□ 2 **Au cirque,** ～～～～～～～～～～～～～～～～～～～～～～～ **cages.**

---

245 ▶ 25
se déterminer

à qqch / + inf.　～することに決める、決心する

prendre une décision

□ 1 **Daniel est resté indécis longtemps, mais il *s'est* enfin *déterminé* à vivre à Nairobi.**

ダニエルは長い間決めかねていたが、ついにナイロビで暮らすと決心した。

＊「決定、決意」の意味合いが強く、類義の se décider に比べて、その決心に固執する（言い換えれば、決断までにそれなりの時間が経過している）という含みの単語。

Q 作文・ディクテ 「会計士（会計担当者）との長い話し合いの末、彼は株式市場に投資すると決心した。」

□ 2 **Après une longue conversation** ～～～～～～～～～～**, il** ～～～～～～～～～
～～～～～～～～～～～**.**

---

246 ▶ 25
s'attaquer

à qqn / qqch　攻撃する、挑戦する、立ち向かう

commettre un acte de violence = affronter

□ 1 **On doit *s'attaquer* aux problèmes environnementaux.**

我々は環境問題に取り組まなくてはならない。

Q 作文・ディクテ 「野党は常に首相とその政策に立ち向かっている。」

□ 2 **L'opposition** ～～～～～～～～～～～～～～～～～～～～ **et à sa politique.**

280

Au cirque, **un lion et un ours se sont échappés de leurs** cages. となる。なお、「一頭」とわざわざ訳したのはこの例で「一頭」と断らないと単数か複数か判然とせず、フランス語では作文ができないため。ちなみに、知られた話だが、「鶴と亀」と題された掛け軸を英訳してくれと頼まれた外国人、「さて、鶴と亀は単数ですか複数ですか」と電話口で聞いたそうな。

[語源 dé「はっきりと」＋ terminer「終わり、境界を定める」] の意味合いから生まれた déterminer は「（しかるべき調査や研究をして）決定する、（場所や原因を）確定する」（例：déterminer la date de la réunion「会議の日どりを決める」、déterminer les causes d'un accident「事故原因を突き止める」）あるいは「人に～するのを決心させる」（例：Vos conseils l'ont déterminée à passer à l'action.「あなたの助言で彼女は行動する決心がついた」）という語義の動詞。

Après une longue conversation **avec un comptable**, il **s'est déterminé à investir sur le marché boursier**. となる。

[語源 at「～に」＋ taquer「杭（くい）を打つ」] から attaquer と s'attaquer はどちらも日本語で「攻撃する」となり、意味の違いが判然としない。ただ、前者は文字通り「攻撃する、襲う」の意味だが、後者は「（難題や難敵に果敢に）立ち向かう、挑戦する」という含意がある。たとえば、J'attaque Paul. は「ポールを襲う（詰めよる）」の意味だが、これを代名動詞で Je m'attaque à Paul. とすると「（相手の方が強そうだが、それでも）ポールに立ち向かう」というニュアンスを帯びる。

L'opposition **s'attaque toujours au Premier ministre** et à sa politique. となる。

se transformer

（形や姿が）変わる、変貌する

prendre une autre forme

□ 1 Cette ville **s'est** complètement ***transformée*** en quelque années.

この町は数年ですっかり変わってしまった。

Q 文法・語法 ‖ 「**変える**」：下記の空所に changer, modifier, transformer の
いずれかを適当な法と時制に活用していれよ。[2]

① マジシャンは人をウサギに変えた。

　　Le magicien [　　　　　　　] l'homme en lapin.

② 人間性は変えられない。

　　Vous ne pouvez pas [　　　　　　] la nature humaine.

③ このスポーツカーは改造、改良された。

　　Cette voiture de sport [　　　　　　] et améliorée.

Q 適語選択 ‖ 下線部と置き換えられるのは①〜③のどれ。[3]

La chenille se transforme en papillon.

① se métamorphoser　　② se moderniser　　③ se multiplier

se réfléchir

（光などが）反射する、（像などが）映る

renvoyer son image, sa lumière ＝ se refléter

□ 1 La lune **s'est réfléchie** dans le lac.

月が湖に映っていた。

Q 動詞選択 ‖ 下記の2つの文に réfléchir か se réfléchir のいずれかを現在形
にして入れよ。[2]

① Les miroirs [　　　　　　] l'image des objets.

② Votre image [　　　　　　] dans la glace.

[語源 trans「変換」＋ former「形作る」]から transformer は「変える、改造する」の意味。

①は Le magicien [**a transformé**] l'homme en lapin. となる。transformer は「形、外観、構造を変える」の意味合い。transformer A en B「A を B に変える」の形。②は Vous ne pouvez pas [**changer**] la nature humaine. となる。広く「別の人や物に"変える"」を意味する最も一般的な動詞。ただし、changer と transformer の線引きは微妙で、置き換え可能なケースも多い。③は La voiture de sport [**a été modifiée**] et améliorée. となる。modifier は「部分的に修正を加える」という意味。

「毛虫は蝶に変わる」。① **se métamorphoser**「変身（変貌）する」は類義語。②は「近代化する、現代風にする」、③は「大幅に増える」という意味。

réfléchir à qqch / sur qqch は「〜をよく考える、熟考する」（例：Réfléchissez avant d'agir !「よく考えてから行動なさい!」）の意味、réfléchir は他動詞なら「反射する、（像などが）映る」の意味。

①は [**réfléchissent**] が入り「鏡は物体の姿を映す」の意味。②は [**se réfléchit**] と入って「あなたの姿が鏡に映っています」という意味になる。

283

249 ▶25

se rejoindre　　落ち合う、(道などが) 合流する

se mettre ensemble au même endroit

- □ 1 **On *se rejoindra* devant Hachiko à la gare de Shibuya.**
  渋谷駅のハチ公前で落ち合いましょう。

- □ 2 **Les deux rivières *se rejoignent* sous ce pont.**
  2つの川はあの橋の下で合流している。

＊相互的用法になる。

Q 動詞選択 下記の2つの文に rejoindre か se rejoindre のいずれかを直説法現在形にして入れよ。[3]

① Les deux rues [　　　　　　] au carrefour quelques mètres plus loin.

② Ce chemin [　　　　　　] la route nationale quelques mètres plus loin.

250 ▶25

se comporter　　ふるまう、行動する

se conduire, agir d'une certaine manière

- □ 1 **Ce n'est pas à cause de sa dette qu'elle *s'est comportée* ainsi.**
  彼女がそのようにふるまったのは借金が原因というわけではない。

＊ comporter「含む、〜からなる、伴う」とは別の動詞と考えた方がよい。se comporter は本来的な代名動詞ととらえられる (大半の辞書はそのように扱っている)。例文は c'est ... que の強調構文。

Q 適語選択 [ ] に入れるのに不適切な前置詞は①〜③のどれか。[2]

Elle s'est bien comportée [① avec　② en　③ envers] nous.

rejoindre「（あとから行って、あとからまた）一緒になる、再び結合させる」の意味。

①は「この2本の道は数メートル先で交差点に交わる」、②は「この道は数メートル先で国道に通じている」の意味で、どちらも「つながる、通じる」と訳せるが、①は主語が複数、②は主語が単数で他動詞である点に注意。①には **[se rejoignent]**、②には **[rejoint]** が入る。

☞ **道・通り**

chemin [nm] は広く一般に「道」を意味する語だが、「田舎道」の意味でも使われる。野山の「でこぼこ道、細道」は sentier [nm]、両側に樹の茂った「（公園内にあるような）並木の道、散歩道」なら allée [nf] という。一方、両側に家並みのある街路や通り（都市の普通の道）は rue [nf]、家並みを外れ町と町とを結ぶ道路、街道は route [nf] という。都市の幹線道路となる並木のある大きな通りは boulevard [nm]、都市の主だった建築物や広場に通じる直線の道路は avenue [nf] と称される。autoroute [nf] は「高速道路」を指す単語。

「彼女は私たちに（私たちに対して）親切にふるまった」という意味。この例では ① avec と ③ envers は使えるが、② **en は se comporter en gentleman**「紳士のようにふるまう」（= **agir en honnête homme**）といったケースで用いられる前置詞。

251 ▶26
se tendre

ぴんと張られる、(関係が) 緊張が高まる

devenir difficile à cause d'une mauvaise entente

☐ 1 **Les relations entre le Japon et la Chine *se sont tendues* récemment.**
最近、日中関係の緊張が高まっている。

Q 適語選択 ‖ 下記の空欄に入る適語は①か②か。²

Il apparait clairement à tous que le Japon [① tend ② se tend] à se dépeupler.

252 ▶26
se libérer

de qqch ～から解放される、(目的語なしで) 自由になる

se rendre libre

☐ 1 **Je vais essayer de *me libérer*.**
時間を作ってみます。

☐ 2 **Si je peux *me libérer* ce week-end, je viendrai avec toi avec plaisir.**
今週末暇ができたら、喜んで君と一緒に行きます。

Q 文法・語法 ‖ avec ＋［抽象名詞］(様態の副詞句)：以下の空所に入る適語を語
群から選べ。³

① Térence les a aidées avec [   ].

② Ma femme conduit avec une grande [   ].

③ L'homme peignait avec [   ] avec ses pieds.

④ Il a soutenu une opinion avec [   ].

語群：adresse ardeur gentillesse prudence

Q 適語選択 ‖ 文意から考えて、空所に入れるのは①～③のどれが自然か。⁴

Après avoir obtenu son premier emploi, elle s'est libérée [   ].

① de la pension de vieillesse   ② de la tutelle de ses parents

③ du droit du vote

tendre は「(引っ張って) ぴんと張る」(例：tendre ses muscles「筋肉を伸ばす」
＝ étirer ses muscles) の意味。

「誰の目にも明らかなように、日本は人口減少傾向にある」という訳になる。
**① tendre à qqch ／ ＋ inf. で物事を主語にして「〜の傾向がある、〜す
る方向にある」という意味。**

形容詞 libre「自由な」に関連する libérer は「(囚人を) 釈放する、自由にする」と
いった意味 (例：La prisonnière a été libérée.「囚人は自由の身となった」)。

左記の例文中の avec plaisir は「喜んで」(＝ volontiers) の意味。ほかに
「様態を表す副詞句」の例として ① avec **gentillesse** (＝ gentiment)
「テランスは親切に彼女たちを手伝ってくれた」。② avec **prudence** (＝
prudemment) (強調 avec une grande prudence)「妻はとても慎重に運
転する」。③ avec **tendresse** (＝ tendrement)「男性は器用に足で絵を
描いていた」。④ avec **ardeur** (＝ ardemment, avec passion ↔ sans
passion) 彼はある意見を熱心に主張した」などがある。

「初めて職を得たあと (就職後)、彼女は [ ] 解放された」に入るのは、①「老
齢年金から」、②「親の監視から」、③「選挙権から」。**答えは②となる。**

253 ▶26

s'entretenir

avec qqn　～と（ある問題について）話し合う、
de qqch　（複数の人が）意見を交わす

parler avec qqn d'un certain sujet

□ 1 Ma femme et moi *nous sommes entretenus* sérieusement de l'éducation de nos enfants.

妻と私は子どもたちの教育について真剣に話し合った。

＊この例は相互的用法。

Q 動詞選択 ▌下記の2つの文に entretenir か s' entretenir のいずれかを複合過去形にして入れよ。[2]

① Pierre [　　　　　　　] au téléphone avec Marie de ses projets pour les fêtes.

② Pierre [　　　　　　　] par téléphone Marie de ses projets pour les fêtes.

254 ▶26

se rire

de qqch　ものともしない、意に介さない

ne pas avoir peur de

□ 1 Ce YouTubeur *se rit* des critiques sur les réseaux sociaux.

このユーチューバーは SNS 上での批判を軽く笑い飛ばす（意に介さない）。

＊ se rire de qqn は古い用法では「ばかにする、あざ笑う」の意味でも使われていた（例：Vous vous riez de nous ? 「私たちをからかっているのですか?」/ ただし、現在では本来的用法 se moquer de を用いて、Vous vous moquez de nous ? が通常の言い回し）。しかし、現在では「（人や物を）軽くみて笑い飛ばす」という意味合いで用いられる。

Q 適語選択 ▌下線部と類義になるのは①～③のどれ。[2]

Mon patron <u>se rit des</u> difficultés.

① se heurter contre　② se jouer de　③ passer par dessus de

288

A

[語源 entre「互いに」＋ tenir] である entretenir は「保つ、手入れをする、維持する」(例：entretenir sa santé「健康を保つ」＝ conserver [garder] sa santé) あるいは「(人を) 養う」(＝ nourrir) とともに、entretenir A(qqn) de B(qqch) の形で「A に B について話す」(＝ parler) の意味でも用いられる動詞。

B

①も②も「ピエールはマリーに年末年始の休みの計画について電話で話した」という意味。①が avec qqn とされている点に違いがある。①には代名動詞 [s'est entretenu] と入り、②は [a entretenu] となる。なお、au téléphone と par téléphone に意味の差はなく入れ替えは可能だが、例示のようにした方がフランス語の流れとして自然に感じられる。

「私の上司は困難をものともしない (困難を笑い飛ばす)」という意味。② se jouer de qqch で「〜をものともしない、気に留めない」の意味の類義語。①は「〜にぶつかる」、③は「〜を乗り越える」の意味。

255 ▶26

se nourrir

de qqch （飲食物を）とる、食べる、摂取する

---

manger

☐ 1 Il est déplorable que de nombreuses personnes **se nourrissent** mal pour perdre du poids.

大勢の人が痩せることが目的できちんと栄養をとっていないとは嘆かわしい。

Q 作文・ディクテ 「あなたはヴィタミンが豊富な野菜を食べる必要がある。」

☐ 2 Il faut ＿＿＿＿＿＿＿＿＿＿＿＿＿ vitamines.

256 ▶26

s'inspirer

de qqn / de qqch ～から着想（霊感）を得る

---

prendre ses idées à qqn, les tirer de qqch

☐ 1 Ce cinéaste a fait son film en **s'inspirant** des persécutions qu'il a subites dans son enfance.

あの映画監督は彼が子どもの頃に受けたいじめにヒントを得て映画を作った。

Q 作文・ディクテ 「作者は中国の短編からインスピレーションを得て新しい小説を書いた。」

☐ 2 L'auteur ＿＿＿＿＿＿＿＿＿＿＿＿＿ roman.

257 ▶26

se fier

à qqn, qqch 信頼する、信用する

---

avoir confiance en ↔ se défier, se méfier

☐ 1 Je **me fie** entièrement à mon fiancé.

私は婚約者を全面的に信頼しています。

＊本来的用法の代名動詞。ただし、見出し語はやや改まった単語。通常なら、例文は J'ai entièrement confiance en mon fiancé. とか Je fais totalement confiance à mon fiancé. などいう。

［語源 nour「育てる」］から生じた nourrir は「（人や動物に）食物を与える、養う、養育する」（例：nourrir un bébé de son lait「赤ん坊を母乳で育てる」）という意味の他動詞。

Il faut **vous nourrir de légumes riches en** vitamines. となる。〈être riche en + qqch［無冠詞］〉は「資源、ヴィタミン、水」など具体的な名詞や物質名詞が「豊富な」という意味合い。抽象名詞が来るケースなら前置詞は de になる（例：L'avenir est-il riche de promesses ?「未来は希望に満ちていますか?」）。

［語源 in「中に」＋ spirer「息をする」→「人に意欲を吹き込む」］から生じた inspirer は「（考えや感情などを）抱かせる、霊感（インスピレーション）を与える」（例：Cette vue magnifique a inspiré beaucoup de peintres.「この壮大な景色は大勢の画家たちの創作意欲を刺激した」）という意味の他動詞。

「短編」conte [nm] を用いて、L'auteur **s'est inspiré d'un conte chinois pour écrire son nouveau** roman. となる。s'inspirer de A pour + inf. で「A から着想を得て～する」の意味になる。

Q 動詞活用 [ ] 内の動詞を適当な法と時制に活用しなさい。[2]

Alice voudrait que nous [se fier] à ses paroles sincères.

258 ▶26
s'informer

de qqch　～について問い合わせる、情報を得る

se mettre au courant, se renseigner

□ [1]　**Mon père lit tous les principaux journaux pour *s'informer*.**

父は情報を集めるために主要な新聞すべてを読んでいる。

Q 適語選択 下線部と置き換えられるのは①～③のどれ。[2]

Notre secrétaire s'est informée de la date et l'heure exactes de la réunion.

① demander　　② ébruiter　　③ oublier

259 ▶26
s'attacher

à qqn / qqch　（人や動物、場所などに）愛着をもつ

se mettre à aimer qqn ou qqch ↔ se détacher

□ [1]　**Peu à peu, elle *s'est attachée* au chien du voisin.**

少しずつ、彼女は隣の犬に愛着をもつようになった。

☞「少しずつ」peu à peu と petit à petit

両者はほぼ同じ表現。ただし、あえて違いを探れば、前者は「その歩み・段階がさほど明確でないゆったりしたペース」であるのに対して、petit à petit は「途中のプロセスが少しは明確に区別され得る速度」という差異は感じる。例示すれば Le climat se réchauffe peu à peu.（＝ graduellement）「気候は少しずつ（スローなペースで）温暖化している」は途中の段階で「いつ、どのように」変化したかは見えにくいが、一方 petit à petit は「あの家は少しずつ（一定のペースを守って）建設されている」Cette maison se construit petit à petit.（＝ progressivement）なら、建築の過程が「屋根が、窓が、玄関が」と段階を踏んでいる感覚がある。.

「アリスはできることなら私たちが彼女の真摯な言葉を信用するようにと願っている」の意味。ここは接続法になるので Alice voudrait que nous [**nous fiions**] à ses paroles sincères. と入る。

[語源 in「中に」＋ former「形作る」→「頭の中に形を与える」] から生じた informer は informer qqn de qqch で「(人に情報や知識を) 与える、知らせる」(＝ faire connaître qqch à qqn) の意味 (例：Elle m'a informé(e) de son arrivée.「彼女は私に到着したと知らせてきた」)。

「うちの秘書は会議の正確な日時を問い合わせました」の意味。①**が解答**。②は「漏らす、漏洩する」、③は「忘れる、失念する」の意味。

[語源 at「〜に」＋ tacher「杭へと固定する」] から生じた attacher は「(à に) 結びつける、くくる、結ぶ」という動詞 (例：Elle a attaché son chien à un arbre.「彼女は自分の犬を木につないだ」)。

Q 作文・ディクテ 「妻が軽井沢をとても好きになったので、私たちは毎年夏にやってきます。」

☐ ² **Ma femme** 〜〜〜〜〜〜〜〜〜〜〜〜〜〜〜〜〜〜〜〜〜〜〜〜 **nous y venons chaque été.**

260 ▶26
s'échouer
座礁する、(岸辺などに) 乗り上げる

être jeté à la côte

☐ ¹ **Le cargo *s'est échoué* sur un récif.**
貨物船が暗礁に乗り上げた。

Q 書き換え 下記の文を s'échouer で書き換えよ。²

Un cachalot a échoué sur la plage.

261 ▶27
se transmettre
(1) 伝わる、伝えられる (2) (病気が) うつる

(1) se propager d'une personne à une autre

☐ ¹ **Ces coutumes doivent *se transmettre* de génération en génération.**
こうした習慣は世代から世代へ伝えられていくべきだ。

☞「習慣」の類義語

coutume [nf] は「(社会や地域の) 習慣」のことで、「(個人の) 習慣、慣れ」なら単数の habitude [nf] (例：L'habitude est une seconde nature.「習慣は第 2 の天性である」) を使う (ただし、主に複数形で「(土地の) 風習、習慣」の意味でも habitude は使われる)。usage [nm] は「慣例」、pratique [nf] なら「慣行」という意味合いで、「(宗教的・儀礼的な) 習慣」なら rite [nm] (例：le rite des cartes de Noël「クリスマスカードを送る習慣」) という単語を当てる。なお、「惰性化した習慣」なら routine [nf] を使う (例：Je suis esclave de la routine.「マンネリ化した習慣から抜け出せない」)。

相関句 tellement ... que を用いて、Ma femme **s'est tellement attachée à Karuizawa que** nous y venons chaque été. となる。

「マッコウクジラが浜辺に打ち上げられた」の意味。自動詞 échouer は「失敗する」（例：échouer dans les affaires「ビジネスに失敗する」）の意味で見かけることが多いが、「（船が）座礁する、岸に乗り上げる」の語義も持つ。よって代名動詞 s'échouer とほぼ同義なので **Un cachalot s'est échoué sur la plage**. と書き換えられる。

次ページへ

Q 文法・語法 | **A から B へ（まで）：下記の①～④の [ ] に適語を入れよ。** [2]

① 何時から何時までお暇ですか？

   Vous êtes libre de quelle heure [   ] ?

② 姪（めい）はメキシコからペルーまでバイクで旅をした。

   Ma nièce a voyagé en moto du Mexique [   ].

③ 物価はますます上がる。

   Les prix augmentent de plus [   ].

④ 甥（おい）は町から町へと移り住んだ。

   Mon neveu a déménagé de ville [   ].

(2) être contagieux

☐ [3] **Cette maladie *se transmet* facilement.**
   この病気はうつりやすい。

＊代名動詞の受動的用法。

Q 動詞選択 | **下記の2つの文に transmettre か se transmettre のいずれかを複合過去形で入れよ。** [4]

① **Cette boutique [   ] de père en fils depuis 100 ans.**
② **M. Leblanc [   ] sa boutique à son fils.**

262 ▶27
s'identifier
avec, à qqn （他人と）自分を一体化する

se croire identique à qqn

☐ [1] **Cette actrice *s'est identifiée* avec son personnage dans la série.**
   あの女優は（テレヴィ番組の）連続ドラマの登場人物になりきっていた。

Q 作文・ディクテ | 「若者は自分とアイドルを一体化しがちだ。」

☐ [2] **Les _____ idoles.**

① は＜de ＋［時間（時期）］＋ à ＋［時間（時期）］＞という相関句で **[à quelle heure]** と入る（別例：du matin au soir「朝から晩まで」、travailler du lundi au vendredi「月曜から金曜まで働く」/ ただし、avoir congé de lundi à jeudi「（例外的に）月曜から木曜まで休み」の場合には冠詞なし）。② は＜de ＋［場所］＋ à ＋［場所］＞の形で **[au Pérou]** と入る（別例：de Tokyo à Osaka「東京から大阪まで」）。ただし、「フランスからイタリアまで」と女性名詞の国の場合なら冠詞が省かれ de France en Italie となる点に注意。③は＜de ＋［副詞］＋ en ＋［副詞］＞の流れで **[en plus]** が（別例：aller de mieux en mieux「（体調が）だんだんよくなる」）、④ は＜de ＋［名詞］＋ en ＋［名詞］＞ として **[en ville]** が入る（別例：d'année en année「年々」）。なお、慣用句として「頭から足まで（←全身）」de la tête aux pieds とか、changer du tout au tout「すっかり変わる」といった言い回しもある。

［語源 trans「向こう側へ」＋ mettre「置く」→「伝える」］から transmettre は「（人から人へと）伝える」（例：Transmettez mes amitiés à votre femme.「奥さんによろしくお伝えください」）あるいは「（病気を）うつす」の意味。

①「この店は創業 100 年代々受け継がれてきた」（← de père à fils は「父から息子へ」が直訳）、②「ルブランさんは店を息子に譲った」という意味になる。よって、①**代名動詞 [s'est transmise]**、②**他動詞 [a transmis]** と入る。

［語源 identi「同じ」＋ fier「〜ようにする」］から生じた identifier は「身元を確認する、（物を）識別する、（A と B を）同一視する」（例：Tu identifies l'amour avec la passion ?「愛と情熱を同じものとみなすのですか？」）の意味。

Les **jeunes ont tendance à s'identifier à leurs** idoles. となる。

☞ **形容詞の名詞化**

『星の王子さま』に出てくる知られた一言、L'essentiel est invisible pour les yeux.「一番大切なことは目に見えないんだ」の l'essentiel はそもそも形容詞 essentiel, estentielle「必要不可欠な、最も重要な」に冠詞をプラスして「名詞化」されたもの（＜ [定冠詞] le ＋ [形容詞] ＞で「〜なもの、〜なこと」の意味）。同じく、invisible の箇所を名詞化して、le visible et l'invisible とすれば「目に見えるものと目に見えないもの」と抽象名詞化することができる（例：Qu'est-ce qu'il y a entre le visible et l'invisible ?「目に見えるものと見えないものの間に何があるか?」）。上記の les jeunes も同じ感覚で、jeune「若い」から生まれた名詞（＜ [定冠詞] les ＋ [形容詞] ＞で「〜な人々」）になる（別例：Les riches doivent aider les pauvres.「金持ちは貧しい人たちを助けなくてはならない」）。

---

263 ▶27

se dérouler

(出来事が) 繰り広げられる、展開する

---

se passer, avoir lieu

☐ 1 **Cette histoire *s'est déroulée* dans un petit village de Gironde.**
この物語はジロンドの小さな村が舞台だった。

☐ 2 **La cérémonie *s'est déroulée* sur la place de la mairie.**
式典は市庁舎前の広場で行なわれた。

Q 整序問題 ┃ [ ] の語句を意味が通じるように並べ替えよ。³

Voilà [où, s'est, le massacre, le château, déroulé] familial.

---

264 ▶27

s'unir

1つに結びつく、団結する

---

joindre l'un l'autre

☐ 1 **Les deux partis *se sont unis* pour les élections municipales.**
両党が地方選挙 (市町村の選挙) のために結びついた。

＊相互的用法の代名動詞。

dérouler は「(巻いているものを) ほどく」(↔ enrouler「巻き込む」) あるいは「繰り広げる、展開する」という他動詞。代名動詞は受動的用法 (自発的意味) で「繰り広げられる」の意味になる。

Voilà [**le château où s'est déroulé le massacre**] familial. と並び、「あれが一家虐殺事件の起こった城だ」となる。Voilà le château où le massacre familial s'est déroulé. とも言い換えられるが、フランス語は文が動詞で終わる形を避ける傾向にある。

[語源 un「1つ」にする] から生まれた unir は「(複数のものを) 結びつける、1 つにする」(例：Le hasard a uni ces deux jeunes gens.「偶然が 2 人の若い男女を結びつけた」、Unissons nos forces !「力を合わせよう」) という他動詞。なお、[語源 dés「分離」+ unir] désunir は「(1 つだったものを) 分離する、引き離す」、[語源 ré「改めて」+ unir] réunir は「(分かれているものを) 結合する、集める」の意味 (名詞 réunion [nf] は「集まること、会議、集会」)。なお、趣味などの目的で同種のものを整理しながら「集める」のは collectionner、単に「集める」(英語の gather 相当) なら rassembler を用いる。

Q 作文・ディクテ 「300 メートルほど先で 2 つの川が合流して大きな滝を作っている。」

☐ ² À environ 300 mètres, ~~~~~~~~~~~~~~~~

~~~~~~~~~~~~.

---

265 ▶27

s'investir

dans qqch　（人が）〜に情熱を傾ける、全力を注ぐ

mettre son énergie dans qqch

☐ ¹ **Nos employés ne sont pas prêts à *s'investir* dans ce projet.**
うちの社員たちはこのプロジェクトに打ち込む準備ができていない。

Q 動詞選択 下記の2つの文に investir か s'investir のいずれかを現在形して
入れよ。²

① **Depuis son mariage, Karine [　　　　] au travail.**
② **Masako [　　　] ses économies dans l'immobilier.**

---

266 ▶27

se réfugier

避難する、亡命する

aller dans un lieu pour s'y mettre à l'abri

☐ ¹ **Le bateau de pêche *s'est réfugié* dans un port pour éviter une tempête.**
嵐を避けようと漁船は港に避難した。

Q 適語選択 下線部と同義にならないのは①〜③のどれ。²

Ceux qui ont échappé à la guerre se sont réfugiés en Turquie.
① s'exiler　② s'expatrier　③ s'extraire

---

267 ▶27

s'accroître

（数量が）増える、増大する

prendre plus d'importance

☐ ¹ **La population du village autrefois dépeuplé *s'est accrue* rapidement.**
かつて過疎化していた村の人口が急に増えた。

À environ 300 mètres, **les deux rivières s'unissent pour former une grande cascade**. となる。類義語 se rejoindre に置き換えることもできる。

investir は「投資する、精力を注ぎ込む」の意味（例：investir de l'argent dans une fiducie d'investissement「投資信託に金を投資する」）。この単語の語源は、これから社会に出ていく若者の将来の立身出世を願って「（長い）服」veste [nf] を in「着せた」ことに由来し、結果「利益を見込んで投資する」という意味になったとされる。

①は代名動詞が入り「結婚してからカリーヌは仕事に打ち込んでいる」となり、②には単独形の investir qqch（argent）dans qqch「金を〜に投資する」が入り「マサコは貯金を不動産に投資する」の意味になる。よって、①には [s'investit]、②には [investit] と入ることになる。

[語源 ré「うしろに」＋ fugier「逃げる」] から生じた本来的用法の代名動詞。

「戦火を逃れた人々はトルコに亡命した」の意味。①、②は類義だが、③は「（狭い場所から）どうにか抜け出す」という意味のくだけた動詞。

augmenter と置き換えられる。「（数が）どんどん増える」se multiplier という類義語もある。
◆活用：j'accrois / il accroît / nous acroissons / ils accroissent
j'accroîtrai que j'accroisse accroissant, accru

「賃金への不満の声が労働者の間で徐々に高まった。」

☐ 2 **Le nombre de mécontents** ~~~~~~~~~~~~~~~~~~~~
~~~~~~~~~~~ **les travailleurs.**

---

268 ▶27
s'éloigner
（少しずつ）遠ざかる、de qqch ～から離れる

---

aller plus loin

☐ 1 **Le nuage d'orage *s'est* peu à peu *éloigné*.**
雷雲が少しずつ遠のいていった。

Q 作文・ディクテ 「本題からそれないように議論を進めましょう。」

☐ 2 **Poursuivons la discussion** ~~~~~~~~~~~~~~~~~~~~
~~~~~~~~ **.**

---

269 ▶27
se diviser
分かれる、分割される

---

se séparer en parties

☐ 1 **La France *se divise* en régions, en départements, en arrondissements, en cantons et puis en communes.**
フランスは地域圏、県、郡、小郡、そして市町村に分かれる。

＊フランスの地方行政区画のこと。

Q 書き換え 下記の文を se diviser を用いてほぼ同義になるよう書き換えよ。 2

Les spécialistes ont des avis partagés à propos des mesures contre le réchauffement climatique.

---

270 ▶27
se reprocher
de + inf. 自分を責める

---

se considérer comme coupable ou responsable (de qqch) ＝ se faire des reproches

Le nombre de mécontents **à l'égard des salaires s'est progressivement accru parmi** les travailleurs. となる。主語の部分の直訳は「賃金に対する不満の数」となる。

副詞 loin「遠くに」から派生した éloigner は「遠ざける、引き離す」(↔ rapprocher) という他動詞、代名動詞は「遠ざかる、離れる」(↔ se rapprocher) という自動詞の意味合いになる。

Poursuivons la discussion **pour ne pas nous éloigner du sujet en question**. となる。

[語源 divide「(細かく) 分ける」] から生まれた diviser は「分割する、区分する」(例：diviser pour régner「分割統治する」) の意味。

Les spécialistes se divisent à propos des mesures contre le réchauffement climatique. となり「温暖化の対策について専門家の意見が分かれている」となる。

□ 1 Je *me reproche* toujours d'avoir menti à mes collègues.
私は同僚たちに嘘をついたことをずっと悔いている。

＊ de ＋ inf. の箇所が直接目的語になるので se は間接目的語。

Q 作文・ディクテ 「自分には何らやましいところはない。」

□ 2 Je _____ .

Q 適語選択 下線部とほぼ同義にならないのは①〜③のどれ。[3]

Mon fils se reproche d'avoir cassé une vitre par son inattention.

① s'enorgueiller de   ② regretter de   ③ s'en vouloir de

271 ▶ 28
se peser
（人が）自分の体重を量る

mesurer son poids

□ 1 Je ne *me pèse* pas souvent.
私はそれほど体重は量らない。

＊再帰的用法。英語でも再帰代名詞を用いて weigh oneself という。

Q 作文・ディクテ 「妻はダイエットをしていて、日に十数回体重を量っている。」

□ 2 Ma femme _____ et elle _____ .

272 ▶ 28
s'introduire
（ある場所に）入り込む

pénétrer dans un lieu

□ 1 Des chats errants *se sont introduits* dans notre jardin.
野良猫たちがうちの庭に入り込んだ。

Q 作文・ディクテ 「その計画についての疑念が私の心に生じた。」

□ 2 Le doute _____ esprit.

reprocher は「（うまく行っていない、期待通りでないとして）人を非難する」（例：
Je lui ai reproché son manque de motivation.「モチヴェーションを欠いてい
ると彼（彼女）を非難した」）という他動詞。

Je **n'ai rien à me reprocher**. となる。ne ... rien à ＋ inf. の形（別例：
Le frigo est vide, il n'y a plus rien à manger.「冷蔵庫が空で、もう食べ
るものが何もない」）。なお、不定代名詞に形容詞（男性形単数）が続く際
には前置詞 de でつなぐ（例：Rien de neuf ?「何か変わったことは?」、
Généralement, ma mère ne bois rien de froid.「普通、母は冷たいもの
は何一つ飲まない」）。

「息子は不注意で窓ガラスを割ったことを後悔している」の意味。②（例：
Je regrette d'avoir changé de métier.「転職したことを悔やんでいます」）、
③（例：Je m'en veux.「自分が嫌になる（←後悔している）」）は類義だが、
① **orgueil [nm]**「高慢、自慢、うぬぼれ」から生まれた代名動詞は「自慢
する、鼻にかける」（＝ **se vanter de**）という意味。

peser は「（物の）重さを量る、重さが～である」（例：Le vétérinaire a pesé
mon chat, il fait 7 kg.「獣医が僕の猫の重さを量ったら、7キロあった」、Ma
fille pèse 30 kg.「娘は体重が30キロです」/ この文を Le poids de ma fille
est 30 kg. とするのは日本語的な発想の誤り）の意味。

Ma femme **est au régime** et elle **se pèse des dizaines de fois par
jour**. となる。なお、mesurer qqch は「（寸法や大きさなどを）測る」、「温度
を計る」mesurer [vérifier, prendre] la température、あるいは「血圧を測
る」mesurer [prendre, relever] la tension de qqn など、幅広く「測る、計
る」の意味で使われる。

introduire は通常「（人を）招き入れる、（物を）導入する」といった意味だが、
英語 introduce と同じく「招待する」の意味でも使われる（例：Je vais vous
introduire auprès du directeur.「あなたを所長に紹介しましょう」）。ただし、英
語 introduce oneself「自己紹介する」に相当するフランス語は s'introduire で
はなく、se présenter を用いる点に注意。

Le doute **sur ce projet s'est introduit dans mon** esprit. となる。

273 ▶28
se baser
sur qqch 　〜に基づく

---

prendre pour base, pour principe = se fonder sur qqch, reposer sur qqch

☐ 1 **Les arguments archéologiques doivent *se baser* sur des faits précis.**
考古学的な論証は正確な事実に基づかなくてはならない。

Q ┃書き換え┃ 上の例を「考古学にとって正確な事実に基づいた論証は大事なものだ」と言い換えなさい。[2]

**Les arguments [　　　　] [　　] des faits précis sont importants en
[　　　　　　].**

274 ▶28
s'intégrer
à, dans qqch, qqn 　（集団などに）溶け込む、同化する、組み込まれる

---

faire partie d'un groupe et s'y sentir à l'aise = s'insérer

☐ 1 **Je ne pense pas que cette maison au toit de chaume *s'intègre* dans le
paysage urbain.**
この茅葺き屋根の家屋は都市の景観に溶け込んでいないように思う。

Q ┃適語選択┃ 下線部と類義になるのは①〜③のどれ。[2]

Cette jeune Parisienne s'est rapidement intégrée aux villageois.

① donner son accord aux villageois

② se fondre dans la population du village

③ réagir contre les villageois

275 ▶28
s'étendre
（1）（人が）横になる　（2）広がる、拡大する

---

(1) s'allonger, se coucher

base [nf]「土台、基地、（政治や経済などの）基礎」につながる baser は「基礎づける、基づかせる」の意味。

「〜に基づく」は être basé(e) sur qqch も使えるので、Les arguments [**basés**] [**sur**] des faits précis sont importants en [**archéologie**]. となる。なお、〈être basé(e) ＋ ［場所］〉は「（場所を）本拠地としている」の意味で使われる（例：Ce nouveau croiseur est basé à Kure.「この新しい巡洋艦は呉を母港としている」）。

［語源　intégr「完全な」状態にする →「一体化する」］となる intégrer は「（人や物を全体の中に）溶け込ませる」という他動詞。代名動詞は再帰的用法。ちなみに circuit intégré [nm] は「集積回路、IC」。

「その若いパリジェンヌはすぐに村人たちに溶け込んだ」という意味。①は「村人に同意する」、③は「村人に反発する」と訳せる。**②はほぼ同義で「溶け込む、同化する、なじむ」**（＝ **s'assimiler à qqn / qqch**）の意味になる。

□ 1 **Manon *s'est étendue*** un petit moment dans sa chambre.
マノンはほんの少し部屋で横になった。

(2) occuper un espace

□ 2 **Au nord de Kyoto *s'étendent*** de grandes forêts de cèdres du Japon.
京都の北には、広い日本杉の林が広がっている。

＊この文は、時間や場所を表す副詞・状況補語が文頭に置かれために、主語と動詞が単純倒置されている例。倒置をやめれば De grandes forêts de cèdres du Japon s'étendent au nord de Kyoto. となる。(ときに「日本杉」を cyprès du Japon [nm] とする例があるが、それは「檜（ヒノキ）」を指す）となる。なお、見出し語は「広がる」を意味する語として広く使われ、「（幅が）広がる」なら s'élargir が使われる。

Q 適語選択 下線部とは意味が違うのは①〜③のどれ。3

La Covid-19 s'est rapidement étendue dans le monde entier.
① se glisser   ② se propager   ③ se répandre

276 ▶28
se pencher
(1) 身をかがめる、身を乗り出す
(2) sur qqch　注意深く検討する、関心を寄せる

(1) s'incliner vers le bas, incliner le haut du corps vers l'avant

□ 1 **Ma fille *s'est penchée*** pour cueillir un trèfle à quatre feuilles.
娘は四葉のクローバーを摘もうと身をかがめた。

□ 2 **Ne *te penche* pas** par la fenêtre.
窓から身を乗り出さないで。

(2) s'intéresser à qqch

□ 3 **Des chercheurs *se sont penchés*** avec intérêt sur ce nouveau virus.
研究者たちはこの新しいウイルスに強く関心を寄せた。

Q 作文・ディクテ 「こうした経済問題を検討するのがまさに閣議だ。」

□ 4 **C'est** _____ ces problèmes
économiques.

étendre は「（人を）横たえる、（範囲や手足などを）広げる」（例：étendre ses bras「両手を広げる」）の意味で使われる他動詞。

「コロナ（新型コロナウイルス感染症）はあっという間に世界中に蔓延した」。**se glisser は「忍び込む、まぎれ込む」の意味なので例文には適さない**。「広まる、（病気が）蔓延する」の意味になるのは②と③。なお、この例は La Covid-19 a rapidement gagné le monde entier. などと言い換えることもできる。付言すれば、Covid-19（WHO が **co**rona**vi**rus **d**isease 20**19** から命名）の性は男性・女性で揺れていたが、フランス語の保全機関と呼べるアカデミー・フランセーズが 2020 年に女性名詞とすると決めた。ただ、coronavirus が男性名詞で、数詞はすべて男性名詞扱いであることからも、これが浸透するかは不透明。ちなみに、録音をお願いした Julien Richard-木口さんは男性名詞と考えるとのこと。

pencher は他動詞で「傾ける」、自動詞なら「傾く」（例：La haie penche, il faudra la faire tailler.「生垣が傾いている、剪定してもらわないと」）。

c'est ... qui の強調構文、C'est **le conseil des ministres qui va se pencher sur** ces problèmes économiques. となる。なお、フランスでは「（大統領が主宰する）閣僚会議」が conseil des ministres [nm]（ちなみに、日本の外務省によれば日本の内閣 Cabinet du Japon の「閣僚会議」も同様に呼ばれている）で、「（首相主宰の）閣僚委員会」は comité des ministres [nm] と名称が分かれている。

277 ▶28
se distinguer

de qqn / qqch　異なる、区別される、区別できる

se faire remarquer

□ ¹ **Les deux clochers *se distinguent* par la couleur de leurs cloches.**
あの2つの鐘楼は鐘の色合いで区別できる。

Q　書き換え　下記の文を se distinguer を用いてほぼ同義になるよう書き換えよ。²

Ma fille est différente de ses camarades de classe en ce sens qu'elle a d'excellentes notes.

278 ▶28
se rétablir

健康を回復する、元気になる

retrouver une bonne santé

□ ¹ **Après l'opération, ma sœur est restée dans un chalet en montagne avec l'air pur pour *se rétablir*.**
手術の後、姉(妹)は健康を取り戻すために空気の綺麗な山荘に滞在した。

Q　適語選択　下線部とほぼ同義類になるのは①~③のどれか。²

Elles se sont vite rétablies.
① se remettre　　② se reposer　　③ se ressembler

279 ▶28
se compliquer

(事態が)複雑で面倒になる、ややこしくなる

devenir plus compliqué

□ ¹ **La situation politique du Japon *se complique* de plus en plus.**
日本の政治状況がどんどんややこしくなっている。

［語源 di「離して」＋ sti「刺す」→「（ピンなどで）刺して区別する」］から生まれた distinguer A de B は「２つの対象が持つ特徴を見分けて、両者を識別する」という意味で広く一般に使われる単語。類義の discriminer は文章語で「対象の細部を正確に見てとり、相違点のありかと、その意味は何かと厳しく区別する」という意味合い（例：discriminer pneumonie bactérienne et pneumonie par aspiration「細菌性肺炎と誤嚥性肺炎を区別する」）、différentier は「２つの対象の相違点を細かく、正確に指摘、識別する」（例：Le rire différencie l'homme des autres animaux.「笑いは人と動物を区別するものだ」）という意味。また、discerner は「抽象的な内容を区別、識別する」という意味で用いられる（例：discerner le vrai du faux「真偽を区別する」）。

「〜と違う」être différent(e) de qqn（＝ différer de qqn, se différencier de qqn）なので「娘は成績優秀という点でクラスメートとは違っている」という意味。se distinguer de qqn「〜と異なる」で書き換えれば、**Ma fille se distingue de ses camarades par ses excellents notes**. などとなる。

rétablir は「現状に戻す、回復させる、健康を回復させる」（例：Quelques heures de repos te rétabliront.「２〜３時間休めば元気になりますよ」）の意味になる。

「彼女たちはすぐに回復した」という意味で ①が類義。②は「休息する」、③は「集まる」の意味。

［語源 com「一緒に」＋ pliquer「折る」→「まとめて折るとごちゃごちゃと複雑になる」］という compliquer は「複雑にする」（↔ simplifier）（例：Le chef de chantier complique toujours tout.「建築現場の主任は何でもややこしくしてしまうのが常だ」）の意味で、compliqué(e)「複雑な、ややこしい」（↔ simple）生の形容詞として頻度が高い。

① Elle a exprimé les sentiments [   ] qu'elle éprouvait à l'égard de son père.

② L'histoire du film est trop [   ].

Q 適語選択 ┃ 下線部の類義になる動詞は①〜③のどれか。[3]

Depuis que mon mari a perdu son emploi, notre situation financière se complique de jour en jour.

① s'améliorer   ② changer   ③ empirer

---

280 ▶ 28

se préoccuper

de qqn / qqch   心配する、気にかける

---

s'inquiéter au sujet de qqn ou de qqch

☐ [1]   Mon grand-père ne **se préoccupe** que de ses petits-enfants.
祖父は孫たちのことしか頭にない。

Q 適語選択 ┃ 下線部と置き換えられらないのは①〜③のどれ。[2]

Il se préoccupe de l'avenir de son fils.

① se faire du souci pour   ② s'inquiéter de   ③ rompre avec

☞ 「心配する」se préoccuper, s'inquiéter, se soucier

この３つの差異は微妙だが、s'inquiéter は「（何かを・誰かを）心配する」という最も一般的に用いられる動詞。se préoccuper は［語源　pré「先んじて」＋ occuper「占める」］が含意するように「（他のことが考えられないほど）心配する」という意味合い。se soucier は心配する度合いが他の２つに比較して弱く、「気にとめる」といった意味で用いる。

---

281 ▶ 29

se refléter

dans, sur qqch   〜に映し出される、映る

---

renvoyer son image, sa lumière ＝ se réfléchir

①は「彼女は父親に抱いている複雑な心境について口にした」の意味。②は「その映画の筋は複雑すぎる」という意味。①には「(良し悪しはともかくも)複雑な」を意味する [**complexes**] が入り、②には否定的なニュアンス「ややこしい」という意味が込められた [**compliquée**] と入る。

「夫が職を失ってから、わが家の経済状況は日に日に面倒なことになっている」の意味なので、「**悪化する**」**というニュアンスの③が類義**。①は「好転する」、②は「変化する」の意味。

[語源 pré「前もって」＋ occuper「占有する」] から生まれた préoccuper は「〜の心を占める、心配させる」の意味 (例：Ta santé me préoccupe.「あなたの健康が気がかりだ」／「人」を主語にして Je m'inquiète pour ta santé. と言い換えられる)。

「彼は息子の将来を案じている」という意味。①②は類義語だが、**③は「(人と) 縁を切る」という意味なので置き換えられない**。

□ 1 Les cerisiers de la rive *se reflètent* dans l'eau du canal.
岸辺の桜の木が運河の水面に映っている。

Q 動詞選択 下記の2つの文に refléter か se refléter のいずれかを直説法半過去形にして入れよ。[2]

① Une grande joie [　　　　　] sur son visage.
② Les cuivres de la salle à manger [　　　　　] les flammes du foyer.

282 ▶29
s'isoler
一人きりになる、(周囲から離れ) 引きこもる

se retirer de la compagnie des autres pour être seul

□ 1 Cette adolescente *s'isole* dans sa chambre depuis une semaine.
その (思春期の) 少女は1週間前から部屋に引きこもっている。

Q 作文・ディクテ 「家族が多すぎて、私は自宅で一人になれる場所がありません。」

□ 2 J'ai trop de famille et je _____ à la maison.

☞ rentrer à la maison「帰宅する」

これを rentrer à ma maisonとする間違いをたまに見かける。「自宅 (わが家に) に帰る」と考えるためだろうが、特殊な状況にある人を除いて「自分の家以外に帰宅する」と表現することはないので、所有形容詞は用いずに rentrer à la maison あるいは rentrer chez moi と言い表す。

283 ▶29
s'affronter
(チームや集団などが) 対決する

s'opposer, se battre, jouer contre qqn

□ 1 En finale, les rivaux *se sont affrontés* violemment.
決勝で、ライヴァル同士が激しく衝突した。

314

［語源 re「元に戻して」＋ fléter「曲げる」］という意味合いから生まれた refléter は「反射する、（像などを）映し出す」という他動詞。

①は「彼（彼女）の顔には大きな喜びが映し出されていた」の意味で [**se reflétait**] と入り、②は「食堂の銅製品が暖炉の炎を反射していた」の意味で [**reflétaient**] が入る。

［語源 île [nf]「島」のように孤立した］から生まれた動詞 isoler は「切り離す、孤立させる」（例：Ses opinions l'ont isolée de sa famille.「彼女は意見の食い違いで家族から孤立した」）の意味。代名動詞は人が主語で使われる再帰的用法。

J'ai trop de famille et je **n'ai pas un endroit pour m'isoler** à la maison. となる。

front [nm]「額、おでこ」に関連する affronter は「（敵や困難などに敢然と）立ち向かう」（＝ faire front à qqn / qqch）の意味、s'affronter は相互用法で「（両者が）ぶつかり合う」という意味になる。

☐ ² **Les** _____ **lundi.**

☞ **曜日と冠詞**

ここでいう「月曜日」は単純未来の時制からもわかるように「話をしている時点から最も近い月曜日」（＝ le lundi qui vient「次に来る月曜」）を指している。定冠詞を添えて le lundi, les lundis とすると「毎週月曜日」（＝ chaque lundi, tous les lundis）の意味。不定冠詞をプラスした un lundi なら「とある月曜日」、あるいは形容詞の添えた曜日 un beau lundi「きれいに晴れ渡った月曜」といった言い回しで用いる。指示形容詞を置いた ce lundi なら「今週の月曜日」、「先週の月曜」なら lundi dernier ないしは lundi de la semaine dernière、「来週の月曜」なら lundi prochain ないしは le lundi qui vient（←次に来る月曜）という。ただし、〈［曜日］＋ dernier [prochain]〉は「話の時点から最も近い曜日」を指すことから、たとえば水曜日に lundi dernier と発話すると「この前の月曜＝今週の月曜」の意味になるので混乱が生じることがある。その場合には、曜日ではなく le 20 avril「４月２０日」と日付でいうとミスが避けられる。

284 ▶29
s'élargir

広くなる、拡幅する

devenir plus large

☐ ¹ **À partir d'ici, la route *s'élargit*.**
ここから、道幅が広がる。

Q 適語選択 下記の下線部と反対の意味になるのは①～③のどれか。²

Cette étoffe s'est élargie au lavage.
① s'étendre   ② s'étirer   ③ rétrécir

285 ▶29
se multiplier

（数が）どんどん増える、大幅に増える

se produire en grand nombre ↔ diminuer

単純未来を用いて Les **deux équipes s'affronteront** lundi. となる。

［語源 é「移行」＋ large「広い」→「広くする」］という élargir は「幅を広げる、拡大する」（例：élargir une route「道幅を広げる」）の意味で、代名動詞 s'élargir は「広がる」を意味する。

「この布地は洗ったら伸びた」という意味。①は「（体を）伸ばす、横になる、（地域に）延び広がる」、②は「（引っ張って）伸びる、伸びをする」の意味、**③は「縮む」（＝ rapetisser）で反意語になる**（例：Cette jupe longue a rétréci au lavage.「このロングスカートは洗ったら縮んだ／「（衣類が）縮む」se rapetisser を用いて Cette jupe longue s'est rapetissée au lavage. とも言い換えられる」）。

□ 1 Les gratte-ciel **se multiplient** près de la marina de Dubaï.
ドバイ・マリーナ付近にはどんどん高層ビルが建てられている。

Q 整序問題 意味が通るように [ ] 内の語を並べ替えよ。[2]

Dans cette zone, les cas [se, ces, sont, mois, derniers, de SIDA, multipliés].

286 ▶ 29
se spécialiser
en (dans) qqch　（特定の分野を）専門とする、専攻する

se consacrer à un domaine particulier

□ 1 Ma nièce **s'est spécialisée** en sociolinguistique.
姪は社会言語学を専攻している（専門に研究している）。

＊［語源 spécial「特別な」扱いをする］から生まれた spécialiser は「〜を専門化する」
という意味の他動詞もあるが、代名動詞として使うケースが大半なので辞書類では本
来的用法として扱っていることが多い。

Q 作文・ディクテ 「その技術者はコンピュータの修理を専門としている。」

□ 2 Le technicien _____.

287 ▶ 29
se reporter
à qqch　〜を参照する

aller voir à l'endroit indiqué dans le texte

□ 1 Elle **s'est reportée** à l'article de la Constitution lors de la rédaction de
son rapport.
彼女はレポート作成の際に憲法の条文を参照した。

Q 適語選択 下線部と類義になるのは①〜③のどれか。[2]

Pour les amphibiens, reportez-vous au chapitre IV.
① s'abonner à　② s'attendre à　③ se référer à

［語源 multi「多数」+ plier「折る」→「たくさん重ねる」］から生まれた multiplier は「（数量を）増やす」あるいは「（数学で）掛ける」（↔ diviser）の意味。なお、gratte-ciel は英語 skyscraper の訳で、単複同形。

「この一帯ではエイズの症状がここ数ヶ月どんどんと増えた」の意味、つまり Dans cette zone, les cas **[de SIDA se sont multipliés ces derniers mois]**. となる。

学部生が「～を専攻している」といった程度のレヴェルでは見出し語を用いない。たとえば「何を専攻しているの」なら Qu'est-ce que vous étudiez ? とか Vous êtes étudiant(e) en quoi ? といった言い方をするのが通例。見出し語はもっと高い知識や技術を要する専門を指して使われる。

Le technicien **se spécialise dans la réparation d'ordinateurs**. となる。

reporter は代名動詞とは意味合いが違う。「（物を）持っていく、（過去に）連れ戻す」あるいは「延期する」の意味。

☞ **延期する**

［語源 re「強調」+ porter「運ぶ」］から「遠くへと運ぶ」→「延期する」の意味で reporter は広く使われる動詞（例：Il vaut mieux reporter votre voyage à la semaine prochaine.「旅行は来週に伸ばしたほうがいいですよ」）。「押しやる」感覚での「延期」なら repousser（例：La date de l'examen a été repoussée à jeudi.「試験が木曜に延期になった」）が使え、どの程度延期するかを de qqch で添えて「繰延する」という意味合いなら remettre が使われる（例：Mon collègue a remis son voyage de trois jours.「同僚は旅行を3日延期した」）。

「両生類については4章を参照ください」の意味で類義なのは③、①は「（定期のもの）に予約する」、②は「～を予期する」という意味。

se procurer

（自分で努力して）手に入れる

obtenir qqch grâce à des efforts

☐ ¹ **_Procurez-vous_ chacun le polycopié.**
各自でポリコピエを入手してください。

＊ polycopié [nm] は「プリント」、特に「（大学の）講義用のプリント」を指し、通常、「購買部（生協）」で販売されている。

Q 整序問題 ［ ］内の語を意味が通じるように並べ替えよ。²

Savez-vous [je, me, où, ces, livres, pourrais, magnifiques, procurer] ?

s'éclairer

（1）照らされる、あかりを取る
（2）明らかになる、（疑問や謎が）解ける

(1) se procurer de la lumière

☐ ¹ **Pendant la panne de courant, ma tante _s'est éclairée_ à la bougie.**
停電の間、おばはろうそくであかりを取った。

(2) devenir clair, facile à comprendre　↔ s'obscurcir

☐ ² **Tout _s'éclaire_.**
すべてがはっきりする。

Q 作文・ディクテ 「その歌手が登場した瞬間、舞台が急に明るくなった。」

☐ ³ ＿＿＿＿＿＿ **le chanteur est apparu, la scène** ＿＿＿＿＿＿
＿＿＿＿．

se cultiver

教養を身につける

s'instruire pour enrichir et former son esprit

☐ ¹ **Ma fille _s'est_ beaucoup _cultivée_ pendant son séjour à Paris.**
娘はパリ滞在中に大いに教養を深めた。

動詞 procurer qqch à qqn で「(自らは仲介者となって人に物を) 手に入れさせる、得させる」(例：Il faut lui procurer un emploi.「彼 (彼女) に職を世話しなければならない」) という動詞。代名動詞は「自ら力を尽くして手に入れる」という再帰的用法になる。

Savez-vous [**où je pourrais me procurer ces livres magnifiques**] ? と並べて、「こうした貴重本はどこで入手可能かご存知ですか ?」の意味になる。

形容詞 clair(e)「明るい」に関連する éclairer は「照らす、明らかにする」の意味(「(強い光で) 照らす、イルミネーションで飾る」なら illuminer を使う)。代名動詞は再帰的用法。

Au moment où le chanteur est apparu, la scène **s'est soudainement éclairée**. となる。soudainement の代わりに文末に tout à coup を置くこともできる。

cultiver は「(土地を) 耕す、(作物を) 栽培する」とともに「(才能などを) 磨く、養う」の意味。代名動詞は「栽培される」の意味でも使われるが、多く「教養を身につける」の意味で使われる。

「パリ滞在中」という言い回しから「継続」の観念にひきつけ、「線の過去」（〜していた）と短絡的に結びつけて、直説法半過去と組み合わせるミスをよく目にする。上記の例文なら Ma fille ~~se cultivait~~ beaucoup pendant son séjour à Paris. とする誤りだ。フランス語では pendant などで明示された期間は長かろうと短かろうと、原則、過ぎ去った「点の過去」（直説法複合過去）と組み合わされるのがルール。 たとえば、「日本は200年以上世界への扉を閉ざしていた（鎖国していた）」なら半過去は使われず、Le Japon est resté fermé au monde pendant plus de 200 ans. となる。

☞ **直説法複合過去と直説法半過去**：下線部の違いを踏まえて、下記の2つの文を比べてみよ。[2]

① Je me suis précipité pour ouvrir la porte quand le facteur a sonné.

② J'étais sous la douche quand le facteur est passé.

Q ┃ 和 訳 ┃ 下記の文を訳せ。

■ [3] Même en prenant de l'âge, ma grand-mère n'a jamais cessé de se cultiver en lisant.

Q ┃ 和 訳 ┃ 見出し語は「（作物が）栽培される」の意味でも使われる。下線部の差異に着目して、下記の2つの文を訳し比べよ。

■ [4] ① Le riz se cultive dans tout le Japon.

■ [5] ② Le riz n'est plus cultivé dans cette région.

291 ▶30
se renverser ┊ ひっくり返る、横転する

se retourner sens dessus dessous

□ [1] Ce yacht *se renverse* facilement.
このヨットは転覆しやすい。

Q ┃ 動詞選択 ┃ 下記の2つの文に renverser か se renverser のいずれかを複合過去形にして入れよ。[2]

① Elle [   ] son verre de vin sur la nappe.

② Après une embardée, la voiture [   ] dans le fossé.

①は「**郵便屋さんが呼び鈴を鳴らしたとき、私は急いでドアを開けた**」、②は
「**私がシャワーを浴びていたら郵便さんが来た**」という意味。①は「呼び鈴
が鳴る」→「ドアを開ける」という動きがいわば因果関係となる連続した、継
起的行動としてとらえられている。一方、②は「シャワーを浴びていた」とな
る半過去。「シャワー中」（進行状態：線の過去）そのとき「郵便屋さんが来宅」
（過去の１点：点の過去）と事象が並列的に配される関係になっている。

「**年をとってもなお、祖母は読書をしながら教養を高める努力を決して怠ら
なかった**」といった訳がつけられる。

①は代名動詞の受動的用法で「**米は日本全土で栽培されている**」の意味。
②の受け身形を用いて、Le riz est cultivé dans tout le Japon. と書き換え
られる。②は「**米はこの地域ではもう栽培されていない**」の意味。能動態な
ら、On ne cultive plus le riz dans cette région. と書ける。ただし、この文
は代名動詞の受動的用法と違い、米の特性や習慣に触れた内容でないた
めに se cultiver では置き換えられない。

［語源 ren「うしろに」＋ verser「原義：向く、回る（vers：方向・状態を変える、
〜へ向かう）」］から生まれた renverser は「ひっくり返す、横転させる、（上下を）
逆にする」の意味。

① 「彼女はワイングラスをテーブルクロスにひっくり返した」（他動詞）の意
味で [a renversé] が入る。②は「急ハンドルを切った後、車は溝（みぞ）に
ひっくり返った」（自動詞）という意味なので、[s'est renversée] が入る。

s'armer

(1) de qqch　（～で）武装する
(2) 備える

(1) se munir (d'une arme)

☐ 1　Ce pays a urgemment besoin de **s'armer** de bombes nucléaires.
この国は核武装を急いでいる。

＊ se doter de l'arme nucléaire と言い換えられる。

☞ **擬音語・擬態音に由来する語**

上記の例文内で擬態音から生じた単語がある。bombe [nf]、「砲弾が飛び出す際の
ボーンという音」に由来する語。たとえば、gargarisme [nm] は新哲学主義のような厳
しさだが、その実は「うがい、うがい薬」の意味。うがいの音「g 音：ガラガラ」からで、「う
がいをする」なら se gargariser という。ちなみに「喉」gorge [nf] も同語族。ほかに動
詞では murmurer「つぶやく←ブツブツ」)、chuchoter「ささやく←ヒソヒソ」といっ
た畳語（同じ語を反復する言葉）が挙げられる。「（猫が）ニャーと鳴く」miauler、「（虫
や飛行機などが）ブーンという」bourdonner なども類例となる。

(2) faire une grande provision de choses

☐ 2　**Armez-vous** de patience !
辛抱強くかまえて。

Q 適文選択　Armons-nous de patience, … と続けるのに適当な文は①～③
どれか。 3

① il y a la queue au guichet du cinéma.

② il y a le feu à la maison.

③ il n'y a pas un chat.

se dresser

立ち上がる、起き上がる、（山などが）そびえ立つ

se mettre droit, s'élever tout droit

☐ 1　On a vu un château de craie qui **se dresse** sur une colline lointaine.
遠い丘の上に白亜の城館がそびえ立っているのが見えた。

arme [nf]「武器」、armée [nf]「軍隊」に関連する armer は「武装させる」という他動詞。

☞ **オノマトペ onomatopée [nf]**

辞書に載っている、知られた例をあげておく。

1. Atchoum！[atʃum]：ハクション！
2. bof [bɔf]：（大して関心がないとき）ふん、ふ〜ん
   ＊私事ながら、メールで情報を伝えて相手から Bof と反応されると落ち込むことも……。
3. clic [klik]：マウスのクリック音
   ＊ faire un double clic「ダブルクリックする」と男性名詞としても使われる。
4. Ouf！[uf]：（安堵）ふう、ほっ
5. snif(f) [snif]：（匂いを嗅いで）くんくん
6. youpi [yupi]：（喜びの声）ワ〜イ！、イエーイ！
   ＊特に子どもたちの熱狂した「声」を表すケースで。

「辛抱強くかまえましょう（我慢強くいましょう）」という内容に続くのは、①
「映画館の窓口に列ができてるから」が適当。②「家が火事です」、③「誰も
いない（←猫一匹いない）」では文意がつながらない。

dresser は「〜を（真っ直ぐに）立てる、起こす」（例：dresser le buste「上体を
起こす」）の意味。

325

Q 作文・ディクテ 「子どもたちがつま先立ちして外を見ていた。」

☐ 2 **Les enfants** ~~_____~~ **et regardaient dehors.**

---

294 ▶30

se reproduire

(1)（以前と同じことが）また生じる、繰り返される
(2) 繁殖する

---

(1) se produire une nouvelle fois

☐ 1 **Je te pardonne pour cette fois, mais que cela ne _se reproduise_ pas.**
今回は許しますが、2度とこうしたことを繰り返さないように。

＊ se produire なら「生じる、発生する」の意味。

(2) donner naissance à de nouveaux êtres vivants

☐ 2 **Comment cet animal _se reproduit_-il ?**
この動物はどうやって繁殖するのですか?

Q 作文・ディクテ 「同じような水害が近い将来にまた起こらないとも限らない。」

☐ 3 **Des** ~~_____~~ **dans un futur proche.**

---

295 ▶30

se répartir

(1)（互いに）分け合う　(2) 分かれる

---

(1) partager entre soi (qqch)

☐ 1 **Nous allons _nous répartir_ les bénéfices.**
互いに利益を分配しよう。

＊代名動詞の相互的用法、les bénéfices が直接目的語である点に注意。また、repartir「再び出発する」と混同しないように。

(2) se diviser

☐ 2 **Les élèves _se sont répartis_ en petits groupes.**
生徒たちは小さなグループに分かれた。

Les enfants **se dressaient sur leurs orteils** et regardaient dehors. となる。「つま先立ちする」には se dresser sur la pointe des pieds という 言い回しも使える。

re「再び」＋ produire「生み出す」を語源とする reproduire は「再生する、再現 する」あるいは「(書物や美術品などの) 複製を作る」の意味。

Des **inondations similaires risquent de se reproduire** dans un futur proche. となる。dans le futur なら「将来に」、dans un futur proche なら「近い将来に」の意味。

répartir は「分配する、分ける」という意味。したがって、Le professeur a réparti les élèves en petits groupes. なら「教師が生徒たちを小グループに分けた」と いう意味になる。

■ ³ ① Les ouvriers se sont <u>réparti</u> le travail.

■ ⁴ ② Le directeur d'usine a <u>réparti</u> le travail entre les ouvriers.

---

296 ▶30

s'écouler

（水や群衆などがゆっくりと）流れ出る、（時が）流れ去る

---

(1) couler vers l'extérieur d'un mouvement lent et régulier, couler hors d'un lieu

☐ ¹ **L'eau *s'écoulait* d'une petite fissure dans le tuyau.**

水が配管の小さな亀裂から流れ出ていた。

(2) (temps) passer

☐ ² **La vie *s'écoule*.**

人生は過ぎゆく。

Q 作文・ディクテ ┃「私たちは同窓会で楽しい時間を過ごし、時はあっという間に流れた。」

☐ ³ **Nous** ~~_____~~ **à la réunion des anciens élèves, et**
~~_____~~ **rapidement.**

---

297 ▶30

† se hausser

高くなる、上がる、背伸びする

---

s'élever, se dresser

☐ ¹ **Ma fille *s'est haussée* sur la pointe des pieds pour mieux voir.**

娘はもっとよく見ようとしてつま先立って背伸びした。

＊ se dresser sur la pointe des pieds も同義。

Q 整序問題 ┃ 意味が通じるように [　] 内の語句を並べ替えよ。²

Vous êtes [peut, au sommet, qui, se hausser, celui] de l'élite.

①は相互的用法の代名動詞で「**工員たちは（互いに）仕事を分担した**」という意味になり、②は「**工場長が仕事を工員たちに割り振った（←工員たちの作業の分担を決めた）**」という意味になる。

couler「流れる、漏る」と直に関連する代名動詞と違って、単独の écouler は少々意味合いを異にして（言い換えれば比喩的な意味合いを帯びて）、「（商品を）売りさばく」とか「（偽札などを）世に出す」という意味で使われる。

Nous **avons passé un bon moment** à la réunion des anciens élèves, et **le temps s'est écoulé** rapidement. となる。

形容詞 haut(e) や hausse [nf]「上昇」に関連する hausser は「高くする」（↔ baisser）とか「上げる」（例：hausser les épaules「（軽蔑やあきらめ、皮肉などを示して）肩をすくめる」）という意味。

この se hausser は「（精神的に）自分を高める」という意味合い。Vous êtes [**celui qui peut se hausser au sommet**] de l'élite. と並べて「あなたは一流のエリートにまで自分を高められる人だ」といった意味になる。

se casser

(1)（人が）自分の体の部位を折る
(2)（物が）壊れる、割れる　(3) 行く、ずらかる

(1) se faire une fracture

☐ 1　**Cécile *s'est cassé* le bras droit en faisant du skate-board.**

セシールはスケートボードをやっていて右腕を折った。

＊この文では le bras が直接目的語なので、過去分詞の性数一致は行われない。

(2) être brisé, être réduit en morceaux

☐ 2　**La glace du lac *s'est cassée* hier soir.**

昨晩、湖の氷が割れた。

(3) partir

☐ 3　**On *se casse* !**

行こうぜ（ずらかろうぜ）！

＊くだけた言い回し。私事ながら、パリのレストランで食事の後、席を立ち上がる際にふざけてこの一言を発して、気位が高い女性にすこぶる嫌な顔をされた苦い経験がある。

Q 作文・ディクテ 「スープ皿を洗っていたら、割れてしまった。」

☐ 4　**L'assiette** ＿＿＿＿＿＿＿＿＿＿＿＿＿＿＿＿＿ .

☞「道具」[名詞]＋ à ＋[（無冠詞）名詞]の形をとるもの：写真を見てフランス語を答えよ（不定冠詞と頭文字は示してある）。5

 ① une [a＿＿＿] à [d＿＿＿]

 ② une [b＿＿＿] à [d＿＿]

 ③ une [t＿＿] à [c＿＿]

 ④ un [c＿＿＿] à [v＿＿＿]

 ⑤ un [f＿＿] à [p＿＿]

 ⑥ un [p＿] à [e＿]

他動詞 casser は英語 break に相当する語で「壊れる、割る、使えなくする」という意味（例：Mon mari a cassé sa montre. 「夫は時計を壊した」）。casser には自動詞もあり「壊れる、割れる、折れる」の意味がある（être cassé は「壊れている」状態をいう）。単独の casser が「壊れる、割れる現象」を伝えるだけなのに対して、代名動詞を用いる際には主語に「そもそも壊れやすい、もろい性質」が含意された対象が置かれるという差異がある。また、左記の例に関して、受動的用法で氷は自らの意志で「割れる」わけではないので文法的には中立的用法とも分類される。

L'assiette **à soupe s'est cassée pendant que je la lavais**. となる。

①から⑥の順に「デザート皿」une [**assiette**] à [**dessert**]、「歯ブラシ」une [**brosse**] à [**dents**]（←「歯」は複数）、「コーヒーカップ」une [**tasse**] à [**café**]（une tasse de café なら「１杯のコーヒー」の意味、また une cuiller à café なら「コーヒースプーン」）、「肉用のナイフ（肉切り包丁）」un [**couteau**] à [**viande**]、「ピザ焼き窯」un [**four**] à [**pizza**]（「パン焼き窯」なら un four à pain）、「水差し、ピッチャー」un [**pot**] à [**eau**]。ちなみに、水やワインを入れる持ち手のないガラス製の容器は carafe [nf]「カラフ（カラフェ）」という。

299 ▶ 30
se débarrasser
de qqn / qqch　（厄介なものを）捨てる、片づける

jeter qqch ou éloigner qqn

☐ ¹　**Ma tante *s'est* enfin *débarrassée* de son vieil ordinateur.**
おばは古いパソコンをやっと処分した。

Q 整序問題 ┃ 意味が通るように [　] 内の語を並べ替えよ。²

Mon oncle [à, de, ses mauvaises habitudes, se débarrasser, n'arrive pas].

☞ **pouvoir, savoir, arriver à :〜できる**
p.101 でも別例で触れているが、pouvoir が「（可能）外的な条件が整って、可能である」の意味（例：Vous pouvez faire cela vite ?「それはすぐにできますか?」）、savoir は「（能力）生来、あるいは学習によってできる」という意味で人が主語になる（例：Vous savez trois langues étrangères ?「3ヶ国語が話せるのですか?」）。これに対して、arriver à + inf. は「（目的・水準）に達することができる、何とかうまくいく（＝réussir à + inf.）」の意味で、主に否定文で使われる言い回し（別例：Elle n'arrive pas à résoudre ce problème.「彼女はどうしてもこの問題が解けない」）。

300 ▶ 30
se refaire
(1) 自分を作り変える、性格を変える
(2) 負けを取り戻す

(1) changer complètement, se faire autre qu'on est

☐ ¹　**On ne *se refait* pas !**
人はそう簡単に変わりやしない!

＊多く否定形で使われる言い回し。

(2) récupérer ses pertes

☐ ²　**Raoul a perdu 5 000 € au poker, il n'a pas réussi à *se refaire*.**
ラウルはポーカーで 5000 ユーロ負けて、損失を取り戻そうとしたがうまく行かなかった。

débarrasser「片づける、〈A de B〉A から B を取り除く」（例：Débarrassez la table.「テーブルを片づけて」）の意味。一見、代名動詞との違いがはっきりしないが、débarrasser は「片づける」ことにポイントが置かれるのに対して、se débarrasser なら「厄介物を取り除いたあとの開放感」にも力点が置かれる。

Mon oncle [**n'arrive pas à se débarrasser de ses mauvaises habitudes**]. となり、「おじは自分の悪い習慣をなかなか断ち切れない」の意味になる。

refaire は文字通り「再びする、やり直す」あるいは「作り変える、（健康を）回復する」（例：Si c'était à refaire !「もう一度やり直せたらなあ」）の意味。

■ ³ **Naomi s'est refait une beauté avant de sortir.**

301 ▶31
se débattre

（逃れようと）身をもがく、格闘する

lutter en faisant beaucoup d'efforts, en s'agitant pour se libérer

□ ¹ **M. Sato *se débat* contre la maladie depuis longtemps.**
佐藤さんは長い間病と戦っている。

＊ M. Sato lutte contre la maladie depuis longtemps. と言い換えられる。なお、見出し語は単独の débattre「討論する、討議する」[語源 de「完全に」＋ battre「打つ」→「相手を打ち負かす」]という単語とは別の本来的用法の代名動詞という捉え方もできる。

Q ▌ 整序問題 ▐ [　]内の語を意味が通じるように並べ替えよ。²

Le chien [de, le, se, avant, contre, courant, s'est débattu] noyer.

302 ▶31
s'enfermer

閉じこもる、引きこもる

se mettre dans un endroit fermé

□ ¹ **Mon fils *s'enferme* dans la salle de bain quand il n'est pas content.**
私の息子は気に入らないことがあると浴室に閉じこもる。

Q ▌ 適文選択 ▐ 下記の文と文意が異なるのは①～③のどれ。²

(à la réception) Je me suis enfermé(e) à l'extérieur de ma chambre.

① J'ai laissé ma clé dans la chambre.

② J'ai oublié ma clé de chambre.

③ J'ai verrouillé la porte avec la clé de la chambre.

「**ナオミは外出前に化粧を直した**」の意味、se refaire une beauté で「化粧を直す」(＝ arranger son maquillage) という言い回し。ちなみに、Naomi s'est fait refaire le visage. ならば「ナオミは顔を整形した」という意味になる。

Le chien [**s'est débattu contre le courant avant de se**] noyer. となり、「犬は溺れる前に流れに逆らってもがいた」という意味になる。

enfermer は［語源 en「内に」＋ fermer「閉める」］から「閉じ込める」(＝ boucler) の意味 (例：enfermer les criminels en prison「罪人を刑務所に閉じ込める」) で、代名動詞は再帰的用法。なお、引きこもる先は「場所」とは限らない (例：s'enfermer dans le silence「黙りこくったままである (←沈黙に引きこもる)」)。

「(フロントで) キーを部屋に置いたままドアを閉めてしまいました」の意味 (à l'extérieur de ma chambre の代わりに dehors「外に」と簡便に表現することもできる)。①、②は「キーを部屋に忘れた」と係の人に意味は分かってもらえるが、③ **verrouiller は「施錠する」という意味**なのでフロントの人は「…で何か?」といった対応になろう。

303 ▶31
s'écraser
（硬いものにぶつかって）つぶれる、（飛行機が）墜落する

perdre sa forme en tombant sur le sol ou en heurtant un obstacle avec violence

☐ 1　L'avion Cessna **s'est écrasé** sur une crête de montagne.
セスナ機が山の尾根に墜落した。

Q 作文・ディクテ 「桃の入ったボール箱を落としてしまい、ほとんどがつぶれた。」

☐ 2　<u>＿＿＿＿＿＿＿＿＿＿＿</u> de pêches et <u>＿＿＿＿＿＿＿＿＿＿＿</u>
<u>＿＿＿＿＿</u>.

304 ▶31
s'enrichir
金持ちになる、豊かになる

devenir riche ↔ appauvrir

☐ 1　Elle **s'est enrichie** grâce à l'aide de son oncle.
彼女はおじの援助のおかげで財をなした。

Q 整序問題 意味が通じるように [　] 内の語を並べ替えなさい。 2

La culture [de, sur, fond, inépuisable, curiosité, s'enrichit].

305 ▶31
se maîtriser
（人が）自制する、冷静を保つ

dominer ou contrôler soi-même

☐ 1　Une fois que mon grand-père se met en colère, il a du mal à **se maîtriser**.
祖父は一度怒り出すと自制がきかなくなる。

☞ 遊離構文
文頭に切り離されて置かれた要素は、「〜はと言えば」「〜に関しては」という意味合いで、何について話をしたいか明確にするために用いられる（例：Ce film, je ne l'aime pas beaucoup.「その映画について言えば、たいして好きではありません」）。あるいは、言いたいことを先に言って、後で念押しする感覚で文末に遊離された要素を置くこともある（例：

336

écraser は「押し潰す、（車が）轢く、圧倒する」（例：se faire écraser par un camion「トラックに轢かれる」）の意味。

J'ai laissé tomber le carton de pêches et **la plupart d'entre elles se sont écrasées.** となる。

riche の派生語、enrichir は [語源 en「〜の状態にする」＋ riche] で、文字通り「金持ちにする、豊かにする」（例：La création de l'AOC bonite a enrichi le port de pêche.「AOC 鰹（カツオ）を作ったことで漁港は豊かになった」/ この文は架空。「ブランド鰹」の含みで、ワインの「現地呼称統制」AOC に引っ掛けて言い回しを工夫してみた）という意味の他動詞、代名動詞は再帰的用法になる。

La culture [**s'enrichit sur fond de curiosité inépuisable**]. となり、「教養は限りない好奇心を背景に豊かになる（増強される）」といった意味になる。<sur fond de ＋[無冠詞名詞]>「〜を背景として」の言い回しにも注意。

maîtriser は「制御する、（他人の感情を）抑える」の意味（例：L'important, c'est de maîtriser la concentralisation sur Tokyo.「重要なことは、東京への一極集中を抑えることだ」）。代名動詞は再帰的用法。

C'est combien, cette montre ?「いくらですか、この時計?」)。なお、日常会話では、Ton frère, quel âge a-t-il ?「お兄さん (弟さん)、何歳なの?」といった言い回し (転位構文とも呼ばれる) はよく使われる。

Q 適文選択 下記の言い回しの類義にならない文は①~③のどれ。[2]

Maîtrisez-vous !

① Calmez-vous !
② Ne perdrez pas votre calme !
③ Ne restez pas calme !

306 ▶ 31

se fréquenter ┊ (主に異性同士が) つきあう、互いに行き来する

se voir souvent, avoir une relation amoureuse

□ 1 **Ils *se fréquentent* depuis six mois.**
彼らは半年前から付き合っている。

＊主語には複数を用いる相互的用法。

Q 適語補充 ほぼ同じ意味になるように空所に適語を補充せよ。[2]

Claude et Anne-Marie se fréquentent depuis quelque temps.
= **Claude [s　] [a　] Anne-Marie depuis quelque temps.**

307 ▶ 31

s'effacer ┊ (書き記されたものや思い出などが) 消える

(1) disparaître en partie

□ 1 **Avec le temps, les souvenirs heureux *s'effacent*.**
時とともに楽しい思い出は消えてゆく。

(2) se tenir de façon à gêner le moins possible

□ 2 **Elle s'est effacée pour laisser passer mes enfants.**
彼女はうちの子どもたちを通すためにわきにどいてくれた。

「自分の感情を抑えて!」が直訳、①は「落ち着いて!」、②は「冷静さを失わないで!」、③は「平静さを保たないで!」の意味になる。よって③は例文の反意。

(人と) つきあう、交際する」の意味なら fréquenter を用いる (例 Mon oncle ne fréquente plus ses voisins.「おじはもう近所の人とは付き合わない」)。

sortir avec qqn「(男女が) つきあう」を用いて Claude [**sort**] [**avec**] Anne-Marie depuis quelque temps. と入る。「クロードは最近アンヌ - マリとつき合っている」の意味になる。

effacer は「(書かれたものや思い出などを) 消す、忘れさせる」(例：Cette gomme en plastique efface mal.「このプラスチック消しゴムは消しにくい」)。

① Le temps [   ] tout.

② Ce mauvais souvenir ne [   ] jamais de notre mémoire.

---

308 ▶31

se serrer

つめ合う、ぴったりとくっつく

---

se rapprocher jusqu'à se toucher

□ ¹ **Voulez-vous *vous serrer* un peu ?**

少し席をつめてくださいませんか？

Q 作文・ディクテ | 「乗客がつめ合えば、まだ空港リムジンバスには座席がありま
しょう。」

□ ² **Si les voyageurs _____, il y _____
_____ de l'aéroport.**

Q 誤文訂正 | 下記の文の間違いを正せ。³

Nous nous sommes serré les mains.

---

309 ▶31

se regrouper

再び集まる

---

se remettre en groupe

□ ¹ **Des camarades dispersés dans tout le pays *se sont regroupés* à Tokyo.**

全国に散らばっていた同志が東京に結集した。

＊ se grouper なら「集まる、一団になる」の意味（例：se grouper autour d'un
ministre「大臣のもとに集まる」）。

Q 整序問題 | [　]の語句を意味が通じるように並べ替えよ。²

**Après la visite de Kamakura, les [du, se, sont, autour, touristes, regroupés]
guide.**

①は「時がすべてを忘れさせてくれる」の意味で、On oublie tout avec le temps. などと言い換えられる。②は「あの嫌な思い出は私たちの記憶から けっして消えやしない」という意味になる。したがって、**①には [effacera]、 ②には [s'effacera] と入る。**

serrer は「締めつける、締める」の意味（例：Ça me serre.「（服などが）これはき ついです」/ C'est un peu petit.「ちょっと小さい」も類義）。

Si les voyageurs **se serraient**, il y **aurait encore de la place dans la navette** de l'aéroport. となる。

serrer la main で「握手をする」の意味（例：Elle a serré la main à tous les étudiants.「彼女は学生全員と握手した」）。例文は代名動詞の相互的 用法で「私たちは互いに握手を交わした」という意味になる。ただし、「**（互い に）握手をする**」という言い回しであっても **se serrer la main** と「**手」は単 数で用いる。**この点、英語の shake hands とは違う。

regrouper は「（散らばっているものを）再び集める、（異なったものを）1つにま とめる」（例：regrouper plusieurs forces d'opposition「いくつかの野党勢力を 再編成する」）という他動詞。

Après la visite de Kamakura, les [**touristes se sont regroupés autour du**] guide. となり、「鎌倉見学のあと、観光客はガイドの周りにまた集まっ た」という意味になる。

s'habituer

à qqch / à + inf.　慣れる、習慣がつく

prendre l'habitude de qqch

□ 1　Ils *se sont* bien *habitués* à vivre à la campagne.

彼らは田舎暮らしにすっかり慣れた。

Q 整序問題　文意が通じるように [　] 内の語を並べ替えよ。 2

On [à, ce, en, s'est, soit, qu'elle, habitués, toujours] retard.

s'aggraver

（病気などがさらに）悪くなる、（情勢などが）悪化する

rendre plus grave ou plus pénible = empirer, se détériorer ↔ s'améliorer

□ 1　Son état de santé *s'est aggravé*.

彼（彼女）の健康状態が悪化した。

Q 作文・ディクテ　「アフガニスタンの政治状況は極めて悪化したので、もはや収拾は困難だ。」

□ 2　La _____ Afghanistan qu'on ne peut plus la maîtriser.

☞ 国名と前置詞

女性単数名詞の国「フランス（の中）へ（に，で）」なら en France、男性単数名詞の国「日本（の中）へ（に，で）」なら au Japon、複数名詞の国「アメリカ（の中）へ（に，で）」なら aux États-Unis となる。では、「イラン（の中）へ（に，で）」と言いたいときにはどうなるか。Iran は綴りが〈e〉で終わらない男性単数の国だが、母音で始まる国なので、en Iran と表現することになる。なお、国名の前の前置詞は省かずに繰り返される（例：Il existe de nombreux puits de pétrole en Arabie saoudite, en Irak et en Iran.「サウジアラビアやイラクやイランには油井がたくさんある」）。ただし、国名に修飾語が添えられると前置詞は次のように変化する。「今日の日本では、少子化問題は実に深刻だ」なら、Dans le Japon d'aujourd'hui, le problème de la baisse du taux de natalité est vraiment sérieux. となる。

［語源 habit「持つ」ようになる→「身につく」］という意味合いから生まれた habituer は「(à に) 慣らす、(の) 習慣をつける」(例：Vous devez habituer votre corps à la chaleur.「あなたは暑さに体を慣らさなくてはいけません」) といった語義の動詞。

On [**s'est habitués à ce qu'elle soit toujours en**] retard.「彼女が決まって遅れてくるのに慣れてしまった」となる。例のように on と elle でく「慣れる」側と「行動」をする側>の主語が違うケースは＜s'habituer à ce que ＋［接続法］＞を用いる。ただし、s'habituer à qqch (英語 get used to) を用いて、On s'est habitué à ses retards.「彼女（彼）が遅刻するのには慣れっこだ」といった言い方もできる。

B

形容詞 grave「重大な、重々しい」に関連する aggraver は「(病気や情勢などを) 悪化させる」という意味 (例：L'intervention du gouvernement a aggravé la déflation.「政府の介入がデフレをさらに深刻化させた」)。

La **situation politique s'est tellement aggravée en** Afghanistan qu'on ne peut plus la maîtriser. となる。なお、この例は faire face à qqch/qqn「〜に立ち向かう」を用いて、En Afghanistan, on ne peut plus faire face à une situation si détériorée. といった書き換えができる。

C

仏検2級〜準1級レヴェル／準1級レヴェル超

312 ▶32
s'équilibrer

（重量や長所短所などの）釣り合いがとれる、互いに補い合う

être en équilibre, être équivalent

□ 1   **Ces deux forces *s'équilibrent*.**

    この2つの力は釣り合っている。

＊相互的用法の代名動詞。

Q 作文・ディクテ ｜「この新しい措置により、最終的に支出と利益のバランスをとることができるはずだ。」

□ 2   **Cette nouvelle mesure devrait enfin** _____

    ~~~~~~~~~~~~~~~ .

313 ▶32
s'affaiblir

弱まる、衰弱する

devenir faible

□ 1   **Ma grand-mère est malade, elle *s'affaiblit*.**

    祖母は病気で弱っている。

Q 動詞選択 ｜ 下記の2つの文に affaiblir か s'affaiblir のいずれかを直説法半過去形にして入れよ。2

① **Le bruit de l'orage [**   **] peu à peu.**

② **Petit à petit, cette maladie [**   **] mon grand frère.**

314 ▶32
se négliger

身なりをかまわない、自分を大事にしない

ne pas prendre soin de soi-même

□ 1   **Il *se néglige* depuis son divorce.**

    離婚してから彼は身なりにかまわない（体を大事にしない）。

単独の équilibrer は「安定させる、釣り合わせる」(= contrebalancer) あるいは「(人を) 落ち着かせる」(↔ déséquilibrer) という意味。

Cette nouvelle mesure devrait enfin **permettre aux dépenses et aux profits de s'équilibrer**. permettre à A de ＋ inf. で「A に〜することを可能にする」の意味 (多くは A に「人 = qqn」が置かれるが、この例のように「物＝ qqch」が置かれることもある)

faible「弱い」の派生語、affaiblir は「弱める、衰えさせる」(例：La toux sévère et la fièvre affaiblissaient le malade. 「激しい咳と熱で病人は衰弱した」) の意味。

①は「嵐の音は少しずつ弱まっていった」、②は「少しずつ、この病で兄は弱っていった」の意味。①には代名動詞 [s'affaiblissait] が入り、②には他動詞 [affaiblissait] が入る。

* ［語源　nég「〜ない」＋ liger「集める」→「集めない」→「おろそかにする」］と展開する négliger は「怠る、ほうっておく、顧みない」の意味。se négliger は négliger sa tenue [son apparence] の意味。

Q 和 訳 下記の文を訳しなさい。

■ 2 J'ai horreur de voir une jeune femme se négliger.

---

315 ▶32
† se heurter ┊ à qqch （困難などに）ぶつかる、遭 (あ) う

se trouver en face

☐ 1 Les restaurateurs **se sont heurtés** à de graves problèmes de gestion en raison de l'épidémie de Covid-19.
飲食店経営者はコロナ禍で厳しい経営上の問題にぶつかった。

Q 和 訳 下記の文を訳しなさい。

■ 2 L'avocat novice s'est heurté au silence de l'accusé pendant le procès.

---

316 ▶32
se succéder ┊ 相次ぐ、相次いで来る（起こる）

venir l'un après l'autre

☐ 1 Les citoyens mécontents **se sont succédé** toute la journée.
不満を抱えた市民は1日中途切れなかった。

☐ 2 Sous le soleil de minuit, les jours mornes **se sont succédé** en Scandinavie.
白夜のもと、スカンジナヴィアでは陰鬱な日々が続いた。

* se は間接目的語、したがって複合時制で過去分詞の性数一致は行なわれない。

☞ **succès と succéder**
フランス語の succès [nm] は英語の success と同じく「成功、上首尾」の意味だが、英語

avoir horreur de ＋ inf. で「～するのをひどく嫌う」の意味。＜知覚動詞 voir ＋［直接目的語］＋ inf.＞で「～が…するのを見る」の意味。よって、「**自分は若い女性が身なりに構わないのを見るのは嫌だ**」という意味になる。なお、「性差別」に過剰反応なさる方には、こうした例文も "ジェンダフリー！" という合言葉のターゲットになるのかもしれませんが、これは大学の講師室で 30 歳代のフランス人女性が口にした一言であります。

heurter は英語の strike「ぶつかる、衝突する」を意味する他動詞、自動詞で「ノックする」（＝ frapper）の意味でも使われる。

novice は「（職業やスポーツで）未熟な、経験の浅い」という意味の形容詞。**「新米弁護士は裁判中に被告の沈黙に遭った」**といった意味になる。

［語源 suc「下から」＋ céder「原義：進む」→「ある人物の下（後方）から進む」］と展開する自動詞 succéder à qqn / qqch で「～の跡を継ぐ、続いて起こる」（例：Les bonnes nouvelles succèdent aux mauvaises.「良い知らせは悪い知らせに続くもの」）の意味。

succeed と違って、動詞 succéder には「成功する」の意味はない。réussir を用いる（例：Il réussira sûrement dans le monde des affaires.「彼はビジネスの世界できっと成功しますよ」）。

Q 書き換え 下記の文を se succéder を用いて書き換えよ。[3]

Il continue d'y avoir des accidents à cette intersection.

317 ▶32
se sacrifier
犠牲になる、自己を犠牲にする

renoncer à prendre soin de soi

☐ [1] **Le pompier *s'est sacrifié* pour sauver les blessés.**
消防隊員は身を犠牲にして負傷者たちを救った。

Q 動詞選択 下記の2つの文に sacrifier か se sacrifier のいずれかを複合過去形で入れよ。[2]

① Robert [　　　　　　] sa vie personnelle pour son travail.
② Charles [　　　　　　] pour une noble cause.

318 ▶32
s'exposer
à qqch （危険や日光などに）身をさらす

soumettre à une action, prendre un risque

☐ [1] **En agissant ainsi, il *s'expose* à un sérieux danger.**
そんな風に行動することで、彼は大変な危険に身をさらしていることになる。

Q 整序問題 意味が通じるように [　] 内の語を並べ替えよ。[2]

Attention [au, de, ne, pas, trop, vous, exposer, longtemps] soleil sur la plage.

非人称構文 Il y a des accidents à cette intersection. に continuer de
＋ inf. をプラスした文で、「あの交差点では事故がずっと相次いでいる」と
いう意味（ちなみに、例文中の y を削ると、il ＝「彼」となり «Il» devient
un homme qui a beaucoup d'accidents ! ということになってしまう）。こ
れを Des accidents se succèdent encore sur cette intersection. とす
れば類義になる。あるいは Des accidents arrivent [se produisent] tout
le temps à cette intersection. といった書き換えもできる。なお、かつて
continuer de +inf. は「一定の時間的間隔を置いて繰り返される行為」に、
continuer à +inf. は「中断されずに行われる動作」に用いるという違いがあ
るとしていた。

sacrifice [nm]「（神に捧げる）犠牲」[語源 sacri「神聖なる」もの] から派生した
sacrifier A à B で「B のために A を犠牲にする」あるいは「（犠牲として）A を B
に捧げる」という意味の動詞。

①は「ロベールは仕事のために私生活を犠牲にした」、②は「シャルルは大
義にために身を捧げた」の意味になる。①には他動詞、②には自動詞という
展開、したがって① **[a sacrifié]** ② **[s'est sacrifié]** と入ることになる。

exposer は [語源 ex「外に」＋ poser「置く」→「さらす」] という語で、「（商品な
どを）展示（陳列）する、説明する、（熱、光、危険などに）さらす」（例：exposer
une pellicule à la lumière「フィルムを感光させる（←フィルムを光にさらす）」）
といった意味。

「浜辺で太陽に長時間当たりすぎないように注意して」という意味にする。
Attention **[de ne pas vous exposer trop longtemps au]** soleil sur
la plage. となる。

A

B

319 ▶32
se repérer
: （目印で）自分の位置を知る、方向がわかる

se situer grâce à des points de repère

□ 1　Je *me repère* mal dans la forêt.
森の中で自分がどこにいるのかわからない。

＊ repère [nm]「目印、手がかり」を意味する単語から派生した repérer は「目印をつ
ける、位置を割り出す」といった意味。否定の ne pas se repérer なら「迷う」あるい
は「途方に暮れる」の意味になる。

Q 作文・ディクテ ｜「姉 (妹) はコンパス (方位磁石) のおかげで方向がわかった。」

□ 2　Ma sœur ＿＿＿＿＿＿＿＿＿＿＿＿＿＿＿＿＿．

320 ▶32
s'embarquer
: （1）（船や飛行機などに）乗り込む
: （2）危ない話に乗る、関わり合う

（1）monter à bord d'un bateau ↔ débarquer

□ 1　Faites attention de ne pas tomber dans l'eau quand vous *vous
embarquez*.
乗り込む際に水に落ちないようにご注意ください。

（2）s'engager dans une affaire compliquée ou risquée

□ 2　Je ne vais pas *m'embarquer* dans des explications détaillées.
自分はこまごました議論に関わるつもりはありません。

Q 適語選択 ｜下記の下線部と置き換えられるのは①〜③のどれ。[3]

Beaucoup de touristes se sont embarqués au quai Harumi.

① accoster à　　② monter à bord de　　③ quitter un bateau de

Ma sœur **s'est repérée grâce à sa boussole**. となる。ちなみに perdre la boussole なら「方向を失う」とか「頭が変になる」の意味で使われるくだけた言い方。

[語源 em「〜の中に」＋ barque [nf]「小舟、ボート」] という展開の embarquer は他動詞で「（船や飛行機に）乗せる、（人を面倒に）巻き込む」の意味、自動詞では「（乗り物に）乗り込む」の意味で使われるが、その際には代名動詞を用いた例文とは違って " 何に乗るのか " を添えて用いる（例：embarquer dans un bateau「乗船する」）。

「晴海埠頭から観光客が大勢乗船した」となる。①は「（船が埠頭などに）接岸する」、③は「〜から下船する」の意味。「**〜から乗船する**」の意味になる**のは②**。

se ranger

（1）並ぶ　（2）脇に寄る　（3）整理される

(1) se mettre en rangs

☐ 1 **Rangez-vous** par deux.
2人ずつ並んでください。

(2) s'écarter pour laisser le passage

☐ 2 **Rangez-vous** !
脇にどいて!

(3) avoir une place spécifique

☐ 3 Où ça **se range** ?
これはどこに片づけるの?

Ｑ 和　訳 下記の文を訳しなさい。

■ 4 Le camion-citerne s'est rangé contre le trottoir pour laisser passer l'ambulance.

s'emparer

（1）de qqch　～を奪いとる
（2）（感情や考えが）人を襲う

(1) prendre de force ou rapidement

☐ 1 Le dictateur **s'est emparé** de la capitale.
独裁者が首都を占拠した。

(2) envahir l'esprit de qqn

☐ 2 La peur **s'est emparée** de moi.
恐怖が私を襲った。

＊ s'emparer は本来的な代名動詞。

Ｑ 書き換え 下線部を s'emparer を用いて書き換えよ。³

En raison d'un problème de moteur pendant le vol, le jeune pilote a paniqué.

ranger は「（物を）きちんと並べる、（身の回りの物や部屋などを）整頓する、片づける（↔ déranger）」（例：Range tes jouets !「おもちゃを片づけて !」）の意味。

文脈次第で、この文は語義 (1) の意味合い、「整列!」という掛け声としても使われる。 Rangez-vous en file indienne !（←縦 1 列 [数珠つなぎ] に並んで!）といった言い方も定番。

「**タンクローリーは救急車を通すために歩道側に寄った**」という意味になる。

下線部は **la panique s'est emparée du jeune pilote** と書き換えられる。「飛行中のエンジントラブルで、新人パイロットはパニックに襲われた」という意味になる。なお、jeune には「経験の浅い、未熟な」（＝ novice）の意味がある。

323 ▶33
se manipuler
取り扱われる、操作される

être pris dans ses mains avec soin

☐ 1 **Cet appareil se manipule très facilement.**
この器具はとても扱いやすい。

* manipuler は「（手で）取り扱う、（器具を）操作する」の意味。それを代名動詞として受動的用法で用いた例。

Q 適語選択 ┃ 下線部とほぼ類義になるのは①～③のどれか。[2]

Le petit équipement est facile à se manipuler dans un espace de travail étroit.
① se manier   ② se propager   ③ s'unir

324 ▶33
se trahir
本心を漏らす、（隠していたものが）現れる

laisser voir involontairement ce qu'on pense ou ce qu'on est

☐ 1 **La politicienne s'est trahie en posant cette question impolie.**
女性の政治屋はそのぶしつけな質問をしたことで本心が知れた。

Q 動詞選択 ┃ 下記の2つの文に trahir か se trahir のいずれかを複合過去形にして入れよ。[2]

① Elle [   ] pendant l'interrogatoire de la police.
② Elle [   ] le secret qu'elle avait promis de garder.

325 ▶33
se grouper
集まる、一団となる

se rassembler ↔ se disperser, s'éparpiller

☐ 1 **Les ouvriers se sont groupés devant le bureau du directeur de l'usine.**
行員たちが工場長のオフィスの前に集まった。

「小型の機器は狭い作業スペースで操作するのが容易だ」という意味。順に
「使われる、用いられる」、「広まる、普及する」、「結びつく、団結する」の意
味。**manipuler** と同じく **main**「手」から派生した①が答えになる。

trahir は「(人や友情、信頼などを) 裏切る、(秘密などをはからずも) 漏らす」(例：
trahir sa femme「浮気している (←妻を裏切る) ＝ tromper sa femme」)の意味。

①「彼女は警察の尋問中につい本心を見せてしまった」、②「彼女は守ると
約束した秘密を漏らした」の意味。①は **[s'est trahie]**、②には **[a trahi]**
が入る。

grouper は「集める、1 つにまとめる」(例：Le directeur a réuni les élèves
dans la cour. 「校長は生徒たちを校庭に集めた」という意味の他動詞。

□ 2 **Les villas** ~~_____~~ **pittoresque.**

---

326 ▶33
s'accrocher
: （1）（人が）つかまる、しがみつく　（2）（あきらめずに）頑張る

(1) se tenir fermement à qqch

□ 1 ***Accroche-toi*** à la rampe pour ne pas glisser !
滑らないように手すりにつかまって！

(2) faire preuve de ténacité

□ 2 **Si vous voulez avoir votre diplôme d'infirmier, il faut *vous accrocher*.**
看護師の資格を取りたいなら、頑張らなくてはなりません。

＊この例なら、… vous devez faire beaucoup d'efforts. などと言い換えられる。

Q 整序問題 意味が通じるように [　] 内の語を並べ替えよ。[3]

Ce professeur [à, de, l'honneur, toujours, s'accroche] son vieux doctorat.

☞ **学位 grade (universitaire) [nm]**

学士号　licence [nf]

修士号　master [nm]　＊現在 maîtrise [nf] の語は用いられない。

博士号　doctorat [nm] ／ 博士号をとる　obtenir son [un] doctorat

医学博士　docteur en médecine [nm]

学位論文（博士論文）thèse de doctorat [nf]

---

327 ▶33
se soucier
: de qqch / inf.　〜を気にかける、心配する

avoir du souci au sujet de qqch, faire attention à qqch

□ 1 **Simone *se soucie* beaucoup de sa situation financière.**
シモーヌは自分の経済状態をとても気にしている。

見出し語は、主語が人でも物でも「集まる、集団をなす」の意味になる。よっ
て、Les villas **se groupent autour du lac** pittoresque. となる。作文な
ら、Les villas sont groupées autour du lac pittoresque. と書くこともで
きる。なお「（散らばった人や物が）再び集まる」se regrouper という動詞も
ある。

croc [nm]「（物を吊るす）鉤、フック」あるいは crochet [nm]「（小型の）鉤、フッ
ク」に関連する語、accrocher A à B で「A を B に掛ける、引っ掛ける」の意味、
s'accrocher à qqch / qqn なら「自らを～に引っ掛ける」→「引っかかる、つかま
る」の意味になる。

Ce professeur [**s'accroche toujours à l'honneur de**] son vieux
doctorat. となり、「あの教授は古びた博士号の栄誉に相変わらずしがみつ
いている」の意味になる。

□ ² Jean-Paul *se soucie* fort peu de sa tenue.

ジャン - ポールは自分の身なりに頓着しない。

* souci [nm]「心配（事）、気掛かり」に関連する本来的用法の代名動詞。例文はC'est un homme qui se soigne.「身なりに気を使う男性だ」という文とは逆の意味になるもの。

Q 書き換え ［　］内に適語を入れよ。³

Il se soucie de la santé de ses parents.

＝ Il est [　　　] de la santé de ses parents.

＝ Il se fait du [　　] pour la santé de ses parents.

328 ▶ 33
se vider
（容器や場所が）空（から）になる

perdre son contenu, devenir vide

□ ¹ Les verres à vin *se vident* les uns après les autres.

ワイングラスが次々と空になっていく。

Q 作文・ディクテ 「コロナ大流行（パンデミック）のせいで、この町から観光客がいなくなった。」

□ ² En raison de ＿＿＿＿＿＿＿ Covid-19, ＿＿＿＿＿＿＿＿＿＿ touristes.

329 ▶ 33
s'enfoncer
（水や砂などの中に）はまり込む、入り込む

aller vers le fond

□ ¹ Pour ramasser des rhizomes de lotus, il faut *s'enfoncer* dans la boue jusqu'aux genoux.

レンコンを掘るには（レンコンを集めるために）、膝まで泥に入り込まなくてはならない。

「彼は両親の健康を心配している」の意味になる。2 番目の文には形容詞
[**soucieux**] が入り、3 番目の文は se faire du souci pour qqch「〜のこと
を心配する、気をもむ」という熟語で、名詞 [**souci**] が入る。

vide「空（空）の」を意味する形容詞派生の vider は「空（から）にする、空（あ）
ける」の意味（例：Ma secrétaire a vidé son cœur.「秘書は胸の内をぶちまけ
た」）。

En raison de **la pandémie de** Covid-19, **cette ville s'est vidée de
ses** touristes. となる。vider de qqn / qqch で「〜がなくなる」の意味。出
だしは、À cause de la pandémie de Covid-19, と書き出すこともできる。

enfoncer は他動詞なら「打ち込む、差し込む」の意味。

Les roues de la voiture enfonçaient dans le sable.

330 ▶33
se passionner
pour qqn / qqch　〜に熱中する

éprouver un vif intérêt

□ [1] **Mon oncle *se passionnait* pour les courses de chevaux.**
おじは競馬に熱をあげていた。

Q ▎適文選択▎ 下記の文とほぼ同義なのは①〜③のどれ。[2]

Les enfants se passionnent pour les dinosaures.

① Les enfants en ont assez des dinosaures.

② Les enfants éprouvent un intérêt pour les dinosaures.

③ Les enfants s'engouent des dinosaures.

331 ▶34
se défaire
（物が）ほどける、（整った形を）崩す

devenir détaché

□ [1] **Mes lacets *se sont défaits* pendant le marathon.**
マラソンの最中に靴ひもがほどけた。

Q ▎書き換え▎ 下記の文を se défaire を用いて書き換えなさい。[2]

Son chignon a été dérangé à cause d'un coup de vent.

332 ▶34
se mélanger
混ざる

se combiner, se fondre ensemble

enfoncer が自動詞で「（dans に）はまり込む、沈む）」で使われた例。「車の車輪が砂にはまり込んでいた」の意味になる。この例では、enfoncer ＝ s'enfoncer なので、**Les roues de la voiture s'enfonçaient dans le sable**. あるいは **La voiture s'enfonçait dans le sable**. などと言い換えられる。

passion [nf] は［語源「pass「苦しみ」を受けること→「強い感情」］という単語。そこから派生した passionner は「熱中させる」という他動詞（例：Ce film japonais a passioné notre fille.「この邦画にうちの娘は引き込まれた」。/ 受動態を用いて Notre fille a été attirée par ce film japonais. とも言い換えられる）。

「子どもたちは恐竜に夢中だ」の意味。①は「恐竜にあきあきしている」、②は「関心を持つ」の意味。③ **s'engouer de qqn / qqch「〜に夢中になる」**が類義になる。

faire「作る」の反意となる défaire は「（結んだり、縫ったりしたものを）ほどく」の意味で、se défaire はその受動的用法（自発的意味合い）。

「彼女のシニョンは突風で乱れた」**Son chignon s'est défait à cause d'un coup de vent.** となる。常識にとらわれて「彼女のシニョン」と訳したが、「彼」の可能性もないではないが……。

□ ¹ L'huile et l'eau **se mélangent** mal.
油と水はうまく混ざらない。

Q 適文選択 ┃ 下記の文と類義になるのは①〜③のどれか。²

Mon amie s'est mélangé les pieds dans ses explications.

① Les explications de mon amie ne sont pas convaincantes.

② Mon amie a eu une explication vive avec nous.

③ Mon amie s'est embrouillée dans ses explications.

333 ▶34
s'user
(1) すり減る、傷む　　(2)(体力などが) 衰える

(1) se détériorer à force d'être utilisé

□ ¹ Tout **s'use** à la longue.
いずれはあらゆるものが衰微してゆく。

(2) perdre sa force, sa santé

□ ² Ma fille **s'est usé** les yeux à force de passer ses journées devant un écran.
娘はパソコンの前で日々を過ごしているせいで目を悪くした。

＊ écran は「(パソコンなどの) 画面、モニター」のことだが、たとえば travailler sur écran なら「画面上で仕事をする」ではなく「パソコンで仕事をする」と訳すのが通例。

Q 適語選択 ┃ 下線部と置き換えられないのは①〜③のどれか。³

■ À cause de ma vie en ville, je **m'use** les nerfs tous les jours.

① s'épuiser　　② se fatiguer　　③ ôter

334 ▶34
s'aligner
一列に並ぶ、整列する

disposer en ligne droite

□ ¹ Le directeur a demandé aux élèves de **s'aligner** devant lui dans la cour.
校長は生徒たちに校庭で自分の前に整列するよう求めた。

mélanger は「混ぜる、混合する」（例：mélanger du gin et de la vodka pour faire un cocktail「カクテルを作るのにジンとウオッカを混ぜる」）の意味、類義語 mêler は「混ぜる、混ぜ合わせる」（例：mêler les cartes「トランプを混ぜる」）の意味。ただし、例示のように前者 mélanger の方が「混ぜる」具合、分量やその方法などを意識した言い回しで用いられる。

se mélanger les pieds で直訳は「足がこんがらかる」、ここから例文は「友人は説明の途中でしどろもどろになった」という意味になる。選択肢は順に「友人の説明は納得がいかない」「友人は私たちと激しく議論した」「友人は説明の途中でもたついた」となり、③が類義の文として**適当**。

user は自動詞で「（衣類や道具などを）使って消耗させる」の意味。他動詞では「使う、用いる」の意味になるが目的語は「抽象的な内容」。スペリングの類似した英語 use との語義と絡んで、「（具体的な物・道具を）使う」の意味なら フランス語では utiliser あるいは employer, se servir de などを用いる点に注意。

「都会暮らしのせいで、私は日々神経をすり減らしている」の意味。①、②はほぼ同義、③は ôter les nerfs (d'une dent) は「（歯の）神経を抜く」という意味になるので置き換えられない。

ligne [nf]「線、列」の派生語、aligner は「（一直線に）並べる」という意味（例：Les étudiants ont aligné les chaises le long du mur.「学生たちは壁に沿って椅子を並べた」）。

＊ただし「整列する」の意味では rang [nm]「（横の）列」（ちなみに「（縦の）列」は file [nf] という）を用いて「整列する」se mettre en rang とするのが自然。なお、「整列！」という号令は Alignez-vous ! という。

Q 作文・ディクテ ┃「ランナーは一斉スタートのために一列に並んだ。」

☐ ² **Les coureurs** ＿＿＿＿＿＿＿＿＿＿＿＿ **simultané.**

---

335 ▶ 34
s'éteindre

(1)（明かりや電気器具などが）消える
(2)（人が）息を引きとる

---

(1) ne plus être allumé

☐ ¹ **La bougie qui éclairait la table *s'est éteinte* brusquement.**
食卓を照らしていた蝋燭（ろうそく）が不意に消えた。

＊英語の put out, extinguish に相当する éteindre は他動詞で「（火などを）消す、（明かりや電気器具などを）消す」（例：éteindre une cigarette「たばこを消す」、éteindre la lumière「明かりを消す」、éteindre la télévision「テレヴィを消す」）の意味。

(2) mourir

☐ ² **La malade *s'est éteinte* le matin du 1er janvier.**
その病人は元旦（元日の朝）に息を引きとった。

Q 適語選択 ┃ 下線部と類義になるのは①～③のどれ。³

La blessée s'est éteinte pendant son transport à l'hôpital.

① crever　② expirer　③ se suicider

---

336 ▶ 34
s'équiper

必要な設備（装備）を整える、身支度する

---

prendre avec soi tout ce qu'il faut pour une activité

☐ ¹ **Elle *s'est équipée* pour faire de l'alpinisme cet hiver.**
彼女はこの冬の登山のために必要な装備を整えた。

Les coureurs **se sont alignés pour le départ** simultané. となる。s'aligner pour le départ で「（ランナーや競走馬などが）スタート地点に並ぶ」という意味。

「けが人は病院へ搬送中に息を引きとった」という意味。書き言葉では、mourir の比喩的（婉曲的）表現として用いられる。**②は類語で「息を引きとる、死ぬ」**（= **rendre son dernier soupir**）**の意味**。①は通常「動物が死ぬ」の意味で使われる。ただし、俗語では「（人が）くたばる」の意味でも使われるので、もしもこの例文の「けが人」が話者にとって「価値のない人間」というのなら類義語として使えなくもない。③は「自殺する」（= se tuer）の意味。

équiper は「〜に必要な装備を施す」（語源的には「船に装備を施す」ことを指した）、あるいは équiper A de [en] B で「A に B を装備する」という意味。代名動詞は再帰的用法。

C　仏検2級〜準1級レヴェル／準1級レヴェル超

「昨年、この工場には新しい機械が備えられた。」

☐ 2 L'année dernière, ~~~~~~~~~~~~~~~~~~~~~~~~~~~~~~ .

337 ▶34
s'agiter
体を揺する、(落ち着きなく) 動き回る

bouger, ne pas tenir en place

☐ 1 **Arrête de *t'agiter* comme ça !**
そんな風にもじもじ (そわそわ) しないで !

Q 作文・ディクテ 「強盗のニュースを聞いて銀行員たちが騒ぎだした。」

☐ 2 **Les banquiers** ~~~~~~~~~~~~~~~~~~~~~~~~~~ .

338 ▶34
se loger
住む

s'installer dans un logement

☐ 1 **Mon oncle a trouvé à *se loger* en banlieue.**
おじは郊外に住まいを見つけた。

Q 作文・ディクテ 「この界隈には、両親が住めるようなアパルトマンが見つかりません。」

☐ 2 **Dans ce quartier, je ne trouve pas** ~~~~~~~~~~~~~~~~~
~~~~~~~~~~~~~ .

339 ▶34
s'effondrer
(建物や理論、株価などが) 崩れ落ちる

s'écrouler sous un poids, trop lourd

☐ 1 **Le monument historique *s'est effondré* à cause du tremblement de terre.**
歴史的な造物が地震で崩れ落ちた。

366

L'année dernière, **cette usine s'est équipée de nouvelles machines**.
となる。これは受動的用法。

英語 shake や agitate に相当する agiter は「（前後左右小刻みに）揺り動かす、
動揺させる」の意味（例：agiter son mouchoir「ハンカチをふる」）、その再帰
的用法となる代名動詞が s'agiter。なお、agiter よりも「大きく動かす、揺さぶる」
なら secouer を用い（例：Nous avons été secoués.「（飛行機などが）ひどく
揺れた」）、地震や爆発などが建物などを「振動させる」ケースなら ébranler を用
いる。

Les banquiers **se sont agités à la nouvelle du vol**. となる。この s'agiter
は「動揺する、取り乱す」の意味合い。直訳は「銀行員たちは強盗のニュース
で取り乱した」となる。

loger は「（人を）住まわせる、泊める」という他動詞であるとともに、「（仮住まい
に短期に）泊まる、（ホテルなどに）宿泊する」（＝ séjourner）の意味の自動詞で
もある。そのため、例文は loger en banlieue と言えなくもない。ただし、通常、
代名動詞 se loger は単独の loger も長く「住まう」という含意で使われる。

Dans ce quartier, je ne trouve pas **d'appartement où mes parents
pourront se loger**. となる。この例文では se loger が、habiter「住む」と
か vivre「暮らす」あるいは résider「居住する」に近い感覚で使われている。

＊本来的用法の代名動詞。なお、「地震」を主語にして Le tremblement de terre a fait s'effondrer le monument historique. と言い換えられる。

□ ² **Le cours de l'action *s'est effondré* en une journée.**
株価が1日で暴落した。

＊ baisser tout à coup などと言い換えられる。単なる落ち込み「下落する」程度なら tomber を使う。なお「（株の）大暴落」はドイツ語を用いて krach [nm]（発音 / krak/）といった言い方をする。

Q 適語選択 下記の下線部と置き換えられないのは①～③のどれか。³
En ce jour abominable, deux gratte-ciel se sont effondrés en un clin d'œil.
① se déformer　② s'ébouler　③ s'écrouler

Q 和 訳 下記の文を和訳せよ。
■ ⁴ **Camille s'est effondrée en larmes dans mes bras.**

340 ▶34
s'apprêter
à + inf.　まさに～しようとしている、～する準備をする

être sur le point de faire qqch

□ ¹ **Le grimpeur *s'est apprêté* à gravir une falaise à mains nues.**
クライマーは素手で断崖をよじ登ろうとしていた。

＊「今にも～しようとしている」être sur le point de + inf. とか être près de + inf. で言い換えられる。

Q 和 訳 下記の文を訳しなさい。
■ ² **Casquée, bottée, Monique s'apprête à sauter sur sa moto.**

341 ▶35
se disperser
（1）散り散りになる　（2）（あれもこれもと）気が散る

(1) aller dans plusieurs directions ↔ se rassembler

「あの忌まわしい日、2つの高層ビルが瞬く間に崩壊した」の意味。②、③は類義語。①は似た意味だが「変形する、形が崩れる」の意味で、「（跡形もなく）崩れ落ちる」の意味にはならない。なお gratte-ciel [nm] は単複同形（英語 skyscraper の訳）である点にも注意。

「カミーユは私の腕の中で泣き崩れた」。見出し語を比喩的に「こらえきれなくなる」という意味合いで用いた例。

apprêter は「（食事の）準備をする」あるいは「（人の）身支度（化粧）をする」という意味の動詞。

「ヘルメットをかぶり、ブーツを履いて、モニクはバイクに飛び乗ろうとしている」という意味になる。

□ ¹ **La foule *s'est dispersée* au premier coup de tonnerre.**
群衆は最初の雷鳴で散り散りになった。

(2) s'occuper à trop d'activités, manquer de concentration ↔ se concentrer

□ ² **À force de *se disperser*, mon mari n'arrive jamais à finir ce qu'il a commencé.**
あれもこれもと気が散る性格なので、夫は始めたことを決して最後までやり遂げられない。

＊例文の出だしは Comme il fait trop de choses à la fois,「いっぺんにいろいろなことをし過ぎるので」といった言い換えもできる。

Q 作文・ディクテ 「兄（弟）は気が多くていろいろな仕事に手を出す。」

□ ³ **Mon frère** ～～～～～～～～～～～～～～～～～～～～～ .

342 ▶ 35
se déchirer
(1)（紙や布などが）引き裂かれる、破れる
(2) 互いに激しく苦しめ合う

(1) se séparer par arrachement

□ ¹ **La jupe de ma fille *s'est déchirée* en s'accrochant à un clou.**
娘のスカートは釘に引っかかって破れた。

＊英語 tear に相当する déchirer「引き裂く、破る、かぎ裂きを作る」を用いて Ma fille a déchiré sa jupe à un clou. と言い換えられる。

(2) se faire du mal réciproquement avec une grande violence

□ ² **Ils *se déchiraient* du matin au soir.**
彼らは朝から晩まで互いの心を傷つけあっていた。

＊相互的用法。se calomnier「中傷し合う、不当に非難し合う」という類義語があるが、これは「相手を侮辱する」「ののしる」ケースに限られる。見出し語は「侮辱」の意味合いとは限らない。

Q 作文・ディクテ 「彼女はマラソンをしていて肉離れを起こした。」

□ ³ **Elle** ～～～～～～～～～～～～～～～～～～～～～ **marathon.**

［語源 dis「分散」＋ perser「ばら撒く」(← épars「散らばった」)］から生まれた disperser は「散らす」という他動詞（例：Le coup de vent a dispersé les feuilles.「一陣の風が葉を散らした」＝ Les feuilles ont été dispersées par le coup de vent.）。

☞ **風**

風が吹く。	Le vent souffle. / Il vente.
風がある。	Il y a du vent.
風が出てきた。	Le vent se lève.
風が止んだ。	Le vent est tombé.

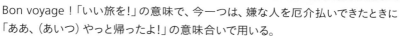

＊会話で Bon vent ! と口にすることがある。一つは Bon voyage !「いい旅を!」の意味で、今一つは、嫌な人を厄介払いできたときに「ああ、（あいつ）やっと帰ったよ!」の意味合いで用いる。

Mon frère **se disperse entre diverses occupations**. となる。occupation [nf] は「（生計を立てるための一定期間の）仕事」(← occuper「（自分の時間を）占有する」) の意味。

ジェロンディフを用いて、Elle **s'est déchiré un muscle en courant le** marathon. となる。un muscle が直接目的語。「筋肉を痛める」se claquer [se froisser] un muscle という言い回しもある。

371

343 ▶35
s'étouffer
息が詰まる、窒息死する

perdre la respiration / mourir en privant d'air

☐ 1 **Le vieil homme *s'est étouffé* avec un morceau de mochi.**
老人は餅1切れで息が詰まった。

＊ étouffer は「息苦しくさせる、窒息死させる」という意味の他動詞。

Q 作文・ディクテ ┃ 「ユーチューブで面白い画像を見て、彼女は笑いすぎて息が詰まりかけた。」

☐ 2 **En _____ sur YouTube, elle _____**
_____ **.**

344 ▶35
s'abriter
de qqch　（風雨などから）避難する

se mettre à l'abri

☐ 1 **Un chat *s'abritait* de la pluie sous le toit.**
猫が屋根の下で雨宿りしていた。

☐ 2 **Les alpinistes *se sont abrités* dans le refuge.**
登山家たちは山小屋（避難小屋）に避難した。

Q 和　訳 ┃ ヒントを参考に、下記の文を日本語に訳しなさい。

■ 3 **Ma collègue s'abrite derrière son chef de bureau.**
（ヒント） Ma collègue se protège en faisant savoir que son chef de bureau est plus responsable qu'elle.

Q 書き換え ┃ 下記の文を s'abriter を用いて書き換えなさい。 4
Le grand parapluie abrite mon enfant de la forte pluie.

372

En **voyant une image amusante** sur YouTube, elle **a failli s'étouffer à force de rire**. となる。なお、s'étrangler à force de rire と言い換えることもできる。

B

abri [nm]「避難所」と関連する abriter は「(風雨や危険などから) 守る、保護する」の意味で、代名動詞 s'abriter は「自分を守る」という再帰的用法になり se (s') は直接目的語になる。

直訳は「同僚は主任 (課長) のうしろに避難する」となるが、ヒントに照らして**「同僚は主任 (課長) の権威を笠に着る (着ている)」**といった訳がしっくりくる。

「大きな傘が大粒の雨からわが子を守っている」が直訳になる文。人を主語にして、代名動詞を使って **Mon enfant s'abrite de la forte pluie sous le grand parapluie**. と書き換えられる。

se détacher
(1) de qqn / qqch　〜から離れる、つながりを断つ
(2) 浮かび上がる

(1) cesser d'être attaché à qqn ou qqch

☐ 1　Bernard n'arrive pas à se **détacher** complètement de ses parents.
ベルナールはどうしても完全に親離れができない。

(2) apparaître nettement en se distinguant du reste

☐ 2　Le sommet enneigé du mont Fuji **s'est détaché** clairement du ciel.
雪をいただいた富士山の山頂が空からくっきりと姿を見せた。

Q 整序問題 ┃ 意味が通じるように並べ替えよ。3

Amélie s'est [à, de, ses, petit, petit, détachée, anciens] camarades.

se référer
à qqn / qqch　〜を参照する、頼る、従う

se reporter à qqch pour une vérification

☐ 1　À votre place, je me **référerais** à son avis.
もしあなたの立場なら、私は彼（彼女）の意見を仰ぐでしょう。

＊［語源 ré「戻して」＋ férer「運ぶ」→「判断を専門家などに持ち込む」］という意味
合いの référer「（人に）一任する、〜を指示する」から代名動詞の意味は少し離れて
いる。辞書や参考書などでは見出し語を本来的用法の扱いとするケースが多い。

Q 整序問題 ┃ [　] の語句を意味が通るように並べ替えなさい。2

À [pour, vous, affirmer, de telles, quels textes, référez-vous] choses ?

se vanter
de qqch / de + inf.　(1) 〜を自慢する　(2) ほらを吹く

(1) se glorifier, se faire honneur

［語源 dé「分離」＋ attacher「つなぐ、縛る」］から生じた détacher は「(de から)
切り離す」の意味。その代名動詞で再帰的用法。

détacher「(他から離して) 際立たせる」の代名動詞で再帰的用法。

Amélie s'est [**détachée petit à petit de ses anciens**] camarades. と
なる。「アメリは徐々に旧友から離れていった」という意味になる。

「そのようなことをはっきり言い切るのにどんなテキストを参照しておいで
ですか？」という意味で、À [**quels textes vous référez-vous pour
affirmer de telles**] choses ？と並ぶ。

□ [1] Mon grand frère ne *s'est* jamais *vanté* de ses succès.

兄は事がうまく運んでも一度も自慢した試しがない。

(2) s'attribuer des qualités qu'on n'a pas

□ [2] Arrête de *te vanter*, je sais que ce n'était pas si difficile.

ほらを吹くのはやめろよ、それがたいして難しくないことはわかってるんだ。

Q 書き換え 下線部に近い言い回しは①~③のどれ。[3]

Sans me vanter, j'ai eu une promotion inhabituelle.

① sans dire un mot   ② sans me flatter   ③ sans plus attendre

---

348 ▶35

se coincer

（自分の）～をはさむ、（事態・装置などが）動かなくなる

---

se bloquer

□ [1] Un écolier *s'est coincé* le doigt dans la porte du train.

小学生が電車のドアに指をはさまれた。

Q 整序問題 「革ジャンのジッパーが動かなくなった。」[2]

La fermeture [glissière, veste, cuir, s'est, en, de, la, à] coincée.

---

349 ▶35

se contredire

（自分の言葉とは）矛盾したことを言う

---

dire successivement des choses contradictoires

□ [1] La patronne *s'est* parfois *contredite* pendant l'assemblée générale des actionnaires.

女社長は株主総会でときに矛盾することを□にした。

Q 書き換え 下記の文を ils を主語にし、se contredire を用いてほぼ類義になるように書き換えよ。[2]

Ce qu'ils disent est clairement incohérent.

vanter は「褒めそやす、褒めちぎる」の意味。

「自慢ではないが、私は異例の昇進をはたしました」の意味、①「一言も言わずに」(= sans mot dire)、③「それ以上待たずに」の意味。**②は「うぬぼれではなく」(= sans vanité) という類義の言い回し。**

「角・隅」を意味する coin [nm] (←語源は「楔（くさび）」を指す) から派生した動詞 coincer は「動かなくする、固定する」(例：Notre chien a été coincé par la porte automatique.「うちの犬が自動ドアに挟まれ動けなくなった」) の意味で、代名動詞なら「自分の身体の一部をはさむ、物が動かなくなる」となり、身体部が直接目的、se は間接目的語になる。

La fermeture [**à glissière de la veste en cuir s'est**] coincée. となる。

[語源 contre「逆」+ dire] となる contredire は「矛盾する、食い違う」の意味。
◆ 活用 **Contredire** se conjugue comme dire, sauf à la 2e personne du pluriel au présent : vous dites mais vous contredisez.

「彼らが言っていることは明らかに食い違っている」を相互的用法の代名動詞 se contredire「（互いに）矛盾する、食い違う」を用いて、**Ils se contredisent clairement**. とする。

350 ▶35
s'acharner

contre, sur, après qqn / qqch　激しく襲いかかる、執拗に迫る、必死になって取り組む

attaquer violemment et avec obstination

□ 1　**Le malheur _s'est acharné_ contre elle.**
　　不幸が彼女に襲いかかった。

＊本来的用法の代名動詞で、se (s') は常に直接目的語。[語源 a「移行」＋ charn「肉、肉体」(→ chair [nf])] から、「肉体へと向かう」という意味合いの単語。

Q 作文・ディクテ｜｜「ジャーナリストは大臣に執拗に迫った。」

□ 2　**Les journalistes** 〜〜〜〜〜〜〜〜〜〜 **le ministre.**

351 ▶36
se redresser

(1) 体をまっすぐにする、身を起こす
(2) 復興する、立ち直る

(1) se remettre droit, debout

□ 1　**Les athlètes _se redressaient_ de tout leur corps dans le vent froid.**
　　アスリートたちは、寒風の中、体をまっすぐにして立っていた。

(2) retrouver son niveau normal

□ 2　**L'économie de la région _s'est redressée_ en quelques années.**
　　その地域の経済は数年で持ち直した。

＊ se rétablir は類義になる。

Q 動詞選択｜｜下記の2つの文に redresser か se redresser のいずれかを複合過去形にして入れよ。[3]

① **Le marché détruit par le tsunami [　　　　] en un an et demi.**
② **Le gouvernement [　　　　] la situation de la collectivité locale.**

Les journalistes **se sont acharnés contre [sur]** le ministre. となる。

dresser「直立させる」から派生した redresser は「(まっすぐに) 立て直す、ゆがみ を直す」(例：Ce chanteur s'est fait redresser les dents. 「あの歌手は歯並び を矯正してもらった」) といった意味。

①は「津波で壊滅した市場は 1 年半で立ち直った」という意味になる。② は redresser la situation で「事態を回復させる (立て直す)」の意味なので 「政府は地方自治体 (県や村) の態勢を立て直した」となる。よって、①には **[s'est redressé]**、②には **[a redressé]** と入る。

仏検2級〜準1級レヴェル／準1級レヴェル超

352 ▶36
se troubler
（人が）動揺する、うろたえる

perdre son assurance

□ 1 **En général, les candidats *se troublent* pour un rien.**
一般に、受験生 (志願者) は些細なことで動揺する。

＊再帰的用法の代名動詞。

Q 適語選択 下線部と類義になる語句を①～③から選べ。[2]

Cet homme a répondu au juge <u>sans se troubler</u>.
① avec précipitation　② calmement　③ d'un ton brusque

353 ▶36
s'impatienter
辛抱できなくなる、待ちかねてじりじりする

perdre patience

□ 1 **Anna n'est pas rentrée, et sa mère *s'impatiente*.**
アンナが帰宅しなかったので、母親は気をもんでいる。

Q 和　訳 下記の文を訳せ。

■ 2 **Ne vous impatientez pas, le dîner que ma mère est en train de préparer vaut la peine d'attendre.**

354 ▶36
s'émouvoir
感動する、動揺する、興奮する

ressentir une émotion, être bouleversé

□ 1 **Ne *t'émeus* pas pour si peu.**
その程度のことで動揺しないで。

□ 2 **Mon mari a répondu sans *s'émouvoir* le moins du monde à l'attitude grossière de son patron.**
夫は上司の失礼な態度にもまったく動じることなく (しごく平然と) 対応した。

troubler は「濁らせる」[語源「掻き回された、混乱させられた状態になる」] の
意味で、転じて「（人を）動揺させる、混乱させる」（例：Cette nouvelle m'a
troublé(e).「その知らせを聞いて私は動揺した」）という意味を持つ動詞。

「その男は裁判官に対してうろたえず（冷静に）応じた」という意味。順番に
「慌てて」「冷静に、落ち着いて」、「そっけない口調で」の意味。**②が類義に
なる副詞。**

[語源　im「ない」＋ patient「辛抱強い」] から生まれた impatienter は「我
慢できなくさせる、いらだたせる」という他動詞（例：Mon voisin de palier
m'impatiente par son bavardage.「同じ階に住む隣人のおしゃべりにはいらい
らする」）。代名動詞は再帰的用法。

出だしは「じりじり（いらいら）しないで」とも訳せるが、文脈を汲んで**「しば
らく待ってください、母親が準備してくれている夕飯は待つかいがありますか
ら」**といった訳がつけられる。valoir la peine ＋ inf. で「〜する価値がある」
という言い回し。

émouvoir は émotion [nf]「感情を強く突き動かされること」に関連して「感動
させる」だけでなく「動揺させる、心を乱す、興奮させる」といった意味にもなる。

◆ 活用：j'émeu**s** / nous émouv**ons** / ils émeuv**ent**

j'émouvr**ai**　que j'émeuv**e**　émouv**ant**, ém**u**

Q 　書き換え　下記の文を s'émouvoir を用いてほぼ同じ意味になるよう書き換えよ。³

La présentatrice était bouleversée par le silence du commentateur.

---

355 ▶36
s'enfuir
逃げ出す、逃げ去る

---

prendre la fuite

□ ¹　**En voyant un garde, les enfants *se sont enfuis* à toute jambes.**
警備員の姿が見えて、子どもたちは一目散に逃げ出した。

＊本来的用法で「逃げ出す」という初動にポイントが置かれる代名動詞。

Q 　動詞活用　「小馬が柵を飛び越えて逃げ出した」の意味になるように [　] 内の
動詞を適当な法と時制に活用しなさい。²

Les poulains [s'enfuir] en [sauter] la clôture.

---

356 ▶36
s'allonger
（1）寝そべる、横になる（2）長くなる、伸びる

（1）se mettre dans la position horizontale

□ ¹　***Allonge-toi* si tu es fatigué(e).**
疲れているなら少し横になって。

（2）devenir plus long

□ ²　**Les rails peuvent *s'allonger* en été.**
夏にレールが伸びることがある。

Q 作文・ディクテ　「冬には木々の陰が長く伸びる。」

□ ³　**En hiver, les** _____.

s'émouvoir de qqch「〜に動揺する、心を乱される」を用いて書き換えれば、**La présentatrice s'émouvait du silence du commentateur**. となり、「女性のニュースキャスターはコメンテーターの沈黙に動揺していた」という意味になる。

類義の se sauver は危険から「逃げ出す」の意味が本来だが、会話では「ここから逃げる」という意味合いで使われる（例：Sauvez-vous！「逃げて！」）。また、fuir は少々改まった語で「逃げる」を意味し、"どこから、何から"の逃走かが明示されることが多い（例：Mon petit-fils a fui de chez ses parents.「孫が家出した」）。

直説法複合過去とジェロンディフが使われ Les poulains [**se sont enfuis**] en [**sautant**] la clôture. となる。

[語源 al「移行」＋ long「長い」→「長くする」] の意味から allonger は「長くする、（手足などを）伸ばす、横たえる」といった語義になる。

En hiver, les **ombres des arbres s'allongent**. となる。ちなみに一番影が長くなるのが「冬至」solstice d'hiver [nm]、短くなるのは「夏至」solstice d'été [nm]。

357 ▶ 36
se propager
（火事やニュースや光・音などが）広がる、伝播する

se répandre

□ 1 L'incendie de forêt **s'est propagé** en un instant de tous côtés.
山火事がみるみる四方に広がった。

Q 作文・ディクテ 「田舎ではニュースはすぐに広がる。」

□ 2 Les ＿＿＿＿＿＿＿＿＿＿＿＿＿＿ campagne.

358 ▶ 36
se ruiner
（人が）破産する、莫大な出費をする

causer la ruine

□ 1 Si vous dépensez beaucoup d'argent en crypto-monnaies, vous finirez
par **vous ruiner**.
仮想通貨（暗号資産）に大金を注ぎ込んでいると、いずれ破産しますよ。

Q 動詞選択 下記の2つの文に ruiner か se ruiner のいずれかを複合過去形に
して入れよ。 2

① Mon oncle [　　　　] aux courses.
② Les inondations [　　　　] les paysans de cette région.

359 ▶ 36
se désespérer
絶望する、悩み苦しむ

s'abandonner au désespoir

□ 1 Après avoir échoué dans ses affaires, mon père **s'est désespéré**.
事業に失敗したとき、父は絶望していた。

＊ [語源 dés「ない」＋ espérer「希望する」→「希望がない」] から派生。

384

そもそもは「苗を増やす」という語源を持つ語 propager は「広める、普及させる」
（例：propager un bruit「噂を広める」）の意味。

Les **nouvelles se propagent vite à la** campagne. となる。

ruine [nf]「崩壊、（複数で）廃墟」を意味する単語から。ruiner は「（人や事柄が）
破産させる、（健康を）損なう」という意味（例：ruiner sa santé「健康を損なう」/
代名動詞を用いて se ruiner la santé とも言い換えられる）。

①「おじは競馬で破産した」の意味で [**s'est ruiné**] となる。②は他動詞
ruiner「（物事が）壊滅的な打撃を与える」を用いて、「洪水がこの地域の農
民に大損害を与えた」[**ont ruiné**] となる。

C 仏検2級〜準1級レヴェル／準1級レヴェル超

□ ² ① Il ne faut pas désespérer.

□ ³ ② Il ne faut pas se désespérer.

---

360 ▶36

s'essuyer

自分の〜を拭（ふ）く、自分の体を拭く

---

se sécher

□ ¹ **Ne reste pas mouillé(e), *essuie-toi* vite !**

濡れたままでいないで、急いで体を拭いて!

Q 和 訳 下記の文を和訳しなさい。

■ ² **Ma petite sœur s'est accidentellement essuyée avec un chiffon en sortant de son bain.**

---

361 ▶37

s'étaler

倒れて長々と横たわる

---

tomber

□ ¹ **La dame *s'est étalée* de tout son long sur le trottoir en glissant sur le verglas.**

夫人は薄い氷（雨氷）で滑って歩道にばったりと倒れた。

＊くだけた言い方。La dame est tombée sur le trottoir en glissant sur le verglas. も類義の表現だが「倒れてその後長々と横たわる」というニュアンスは帯びない。

Q 和 訳 下記の文を訳せ。

■ ² **Mon ami s'est étalé au milieu de la cour.**

自動詞 désespérer（他動詞で目的語を持たない絶対的用法と考えることもできる）が「（改悛や成功などにつながる問題で）絶望する、がっかりする」という意味であるのに対して、代名動詞 se désespérer はもっと強意的な意味合いで「絶望して、打ちひしがれた気持ちに沈む」という含意がある。よって、**①は「希望を失うな、決してあきらめるな」、②は「絶望（悲観）するな、落ち込むな」**といった微妙な差異がある。

「汁（しる）を抽出する」という意味のラテン語から生まれた essuyer は「（濡れたものを）拭く、（汚れを）拭きとる」（例：Je vais t'aider à essuyer la vaisselle.「皿を拭くのを手伝うよ」、Essuyez vos pieds avant d'entrer.「（家に）入る前に靴の泥を落として」）という意味。

「妹は風呂からあがって、たまたま（間違って）ぞうきんで体を拭いてしまった」 といった訳になる。

étal [nm] は「（市場の）物売り台、（商品の）陳列台」のこと。そこから étaler は「（一面に）広げる、（商品を）陳列する」となる。なお se faire étaler はくだけた言い回しだが、échouer「（試験に）失敗する」の意味で用いられる（例：Elle s'est fait étaler à son examen écrit.「彼女は筆記試験に落ちた」）。

そのまま訳せば「友だちが校庭の真ん中で倒れた（伸びた）」となるが、英訳すると My friend fell flat on his face in the middle of the playground. といった感覚。つまり**「頭から突っ込んでばったり倒れて動かなかった」**といった意味になる。

362 ▶37
se fondre
〈dans に〉溶け込む

s'assimiler à qqch, s'intégrer à qqch

□ 1 Elle *s'est fondue* dans la population du village.
彼女は村人たちの間に溶け込んだ。

＊ Elle s'est fondue parmi les villageois. としても同義。

Q 適語選択 いずれか適当な方を選べ。2

① Les maisons solitaires [fondent / se fondent] dans le paysage rural.
② Le sucre [fond / se fond] facilement dans l'eau chaude.

363 ▶37
† se haïr
憎み合う

ne pas s'aimer

□ 1 Les deux frères *se sont* toujours *haïs*.
兄弟はいがみ合ってばかりいた。

＊相互的用法。haïr は aimer の反対語で「憎む、嫌う」の意味。

Q 書き換え 下記の文と類義になるよう se haïr で書き換えなさい。2

Elle avait le dégoût d'elle-même.

364 ▶37
s'abonner
（新聞やガスなど、定期的サーヴィスが受けられるよう）予約
契約する

payer d'avance pour avoir le droit de recevoir régulièrement un produit ou de profiter d'un service

□ 1 Immédiatement après avoir emménagé, elle *s'est abonnée* au câble.
新居に移ってすぐに、彼女はケーブルテレヴィに加入した。

代名動詞と単独の fondre の境界線がわかりにくい例。辞書には、どちらも「溶ける」と載っている。ただ、fondre は直接的に「（物質が）溶ける」の意味で使われるが、se fondre は比喩的なニュアンスで使われる点で違いがある。

①「ひなびた家々が田園風景に溶け込んでいる」、②「砂糖はお湯に溶けやすい」という意味。①は比喩的な使い方なので代名動詞 **se fondent** が適当で、②は「砂糖の溶解」という客観的な現象なので **fond** が妥当。

「彼女は自己嫌悪におちいっていた」の意味で、Elle se haïssait. と言い換えられる。これは「自分を憎む」→「自己嫌悪する」という再帰的用法。例文は **Elle se dégoûtait.** あるいは **Elle se détestait.** などとしても類義になる。

abonner qqn à qqch で「人のために〜の予約契約をする」の意味なので、代名動詞は「（自分のために）予約契約する」という再帰的用法になる。なお、emménager は「（新居に）移る、引っ越してくる」の意味、déménager は逆に「（旧居から）引っ越す」の意味。

Q 書き換え ┃ 父は、半年、この新聞を予約契約した。[2]

Mon père s'est abonné à ce journal pour six mois.

→ Mon père a pris un [　　　　　] [　] six mois [　] ce journal.

365 ▶37
s'efforcer
de + inf.　〜しようと努力する、努める

faire des efforts pour + inf.

□ 1 Il *s'est efforcé* de convaincre ses parents d'accepter son homosexualité.
彼は自らの同性愛について両親を説得しようとした。

＊ [語源 ef「外に」＋ force [nf]「力」→「外へと力を発揮する」] から生まれた本来的用法の代名動詞。

Q 和 訳 ┃ 下記の文を訳せ。

2 Aux funérailles de mon père, ma mère s'est efforcée de ne pas avoir l'air triste.

Q 空所補充 ┃ ほぼ同義になるように [　] 内に適語を入れよ。[3]

Ils s'efforcent de se qualifier pour la coupe du Monde.

＝ Ils [　　　　] à se qualifier pour la coupe du Monde.

＝ Ils font des [　　] pour se qualifier pour la coupe du Monde.

＝ Ils font tout leur [　　　] pour se qualifier pour la coupe du Monde.

366 ▶37
se noyer
溺死する

mourir asphyxié sous l'eau

□ 1 S'il ne s'était pas précipité, elle *se serait noyée* dans la piscine.
もし彼が急いで駆けつけてくれなければ、彼女はプールで溺死していたろう。

「加入契約」abonnement [nm] を用い、Mon père a pris un [**abonnement**] [**de**] six mois [**à**] ce journal. となる。s'abonner à qqch ＝ prendre un abonnement à qqch という関係。

「**父の葬儀の際、母は悲しそうな様子を見せまいと努めた**」となる。後半は、ma mère s'est efforcée de ne pas montrer son chagrin. といった言い方もできる。

「彼らはワールドカップの出場資格を得るために一生懸命だ」といった意味。順番に chercher à ＋ inf. / faire des efforts pour ＋ inf. / faire tout son possible pour ＋ inf. で「〜するように努める」という類義語。結果、[**cherchent**] / [**efforts**] / [**possible**] と入る。

noyer は「溺死させる、水浸しにする、混乱させる」の意味。なお、現代英語の初期では se noyer と同じ形、drown oneself で「溺れる」とされていたが、現在では再帰代名詞を用いずに使われる。『ネイティブが使う英語・避ける英語』によると、He drowned himself. だと「彼は自力で溺れた」と誤解されかねないとのこと。英語「他動詞＋再帰代名詞」は oneself の省略化が進み、単独で新たな自動詞の用法を生んでいる語がいくつもある。

■ ² **Ne vous noyez pas dans un verre d'eau !**

367 ▶37
s'activer
(1) せっせと働く、活発に動き回る　(2) 急ぐ

(1) s'occuper activement de l'exécution d'une tâche

□ ¹ **Tout le monde *s'active* dans la salle pour préparer la soirée.**
夜のパーティーの準備のために皆がせわしくホールで働いている。

(2) accélérer la vitesse avec laquelle on fait un travail, un mouvement, etc. ＝ se dépêcher, se presser

□ ² ***Active-toi*** **un peu, on est en retard !**
少し急いで、遅れています！

＊会話では「急ぐ」の意味で使われることが多い。くだけた se grouiller という代名動詞もある。

Q ▌ 整序問題 ▌急ぐことはないよ。³

Pas [de, besoin, s'activer].

368 ▶37
se déguiser
en qqch / qqn　～に変装 (仮装) する、(奇抜な) 格好をする

porter un costume inhabituel, amusant ou effrayant

□ ¹ **Ma fille *s'est déguisée* en personnage de dessin animé.**
娘はアニメのキャラクターに仮装した。

Q ▌ 適語選択 ▌下線部と類義にならないのは①～③のどれか。²

À la fête du village, mon père s'est déguisé en Louis XIV.
① se changer　② se costumer　③ se travestir

直訳は「コップ 1 杯の水で溺れるな！」となるが、これは比喩表現で「**些細な こと（つまらないこと）にこだわっていないで！**」という意味。また、「水」つな がりで、se jeter à l'eau（←水に飛び込む）も比喩表現として「思い切った 決断をする」の意味で使われる。

acte [nm]「活動、行動」から派生した activer は「活発にする」の意味なので、 代名動詞は「自らを活発にする」→「せっせと働く（動き回る）」という再帰的用法 になる。

Pas [**besoin de s'activer**]. となる。Rien ne presse. など同義。「〜する には及ばない」を用いて、Ce n'est pas la peine de se dépêcher. といった 言い回しも類義になる。

déguiser は「〜に変装（仮装）させる」の意味。

「村祭りで、父は（フランス王）ルイ 14 世に扮した」。①**に置き換えると「父 はルイ 14 世になった（実際に変身してしまった）」ことになる。**「扮装する」 の意味なら②③は類義。

369 ▶37
se dégrader
（状況などが）悪化する、低下する

prendre une mauvaise tournure ↔ s'améliorer

☐ 1 **Les relations entre les deux pays *se dégradent* de jour en jour.**
両国の関係は日に日に悪化している。

＊ se détériorer や empirer などと言い換えられる。

Q 作文・ディクテ 「この空き家はもうメンテナンスがなされていないので劣化している。」
☐ 2 **Cette maison** ～～～～～～～～ **car** ～～～～～～～～～ **.**

370 ▶37
se stabiliser
安定する

devenir stable

☐ 1 **Le cours de l'or ne *se stabilise* pas ces temps-ci.**
近頃、金相場は安定していない。

Q 動詞選択 下記の2つの文に stabiliser か se stabiliser のいずれかを複合
過去形にして入れよ。 2

① **Les prix [**] **grâce aux effets des mesures d'urgence du**
gouvernement.
② **Les mesures d'urgence du gouvernement [**] **les prix.**

371 ▶38
s'attarder
〈 場所 〉（立ち去らずに）長居する、ぐずぐずする、
à + inf.　（つまらないことに）いつまでも～する

rester, faire qqch qui met en retard, se mettre en retard

☐ 1 **Mon oncle *s'attarde* chez son ami.**
おじは友人宅に長居している。

[語源 grade [nm]「階級、段階」が下がる]という意味から生まれた dégrader は「破損する、堕落させる、品位を落とす」（例：dégrader un monument historique「歴史的建造物を破損する」）といった意味の他動詞。なお、se dégrader で「品位が下がる、堕落する」（＝ perdre sa dignité）という語義の載っている辞書もあるが、自分は一度も聞いたことがない。

Cette maison **vide se dégrade** car **elle n'est plus entretenue.** となる。

stable「安定した」から派生した動詞 stabiliser は rendre stable「安定させる」（例：stabiliser la situation politique「政局を安定させる」）の意味。

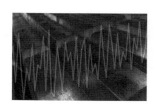

①は「政府の緊急処置の効果で物価が安定した」、②は「政府の緊急処置が物価を安定させた」という意味になる。よって、①には **[se sont stabilisés]**、②には **[ont stabilisé]** と入ることになる。

□ 2 **Elle *s'attardait* à discuter avec ses collègues.**
彼女は同僚といつまでも議論していた。

＊副詞 tard「遅く」→ tarder「遅れる」を内包した本来的用法の代名動詞。

Q 整序問題 ┃「アンヌは学校帰りに道草をした。」の意味になるよう [   ] の語を
並べ替えよ。 3

Anne [de, en, en, s'est, chemin, revenant, attardée] l'école.

372 ▶38
se pendre
首を吊って自殺する

s'étrangler en se suspendant par le cou

□ 1 **Le malheureux *s'est pendu* dans son grenier.**
そのかわいそうな男は屋根裏部屋で首をつった。

Q 適語選択 ┃下線部と同じ意味になるのは①～③のどれ。 2

Il était complètement déprimé après son divorce et a tenté de se pendre à
deux reprises.
① pencher la tête sur le côté   ② secouer la tête   ③ se suicider par
pendaison

373 ▶38
se révolter
反抗する、逆らう、憤激する

refuser d'obéir à une autorité

□ 1 **Ma petite-fille *s'est révoltée* contre son grand-père.**
うち孫がおじいちゃんに逆らった。

Q 適語選択 ┃下線部と意味が異なるのは①～③のどれ。 2

Le peuple de la province s'est révolté contre le tyran.
① donner son accord à   ② se rebeller contre   ③ résister à

Anne [**s'est attardée en chemin en revenant de**] l'école. となる。
s'attarder en chemin で「道草を食う (←ぐずぐずと道の途中にいる)」とい
う意味。

首元で揺れる「ペンダント」pendentif [nm] から類推できる動詞 pendre は「(物
が) ぶら下がる、垂れ下がる」あるいは「絞首刑にする」の意味。se pendre は「(人
が) ぶら下がる」の意味にもなるが、「首を吊って自殺する」の意味になる例が多
い。

「彼は離婚後すっかり落ち込んで、2度首吊り自殺しようとした」の意味。①
は「首をかしげる」、②は「首を横にふる」(↔ hocher la tête) の意味。「**首
吊り**」という名詞は **pendaison [nf]** で、**③が答えになる。**

révolution [nf] 「革命」に関連する révolter は「反乱 (暴動) を起こす」、あるい
はそこから転義して「憤激する」の意味。

「地方の民衆が暴君に対して反乱を起こした」という意味。②、③は類義語、
①は「賛成する」の意味。

374 ▶38
se dissoudre　　溶ける

fondre dans un liquide

☐ ¹　**Le sucre *se dissout* bien dans l'eau.**
砂糖は水によく溶ける。

Q ┃ **和　訳** ┃ 下記の文を和訳せよ。

■ ²　**Les détergents se dissolvent généralement mieux dans l'eau chaude que dans l'eau froide.**

375 ▶38
s'initier　　à qqch　〜の初歩を学ぶ、徐々に身につける

commencer à apprendre qqch

☐ ¹　**Les collègues *se sont initiés* au go dans le but de fraterniser.**
同僚たちは親睦を目的に囲碁を学びはじめた。

＊ Les collègues ont commencé à apprendre le go dans le but de fraterniser.
と書き換えられる。

Q ┃ **動詞選択** ┃ 下記の2つの文に initier か s' initier のいずれかを複合過去形して入れよ。²

① **Pendant les vacances, mon père [　　　　] ma sœur au parachutisme.**
② **Pendant les vacances, mon père [　　　　] à la planche à voile.**

376 ▶38
se dissiper　　(1) (雲や霧が) 晴れる　(2) (生徒などが) 気が散る、騒ぐ

(1) disparaître

☐ ¹　**Le brouillard *se dissipe* petit à petit.**
霧が少しずつ晴れていく。

dissoudre は「（物を）溶かす、溶解させる」（例：dissoudre du sucre dans de l'eau「砂糖を水に溶かす」）、se dissoudre は「物そのものを溶解させる」→「溶解する」の意味になる。

◆活用：je dissou**s** / nous dissolv**ons** / ils dissolv**ent**
je dissoudr**ai**　que je dissolv**e**　dissolv**ant**　dissous, dissoute

「**ふつう洗剤は水よりも湯の方が溶けやすい**」。なお、dissoudre, absoudre「（人や行為を）許す」, résoudre「（問題や困難などを）解決する」は同型の活用をするが、上記のようにかなり変則的。

①は「人に～の手ほどきをする」initier qqn à qqch の形から [**a initié**] と入り、「ヴァカンスの間、父は姉（妹）にスカイダイヴィングの手ほどきをした」の意味になる。②は「ヴァカンスの間、父はウインドサーフィンの基本を学んだ」の意味で [**s'est initié**] と入る。

dissiper は「（雲などを）散らす」（例：Le soleil dissipe les nuages.「太陽は雲を散らす」）の意味。

(2) devenir turbulent, indiscipliné

   □ ² **Elle pourrait avoir de meilleures notes si elle *se dissipait* moins.**
     もし気が散らなければ、彼女は成績が上がるのに。

＊反意語は se concentrer「（精神を）集中する」。

Q 適語選択 ┃ 文意が成立する方を選べ。³

   Quand la télévision est allumée, ça [me dissipe / se dissipe] de mon travail.

377 ▶38
s'éclaircir
          （1）（曇り空が）晴れる、明るくなる （2）薄くなる、まばらになる

(1) devenir moins sombre, plus clair

   □ ¹ **Le ciel *s'éclaircira* peut-être vers midi.**
     昼頃、きっと天気はよくなる。

＊ Peut-être qu'il fera beau vers midi. などと書き換えられる。

(2) devenir moins épais

   □ ² **La foule à la manifestation *s'éclaircissait* de jour en jour.**
     デモに群れ集う人の数が日に日に少なくなっていった。

＊ diminuer と置き換えられる。

Q 適語選択 ┃ 下線部と類義になるのは①～③のどれか。³

   Le président vieillit et ses cheveux s'éclaircissent.
   ① blanchir ② se dégarnir   ③ friser

378 ▶38
se balancer
          （体などを）揺する、揺れる

aller d'un côté puis de l'autre plusieurs fois

   □ ¹ **Arrête de *te balancer* sur ta chaise.**
     椅子の上で体を揺すらないで。

dissiper は「（人の）気を散らせる、じゃまする」の意味にもなる。

「テレヴィがついていると気が散って仕事ができない」の意味になる。直訳は「それ（テレヴィがついていること）が仕事から私の気をそらせる」となるので、代名動詞ではない [**me dissipe**] が入る。

clair(e)「明るい」が含まれた éclaircir は「曇りを払う、（密なものを）薄くする、（謎などを）解明する」という他動詞。

「会長は年をとって、髪の毛が薄くなってきている」の意味。①は「白くなる」、②「（髪が）薄くなる」、③「カールしている、縮れている」の意味なので②**が答えになる**。なお、「まばらな」を意味する形容詞 clairsemé を用いて、Il a les cheveux clairsemés. としても類義になる。

balance [nf] は「（天秤の）左右の2つ (bi) の皿 (lance)」が語源。動詞 balancer は「揺り動かす」の意味。代名動詞は「自分を揺り動かす」→「揺する、揺れる」という再帰的用法になる。

Q 作文・ディクテ 「芦ノ湖で、遊覧船が錨につながれたまま揺れていた。」

☐ 2 Au lac Ashi, _____ au bout de son ancre.

---

379 ▶38
se borner
à qqn / à + inf.　とどめる、〜するだけにとどめる

---

se contenter de ne faire que ce qui est nécessaire, sans plus

☐ 1 Cet homme n'a pas tout dit, il **s'est borné** à l'essentiel.

その男はすべてを□にしたわけでなく、要点を話すにとどめた。

Q 作文・ディクテ 「私はいくつかの誤りを指摘するにとどめることにしよう。」

☐ 2 Je _____ fautes.

---

380 ▶38
se différencier
de qqn / qqch　区別される、異なる、
(de と) 自分を区別する

---

se distinguer par une différence [des différences]

☐ 1 Barbara **se différencie** de ses collègues par l'importance qu'elle donne à sa carrière.

バルバラは出世 (キャリア) に置いている重きが同僚たちと異なっている。

Q 書き換え 下記の文を se différencier A de B の形を用いてほぼ同義となるよう書き換えよ。2

La différence entre le Japon et les autres pays asiatiques réside dans le potentiel de sa population.

---

381 ▶39
s'enchaîner
(観念や出来事が論理的に) つながる

---

se suivre avec logique

Au lac Ashi, **un bateau de plaisance se balançait** au bout de son ancre. となる。「セーヌ川 la Seine」の観光船は bateau-mouche [nm] と呼ばれる。

borne [nf] は「（複数で）限界、限度」の意味で、borner は「境界を定める、制限する」という意味の他動詞になる。

Je **me bornerai à relever quelques** fautes. となる。

［語源 dif「分離」＋ férencier「運ぶ」→「別に、分けて運ぶ」→「異なる」］という意味合いから生じた語。différencier A de B で「AとBを区別する」という意味になる（例：différencier le socialisme du communisme「社会主義と共産主義を区別する」）。類義の distinguer が「そのものの持っている性質を見分け、識別する」（例：distinguer le vrai diamant du faux「本物のダイヤと偽物を区別する」）のに対して、différencier は「2つのものの相違点がもつ特徴を正確に指摘する」という差異がある。

この例文、中華思想のきな臭さがないではないが「日本とその他のアジア諸国との違いは国民の持つ潜在能力にある」という意味になる。これを se différencier A de B を用いて「日本は国民の持つ潜在能力においてアジアの他の国々とは異なる」とする。よって、**Le Japon se différencie des autres pays asiatiques par le potentiel de sa population.** となる。

A

B

C 仏検2級〜準1級レヴェル／準1級レヴェル超

□ ^{1} Les parties de votre présentation ne **s'enchaînent** pas bien.
あなたのプレゼンテーションの部分部分はうまくつながっていない。

＊「連鎖、脈絡」を意味する名詞 enchaînement [nm] を使って L'enchaînement des parties de votre présentation est malhabile. とも言い換えられる。

Q 作文・ディクテ 「互いに絡み合っている出来事が複雑すぎて私の手に負えない。」
□ ^{2} Les événements ＿＿＿＿＿＿＿＿＿＿ sont trop
＿＿＿＿＿＿＿＿.

---

382 ▶39
se venger
de qqn / qqch　（自分が受けた屈辱などに）仕返しする、
（人に）復讐する

---

exercer une vengeance
□ ^{1} Clara **s'est** bien **vengée** de sa trahison.
クララは彼 (彼女) の裏切りにちゃんと仕返しした。

Q 適語選択 下線部とほぼ同義になるのは①〜③のどれ。^{2}
Il se vengera de son ennemi.
① fulminer contre　② rendre la pareille à　③ suivre les indications de

---

383 ▶39
s'épanouir
(1)（花が）咲く、咲き誇る
(2)（人が）花開く、（人生に）充実を感じる

---

(1) ouvrir complètement ses pétales
□ ^{1} Au printemps, les roses **se sont épanouies** dans mon jardin.
春、自宅の庭にバラが咲いた。

(2) se développer librement dans toutes ses possibilités
□ ^{2} **S'épanouir** est plus important que devenir riche.
充実した人生を送る方が金持ちになるよりも大事だ。

そもそも chaîne [nf]「鎖」から派生した enchaîner は［語源 en「〜の状態にする」
＋ chaîne］から、「鎖でつなぐ」(↔ déchaîner) あるいは「束縛する」の意味。

Les événements **qui s'enchaînent les uns aux autres** sont trop
compliqués à gérer pour moi. となる。gérer は「（事業や財産などを）
管理する、経営する」のほかに「（妙なことにならぬよう）うまく対応する」と
いう意味でも使われる動詞。

他動詞 venger は「（人が）〜の復讐をする、仇（あだ）を打つ」(例：venger son
père「父親の復讐をする」＝ exercer une vengeance pour son père) の意味。

「彼はきっと敵に復讐する」という意味。順番に「（人を）一喝する」「（人に）
仕返しする」「（人の）言いつけを守る」の意味になるので**②なら置き換えら
える**。なお、esprit de vengeance [nm] で「復讐心」。

「（花が）咲いている」という状態を言うなら、Les roses de mon jardin sont
écloses.「庭のバラが咲いている」といった言い方をする。なお、fleurir「花を
咲かせる」は類義だが、主語は「草木」になる点で違いがある（例：Les arbres
fruitiers fleurissent au printemps.「果実のなる木は春に花が咲く」）。

仏検2級〜準1級レヴェル／準1級レヴェル超

■ 3 **La beauté de ma nièce s'est épanouie avec les années.**

---

384 ▶ 39
se raser

⋮ **(1)（自分で）ひげを剃る、自分の〜を剃る　(2) 退屈する**

---

(1) se couper les poils avec un rasoir, souvent la barbe

□ 1 **Mon père est en train de _se raser_.**
父はひげを剃っているところです。

＊「（理髪店などで）ひげを剃ってもらう」と言いたいなら se faire raser を使う。

(2) s'ennuyer

□ 2 **Qu'est-ce qu'on a pu _se raser_ à ce concert, du début à la fin !**
最初から最後まで、あのコンサートはひどく退屈だった!

Q ▋ 動詞選択 ▋ 下記の2つの文に raser か se raser のいずれかを複合過去形にして入れよ。³

① **Notre fille [　　　　　] les bras et les jambes.**
② **L'hirondelle [　　　　] le sol.**

---

385 ▶ 39
se décoller

⋮ **はがれる、剥離する**

---

se détacher de qqch, ne plus adhérer à qqch

□ 1 **Les timbres _se sont décollés_ de l'enveloppe.**
切手が封筒からはがれた。

Q ▋ 整序問題 ▋ 「選挙ポスターが土砂降りの雨で次々とはがれた。」の意味になるように語句を並び替えよ。²

**Les affiches [à, après, électorales, les autres, les unes, se sont décollées]
cause de la pluie d'abat.**

「姪の美しさは年とともに花開いた」という意味。反意で「(容色が) 衰える」なら se flétrir (←「(草花が) しおれる」) といった語が用いられる。

raser は「〜のひげを剃る」だけでなく、くだけた言い方として「(話などで) うんざりさせる、退屈させる」の意味でも使われる。代名動詞も同じくくだけた言い回し。s'embêter といった類義語もある。

①「うちの娘は腕と脚のむだ毛を剃った」の意味で、**s'est rasé** が入る (les bras et les jambes が直接目的語なので rasée とはならない)。②の raser は「かすめる、すれすれに飛ぶ」(= passer tout près de qqch) の意味で **a rasé** と入り「ツバメが地面すれすれを飛んだ」という意味になる。

[語源 dé「分離」＋ coller「貼り付ける」] の意味から派生。décoller un timbre は「切手をはがす」となる。あるいは「離陸する」(↔ atterrir) (例：L'avion roule sur la piste, puis il décolle.「飛行機は滑走路を離れて、離陸した」) の意味でもよく使われる。se décoller は受動的用法で「(切手が) はがされる」→「はがれる」の意味になる。

Les affiches [**électorales se sont décollées les unes après les autres à**] cause de la pluie d'abat. となる。「土砂降りの雨」は pluie battante [nf] とも表現できる。

386 ▶39
se détériorer

（物がどうしようもないほど）だめになる、
（状況や関係が）悪化する

se mettre en mauvais état ＝ s'abîmer, se dégrader ↔ s'améliorer

□ 1　Nos relations **se sont détériorées** tout d'un coup.
われわれの関係は突然悪化した。

Q 作文・ディクテ 「湿気で、クローゼットに入っている革製品がすっかりダメになった。」

□ 2　＿＿＿＿＿＿＿＿, la maroquinerie dans mon placard ＿＿＿＿＿＿＿
＿＿＿＿＿.

387 ▶39
se méprendre

sur qqn / qqch　取り違える、誤解する

se tromper

□ 1　Les étudiantes **se sont méprises** sur leur professeur.
女子学生たちは担任について考え違いをしていた。

＊ ［語源 mé「否定」＋ prendre］から生まれた本来的用法の代名動詞。

Q 作文・ディクテ 「その子は私が口にした言葉の意味を取り違えた。」

□ 2　Cet enfant ＿＿＿＿＿＿＿＿＿＿＿＿＿ paroles.

☞「言葉」という意味の単語：「この九官鳥はひとつの言葉が言える、『くそ！』」の意
味になるよう、下記の［　］に単語を入れるなら次のどれが適当か選べ。3
Ce mainate sait dire [une parole / un mot / une langue]: « Merde ! ».

388 ▶39
se solidariser

avec qqn　連帯する

se déclarer solidaire

□ 1　Ils **se sont solidarisés** avec les grévistes.
彼らはストライキ中の人たちと連帯した。

［語源 détérior「悪化」させる］から生まれた détériorer は「（役に立たなくなるくらい）ひどい状態にする、悪化させる」（＝ aggraver）という意味の他動詞。

Avec l'humidité, la maroquinerie dans mon placard **s'est complètement détériorée**. となる。「湿気」を主語にして、L'humidité a complètement ruiné la maroquinerie dans mon placard. といった書き換えも可能。

Cet enfant **s'est mépris sur le sens de mes** paroles. となる。

parole [nf] は「（口に出して言う）言葉、発言」（例：prononcer une parole「言葉を発する」）の意味、mot [nm] は「（表現のための）言葉、（具体的な）単語、表現」、langue [nf] は「（フランス語、英語といった、記号体系としての）言語」の意味。九官鳥の言葉は具体的な「単語」、**un mot**（ここでは un mot de cinq lettres「5文字の単語」）になる。

形容詞 solide「丈夫な、（しなやかに曲がらず）固い、確固とした」（→ souple）から派生した solidaire「連帯している」、名詞 solidarité [nf]「連帯」につながる solidariser は「連帯させる、連動させる」という他動詞。

Q 作文・ディクテ 「わが社は、創業以来、労働者側は経営者側と連帯している。」

☐ ² **Dans notre entreprise,** _____
sa fondation.

---

389 ▶ 39
se raidir
(体や物が) 固くなる、ぴんと張る、しっかり身構える

---

devenir raide ↔ assouplir

☐ ¹ **Mon visage *s'est raidi* sous le froid.**
寒さで顔がこわばった。

Q 書き換え 下記の文と類義になるよう se raidir を用いて書き換えよ。²

Ma mère endure une souffrance.

---

390 ▶ 39
† se hasarder
危険に身をさらす、危険な場所に行く

---

s'exposer à un risque, aller dans un lieu dangereux

☐ ¹ **Les touristes *se sont hasardés* dans les rues sombres de la ville.**
観光客たちが町の暗い通りに足を踏み入れた。

＊この例なら、s'aventurer, se risquer などと置き換えられる。

Q 整序問題 意味が通じるように [　] 内の語句を並べ替えよ。²

Je me suis [à, de, ma, lui, hasardé, devenir, demander] petite amie.

---

391 ▶ 40
s'assumer
自分で責任を持つ、(ありのままの) 自分の存在を受け入れる

---

se prendre en charge

Dans notre entreprise, **le salariat se solidarise avec le patronat depuis** sa fondation. となる。

raidir は形容詞 raide「硬い、硬直した」から派生した語で「ぴんと張る、こわばらせる、(人の)態度を硬化させる」といった意味の他動詞。

「母は苦しみにじっと耐えている」という意味。se raidir contre qqch で「〜に敢然と立ち向かう、屈しない」の意味になるので、書き換えると **Ma mère se raidit contre une souffrance.** となる。

hasard [nm]「偶然」[語源「どう転ぶかわからない、一か八かのサイコロの目のような運・不運」] から派生した hasarder は「思い切って〜する」(例：hasarder une hypothèse「思い切った仮説を立てる」) の意味。

Je me suis [**hasardé à lui demander de devenir ma**] petite amie. となる。se hasarder à + inf. で「(聞きにくいことを) 思い切って〜する、一か八か〜してみる」の意味、よって「私は思い切って恋人になってくれないかと彼女に聞いてみた」という文意になる。

C 仏検2級〜準1級レヴェル／準1級レヴェル超

□ ¹ **Il doit s'assumer en tant que redacteur en chef.**
彼は編集長として自ら責任を持たなくてはならない。

Q 和 訳 | 下記の文を訳せ。

■ ² **S'assumer est un signe de maturité.**

392 ▶ 40

se bronzer 肌を焼く

se mettre au soleil pour bronzer

□ ¹ **Bérénice *s'est bronzée* au soleil du Midi.**
ベレニスは南仏の太陽で肌を焼いた。

☞ **金属と動詞**

- métal [nm]「金属」: métalliser「金属をかぶせる、金属の光沢を与える」
  Cette sculpture en plâtre a été métallisée, elle est magnifique.
  この石膏彫刻は金属塗装されていて、すばらしい。
- or [nm]「金」: dorer「金箔を貼る、金色にする、(肌を) 小麦色に焼く」
  La lumière du soleil a doré sa peau.
  日光で彼 (彼女) の肌は小麦色に焼けていた。
- argent [nm]「銀」: argenter「銀ばりにする、銀色にする」
  Le clair de lune argentait une maison dans la forêt.
  月明かりが森の中の一軒家を銀色に輝かせていた。

Q 作文・ディクテ | 「おばとおじがテラスで 1 日中日光浴をしていた。」

□ ² **Ma tante et mon oncle** _____ .

393 ▶ 40

s'abîmer (物が) 傷む、自分の〜を痛める

mettre en mauvais état

assumer は「(責任・役割を) 引き受ける、(状況を) 受け止める」という意味 (例: Elle assume une grosse responsablité dans ce travail.「彼女はその仕事で大きな責任を負っている」)。

un signe de maturité で「大人 (成熟) のしるし」といった意味なので、「**ありのままの自分を受け入れることは大人の証 (あかし) だ**」といった訳になる。

bronze [nm]「ブロンズ、青銅」から派生した動詞。左記の例を単独の bronzer を用いて書き換えれば、Le soleil du Midi a bronzé sa peau. (←南仏の太陽が彼女の肌を焼いた) となる。また、Mets-toi de la crème à bronzer. なら「日焼け用のクリームを塗ったら」の意味 (「日焼け止めクリーム」なら la crème anti-bronzage という)。

Ma tante et mon oncle **se sont bronzés toute la journée sur la terasse**. となる。なお、「1日がかりで」なら en une journée、「丸一日」なら un jour plein [entier] といった言い方をする。

□ 1 Ce tissu **s'abîme** vite au lavage.

この生地は洗濯するとすぐに傷む。

＊この例は受動的用法（「生地の特徴を示す」例なので通常、現在形を用いる）で、se (s') は直接目的語。

Q 作文・ディクテ 「祖母は健康をそこねた。」

□ 2 Ma grand-mère ＿＿＿＿＿＿＿＿.

Q 文法・語法 「**傷む**」：選択肢から適語を選び、①②は直説法現在に③は複合過去に活用せよ。[3]

① Quand il fait chaud, les légumes [se ＿＿＿] vite.

② Ce bâtiment de 40 ans [se ＿＿＿].

③ La cargaison [s'est ＿＿＿] pendant le transport.

（選択肢） s'avarier　se délabrer　se gâter

---

394 ▶40
s'abstenir
de + inf.　〜するのを差し控える、（選挙で）棄権する

---

se priver volontairement de qqch = se priver de

□ 1 Le tabac est nuisible à la santé, il faut **s'abstenir** de fumer.

タバコは健康に悪いので、喫煙は控えなくてはならない。

＊本来的用法とされる代名動詞なので、se (s') は常に直接目的語。なお、この動詞の活用は tenir, venir と同型。[語源 ab「わきに身を避けて」＋ tenir「置く」]ということから。

Q 作文・ディクテ 「公共の場での飲酒はお控えください。」

□ 2 ＿＿＿＿＿＿＿＿＿＿＿ dans les lieux publics.

---

395 ▶40
s'agenouiller
ひざまずく、膝（ひざ）をつく

---

se mettre à genoux

abîmer は「(人や物事が) 物をいためる、壊す、汚す」(= détériorer, gâter) の意味で使われる。なお、左記の例文は類義語 se détériorer「悪化する、(商品が) 傷む」を用いて Ce tissu se détériore vite au lavage. とも言い換えられる。

Ma grand-mère **s'est abîmé la santé**. となる。この例は再帰的用法で、la santé が直接目的語、se (s') は間接目的語になるので、過去分詞の一致はしない。

仏語では「傷む」対象により動詞が変わる。順番に以下の訳となり、次のように解答が入る。

① 暑さで、野菜がすぐ傷む。「食べ物が傷む」
Par la chaleur, les légumes [se **gâtent**] vite.

② 築 40 年のこのビルは傷んでいる。「建物が傷む」
Ce bâtiment de 40 ans [se **délabre**].

③ 積荷が輸送途中で傷んだ。「積荷が傷む」
La cargaison [s'est **avariée**] pendant le transport.

命令文で **Abstenez-vous de boire de l'alcool** dans les lieux publics.
となる。なお、この命令文は公的機関からの通達などで「〜を控えること、自粛すること」といった意味合いで使われる言い回しでもある。

□ ¹ Les croyants *s'agenouillaient* pour prier.

信者たちはひざまずき祈っていた。

＊ genou [nm]「膝」から派生した本来的用法に分類される代名動詞。

Q 適語選択 | 2つの文をほぼ同じ意味になるよう書き換えるには①～③のどれが
適当か。²

**Bien qu'ils aient essayé de résister, les manifestants se sont agenouillés
devant les forces de l'ordre.**

= Bien qu'ils aient essayé de résister, les manifestants [① ont demandé de
l'aide ② ont fléchi ③ ont crié] devant les forces de l'ordre.

396 ▶40
se cogner
à, contre qqch　（意図せずに）～にぶつかる、
体の一部をぶつける

se heurter contre qqch

□ ¹ Ma petite fille s'est fait une bosse au front en *se cognant* contre le mur.

妹は壁にぶつかって額にこぶをつくった。

Q 和　訳 | 下記の文を訳せ。

■ ² Ma femme s'est cogné la tête contre les murs.

397 ▶40
se déchausser
靴を脱ぐ

enlever ses chaussures ↔ se chausser

□ ¹ *Déchaussez-vous*, s'il vous plaît.

靴を脱いでください。

Q 作文・ディクテ | 「あなたの国では、家に入る（上がる）前に靴を脱がないのですか。」

□ ² **Dans votre pays, est-ce que** ~~~~~~~~~~~~~~~
~~~~~~~ **?**

「抵抗を試みたものの、デモ隊は治安部隊の前に屈した」となるのは②、①なら「援助を求めた」、③なら「大声を上げた」という意味になる。

［語源「楔（くさび）でとめる」というラテン語］に関連する自動詞 cogner は「（人や物を）たたく、打つ」の意味だが、他動詞 cogner は代名動詞と同じように「（物に）ぶつかる」の意味（例：Un vélo a cogné le pare-chocs de ma voiture「自転車が私の車のバンパーにぶつかった」）で使われる。ただし、cogner が単に「衝突の事実」を伝え、そこから「痛み」が感じられないのに対して、se cogner は「痛い」とか「ああ、まいったな」という話者の思いが含意されている。

se cogner la tête contre les murs を直訳すれば「複数の壁に頭をぶつける」となるが、この言い回しは決まり文句で「**妻はどうしようもない難題にぶつかった（にっちもさっちも行かない）**」というのが定番の訳となる。なお、ここでは la tête が直接目的語なので過去分詞の性数一致は行われないが、たとえば Ma femme s'est cognée contre un mur.「妻は壁にぶつかった」という文なら se (s') が直接目的語となるので過去分詞の性数一致を行なう。

déchausser は［語源 dé「逆」＋ chausser「（人に）靴（← chaussure [nf]）を履かせる、履く」］で「靴を脱がせる」の意味。

Dans votre pays, est-ce que **vous vous déchaussez avant d'entrer dans une maison** ? となる。

398 ▶40
se démaquiller
（自分の）化粧を落とす

enlever son maquillage

□ 1 **Je me suis endormi(e) hier soir sans *me démaquiller*.**
昨晩、化粧を落とさずに寝てしまった。

＊ se maquiller「（自分の顔に）化粧する、メイクする」の反意語。

Q 和 訳 下記の文を和訳せよ。

■ 2 **Si tu ne te démaquilles pas rapidement, ce fond de teint deviendra rugueux.**

399 ▶40
se déprécier
価値が下がる、卑下する、けなし合う

perdre de sa valeur

□ 1 **Récemment, le yen *se déprécie*.**
最近、円は価値が下がっている。

Q 和 訳 下記の文を和訳せよ。

■ 2 **Il vaut mieux ne pas toucher à la monnaie virtuelle qui se déprécie.**

400 ▶40
se documenter
参考資料（文献）を集める

chercher ou consulter des documents

□ 1 **Elles *se sont documentées* sur les glissements de terrain pour leurs cours de géologie.**
彼女たちは地質学の講義用に土砂崩れについて資料を集めた。

fond de teint [nm] は「ファンデーション」、rugueux, rugueuse は「ざら
ざらした」という形容詞、よって「**急いで化粧を落とさないと、このファンデー
ションは肌荒れするよ**」といった訳になる。

形容詞 précis(e)「明確な、正確な」に関連する déprécier は「正当に評価しない、
価値を下げる」(↔ apprécier) の意味、代名動詞は再帰的用法や相互的用法で
使われる。

「**価値の下がっている仮想通貨（暗号通貨）には手を出さない方がいい**」と
いった訳になる。

document [nm]「参考資料、文献」から派生した documenter は「参考資料を
提供する」という意味。そこから代名動詞は「（自ら）参考資料を集める、取材す
る」といった語義になる。

Q 適語選択 2箇所の下線部とほぼ同義になる組み合わせは①~③のうちのどれか。²

Je dois me documenter sur la Corée du Nord pour rédiger un mémoire de maîtrise.

① constituer des documents / écrire

② rassembler des documents / écrire

③ rassembler des documents / présenter

---

401 ▶41
se régaler

(1) de qqch / avec qqch　ご馳走を食べる
(2) de qqch　大いに楽しむ

(1) faire un bon repas, manger des choses qu'on aime

□ ¹　**Les invités *se sont régalés* avec cette dinde.**
客たちはその七面鳥をすっかりご馳走になった。

(2) prendre un grand plaisir

□ ²　**Ils *se régalaient* de cancans sur leur patron.**
彼らは上司の悪口を言って盛りあがっていた。

＊ Ils étaient très excités de dire du mal de leur patron. などと言い換えられる。

Q 適語選択 下記の下線部と類義になる語を①~③から選びなさい。³

Ma femme se régale en lisant ce roman.
① se dégoûter　② se délasser　③ se délecter

---

402 ▶41
se détraquer

（機械や器具などの）調子が狂う、（天候が）崩れる、（人が）
自分の調子を狂わす

s'abîmer, se gater

□ ¹　**Le moteur du bateau va *se détraquer* s'il n'est pas utilisé.**
ボートのエンジンは使わずにいると調子がおかしくなる。

＊はっきり「故障だ」とするなら Le moteur du bateau est en panne. といった言い方が使える。

「修士論文を書くために北朝鮮に関する資料を集めなくてはならない」という意味になる。①は「資料を作成する／書く」、③は「資料を集める／提出する」の意味なので、②が答えになる。

régal「ご馳走、好物」(例：La pizza est son grand régal.「ピザは彼 (彼女) の大好物です」) から派生した régaler は「(人に) ご馳走する」という動詞。

「妻はこの小説を読んで大いに楽しんでいる」という意味。選択肢は順に「嫌になる、うんざりする」「休息する、くつろぐ」「大いに楽しむ」の意味。よって、③が下線部の類義語になる。ただし、③を用いればジェロンディフより、Ma femme se délecte à lire ce roman. とするのが自然。

détraquer は「(機械や装置、心身などの) 調子を狂わせる」の意味、多く受け身の形で使う (例：Le réveil sonne n'importe quand, il est complètement détraqué.「目覚ましがいつも鳴らない、完全に調子がおかしい」)。

Naomi, tu vas te détraquer la santé en mangeant comme ça.

① s'abîmer　② recouvrer　③ respirer

---

403 ▶41

s'élancer
突進する

---

se lancer en avant

☐ 1 **Mon chien _s'est élancé_ vers moi pour m'embrasser.**
愛犬が私に突進してきて、抱きついた。

＊見出し語はほぼ代名動詞でのみ使われるという意味では本来的用法と言えるが、
単独の élancer が「(負傷した部位が) 痛む、(けがなどが) うずく」(例：La main
gauche m'élance.「(私の) 左手がうずく」) の意味で使われることがある。

Q 適語選択 ┃ 下記の下線部と置き換えられるのは①~③のどれか。[2]

Un bateau à moteur s'est élancé vers le port.

① aller à reculons　② gîter　③ se précipiter

---

404 ▶41

s'embrouiller
(頭が) こんがらかる、(事態が) ややこしくなる

---

se perdre, ne plus se retrouver

☐ 1 **Le modérateur a commencé à _s'embrouiller_ dans ses explications.**
調停役 (仲裁者) は説明していて訳がわからなくなり始めた。

＊「しどろもどろの説明」Le modérateur a commencé à donner une explication
boueuse. といった書き換えもできる。

Q 適語選択 ┃ ①~③のうち適当な前置詞を選べ。[2]

**Je m'embrouille [① dans　② par　③ sur] des calculs pour prouver ce
théorème.**

「ナオミ、そんな食べ方をしていたら体調を崩すよ」の意味。② recouvrer la santé は「健康を取り戻す」、③ respirer la santé は「健康そのものである（←健康に息づいている）」という意味なので、①が解答となる。なお「健康を損ねる」の意味なら compromettre sa santé と置き換えることもできる。

「モーターボートが港に向かって突進してきた」 の意味で置き換えられるのは ③ **（se ruer も類義になる）**、①は「後ずさりする、後退する」、②は「（船が）傾く」の意味。

brouiller「ごちゃごちゃにする」に関連した他動詞 embrouiller は「（糸を）もつれさせる、（問題・状況を）混乱させる」（例：embrouiller la situation「状況をもつれさせる、事態を混乱させる」）の意味。

「この定理を証明するために計算をしていると頭がこんがらがってくる」という訳になる。① **dans qqch を添えて「こんがらかる状況」を説明する言い回しになる。**

仏検2級〜準1級レヴェル／準1級レヴェル超

405 ▶41
s'enflammer
(1) 燃え上がる、火がつく
(2) 心が燃え立つ、奮起する

(1) prendre feu

☐ 1 **L'herbe morte *s'enflamme* facilement.**
枯れ草は簡単に火がつく。

＊ L'herbe morte est facile à brûler. といった言い方もできる。

(2) s'animer, s'exalter

☐ 2 **Notre patron est toujours prêt à *s'enflammer*.**
うちの上司はいつでもすぐ熱くなる。

Q 空所補充 ┃ ほぼ同義となるように [　] 内に適語を入れよ。[3]

Si tu fumes au lit, tu risques de mettre le feu à notre maison.

＝ [　][　　　] au lit, notre maison risque de [　　　　　].

406 ▶41
s'enrouler
巻きつく、dans qqch　〜にくるまる

mettre une chose autour de soi pour s'envelopper

☐ 1 **Un serpent rouge *s'enroulait* dans la gouttière.**
赤い蛇が側溝でとぐろを巻いていた。

☐ 2 **Après être sortie de la piscine, elle *s'est enroulée* dans une serviette de bain.**
プールから出て、彼女はバスタオルにくるまった。

＊この例は se rouler と置き換えられる。

Q 適語選択 ┃ 下記の文の後に無理なく続けられるのは①〜③のどれか。[3]

Ma petite-fille s'est enroulée dans une couverture pour ...
① se baigner　② s'enflammer de colère　③ se réchauffer

424

flamme「炎」から派生した enflammer は［語源 en「〜の状態にする」＋ flamme］から、「火をつける」(↔ éteindre)、「燃え立たせる」(＝ exciter) の意味。

「ベッドでたばこを吸うと、家が火事になるかもしれない（←家に火がつく恐れがある）」という意味。ジェロンディフを使い、prendre feu ＝ s'enflammer を用いて、[**En**] [**fumant**] au lit, notre maison risque de [**s'enflammer**]. となる。

roue [nf]「車輪」に関係する rouler は「転がる、（車が）走る」の意味。同じく roue に関連する他動詞 enrouler は「〜を巻く、くるむ」の意味（例：enrouler un pansement autour d'un bras「腕に包帯を巻く」）。反対に「（巻いたものを）広げる」は dérouler という。代名動詞は再帰的用法の自動詞。

孫娘が毛布にくるまって「①入浴した　②怒りに燃えた　③体を温めた」となる。もちろん、**③が自然な流れ**。

407 ▶41
s'entasser
（物が）積み重なる、（人が）ひしめき合う

se réunir en trop grand nombre dans un lieu

□ 1 Dans le bureau de mon père, les livres et les dictionnaires *s'entassaient* ici et là.

父の書斎は本や辞書があちこちに積み重なっていた。

Q 作文・ディクテ 「ラッシュアワー時には地下鉄は人でごったがえす（鮨詰めになる）。」

□ 2 Aux _____, les gens _____.

408 ▶41
s'entêter
dans qqch / à + inf.　固執する、頑として～し続ける

ne pas vouloir céder ou renoncer = s'obstiner [persister] dans qqch / à + inf.

□ 1 Ce chercheur-là *s'entête* à défendre ses théories.

あの研究者は頑として自説を曲げようとしない。

＊見てわかるように tête [nf]「頭」に関連する単語、単独の entêter は「（酒や臭いなどが）頭をふらふらさせる」という意味。

Q 作文・ディクテ 「そのテキストを理解しようとすることに固執しないように、難しすぎるので。」

□ 2 Ne _____ ce texte, il est trop difficile.

409 ▶41
s'évader
脱走する

s'échapper sans attirer l'attention

□ 1 Le suspect *s'est évadé* par la fenêtre déverrouillée.

容疑者が施錠していなかった窓から脱走した。

＊本来的用法の代名動詞。[語源 é「外に」＋ vader「行く」]から「逃れる」の意味。

tas [nm]「山積み」の派生語 entasser［語源 en「〜の状態にする」＋ tas］は「（物を）積み重ねる、（人を）詰め込む」（例：entasser des dictionnaires par terre「床に辞書を積み上げる」）といった意味。

Aux **heures de pointe**, les gens **s'entassent dans le métro**. となる。受け身を用いて、Les gens sont entassés dans le métro.「人々は地下鉄でぎゅうぎゅう詰めになっている」といった言い方もできる。なお、「鮨詰めである（←缶詰の鰯のように詰められる）」être serrés comme des sardines という定番の言い方もある。

Ne **t'entête pas à essayer de comprendre** ce texte, il est trop difficile. となる。

仏検2級〜準1級レヴェル／準1級レヴェル超

Q 適語選択 ┃ 下記の下線部と類義になるのは①〜③のどれ。²

Le prisonnier Shiratori Yoshie s'est <u>évadé</u> quatre fois de prison.

① s'échapper　　② s'emprisonner　　③ se jeter

410 ▶41
s'évanouir

(1) 気絶する　(2) 消え失せる

(1) perdre connaissance

□ ¹　**Je *me suis évanoui(e)* de douleur.**
　　私は痛みで気を失った。

＊本来的用法の代名動詞。défaillir という類義語がある。

(2) se dissiper et disparaître

□ ²　**À la vue de l'équipe de secours, les craintes des évacués *se sont évanouies*.**
　　救助隊の姿を目にして、避難した人たちの恐怖は消え失せた。

Q 適語選択 ┃ 下記の文と類義になるのは①〜③のどれ。³

Ma femme s'est évanouie.

① Ma femme a la pêche.

② Ma femme est tombée dans les pommes.

③ Ma femme sucre les fraises.

411 ▶42
s'exclamer

（喜び、驚き、怒りなどから）声をあげる、〜に感嘆の声をあげる

dire d'une voix forte

□ ¹　**Elle *s'est exclamée* de joie quand elle a gagné aux courses.**
　　彼女は競馬で勝ったとき、喜びの声をあげた。

＊［語源 ex「外に」＋ clam「叫ぶ」］から派生した本来的用法の代名動詞。

「受刑者白鳥由栄は 4 度脱獄した」の意味。白鳥は「昭和の脱獄王」の異名で知られた。**「脱獄する」は** ①、あるいは s'échapper de prison ともいう。②は「(dans に) 閉じこもる」、③は「身を投げる」という意味。

se を省いて faire évanouir toutes les espérances 「あらゆる希望を失わせる」といった使い方もある。

「妻は気を失った」という意味で、**②が類義**。① avoir la pêche は「元気である (←桃を持つ)」、② tomber dans les pommes は「気を失った (←りんごの中に倒れる)」というくだけた表現、③ sucrer les fraises は「もうろくしている (←いちごに砂糖を加える)」という言い回し。

Q 適語補充 下記の文の空所に適語を入れなさい。[2]

Elles se sont exclamées [　] la beauté du paysage.

412 ▶42
se faufiler
もぐり込む

se glisser sans se faire remarquer

□ [1] Le chiot *s'est* encore *faufilé* sous le lit.
子犬がまたベッドの下にもぐり込んだ。

Q 作文・ディクテ 「変質者は地下鉄の乗客の中に紛れ込んだ。」

□ [2] Le pervers _____ métro.

413 ▶42
se fendre
割れる、ひび割れる、裂ける

s'ouvrir une fente

□ [1] Elle *s'est fendu* la lèvre en tombant.
彼女は転んで唇が裂けた。

＊自分の体の部位に関わる出来事を表す例。la lèvre が直接目的語。

Q 作文・ディクテ 「地震で壁がひび割れた。」

□ [2] Le mur _____ terre.

414 ▶42
se froisser
(1)（布や紙などが）しわになる　(2) 気を悪くする

(1) prendre des faux plis

□ [1] Ce vêtement de soie ne *se froisse* pas.
この絹の服はしわにならない。

430

前置詞 **sur** が入る。s'exclamer sur qqch で「〜に感嘆の声をあげる」の意味になる。訳は「彼女たちは美しい景色に感嘆の声をあげた」となる。

fil「系」からの派生で、faufiler は「仮縫いする」の意味。se faufiler は意味をまったく異にするため、本来的用法として扱われる。

Le pervers **s'est faufilé entre les passagers du** métro. となる。なお、passager, passagère は「飛行機や船の乗客」、voyageur, voyageuse（SNCF など一部の企業がこの単語を使っている）は「電車、地下鉄、バスの乗客」と区別、限定していると注記の載った辞書もあるが、通常「乗客」の意味では passager, passagère の方が広く一般に使われている。

fendre はラテン語の「割る、裂く」を意味する動詞から派生、たとえば fendre du bois「薪（まき）を割る」など「（主に縦に）割る、裂く」の意味で使われる他動詞。

「地震で」は「地震のときに」と考えて、Le mur **s'est fendu lors du tremblement de** terre. となる。

☞ **「割れる」という表現あれこれ**

コップが割れる。　Le verre se casse [se brise].
＊「粉々にくだける」なら se fracasser を使う。
卵が割れる。　　L'œuf se casse.
＊床に落ちて「ぐしゃっと潰れる」といったケースなら L'œuf s'écrase. という。
池の氷が割れる。　La glace de l'étang se casse [se fend].
＊ se fendre は「ひび割れる」の意味。
意見が割れる。　Les avis sont partagés.
音が割れる（← 音のひずみがある）。　Il y a de la distorsion.

froisser は「（布や紙を）しわにする」、se froisser で「（布や紙が）しわになる」の意味。

(2) se vexer

□ ² **Ma tante *se froisse* pour un rien.**
おばはささいなことで気を悪くする。

＊説明的に言えば、Ma tante est sensible et se vexe facilement. という中身。例文の pour un rien は「ちょっとしたことで」の意味。なお、pour rien なら「無料で、つまらないことで」の意味になる。

Q 動詞選択 ┃ 下記の2つの文に froisser か se froisser のいずれかを複合過去形にして入れよ。³

① Elle [   ] un muscle en faisant des étirements.
② Ma remarque [   ] mon collègue.

415 ▶42
se gratter
自分の体の一部を掻（か）く

gratter, une partie de son corps qui démange

□ ¹ **Elle *s'est grattée* jusqu'au sang.**
彼女は血が出るまで体を掻きむしった。

＊この se「自分自身（の身体）」を指す直接目的語。もし「彼女は血が出るまで腕を掻いた」なら「腕」が直接目的語となるため過去分詞の性数一致は行なわれず、Elle s'est gratté le bras jusqu'au sang. となる。

Q 作文・ディクテ ┃「息子は頭をかく癖がある。」

□ ² **Mon fils ～～～～～～～～ la tête.**

416 ▶42
s'irriter
de qqch / de + inf.　～でいらだつ

se mettre en colère à cause de qqch

□ ¹ **Je *me suis irrité(e)* du bruit des travaux de voirie dans mon quartier.**
近所の道路工事の騒音でいらいらする。

＊類義語 s'agacer ＜ s'énerver ＜ s'irriter の順で「いらだちの度合い」は強まる。

432

froisser は「人の感情を傷つける」という他動詞としても使われる。

se froisser には「自分の体の一部を痛める（傷める）」の意味がある。よって
①には [**s'est froissé**] と入り「彼女はストレッチをしていて筋肉を痛めた」
という意味に、②には他動詞 froisser が [**a froissé**] と入り、「私が注意し
たので同僚は気を悪くした」という意味になる。

「〜する癖がある」avoir le tic de ＋ inf. を用いて、Mon fils **a le tic de
se gratter** la tête. となる。se は間接目的語。身体部「頭」la tête が直接
目的語。

そもそもは「興奮させる」という意味から。irriter は「いらだたせる、怒らせる」の
意味（例：Le bruit des ongles sur du verre m'irrite. 「爪でガラスを引っ掻く
音はいらいらする」）。

☞ **騒音・音**

bruit [nm] は、気に触る大きな音など「好ましくない音」＝「物音、騒音」（例：souffrir du bruit「騒音に悩まされる」）、あるいは「非音楽的な音」（例：le bruit de la pluie「雨の音」、le bruit des vagues「波の音」）、「噂（うわさ）」（＝ rumeur [nf]）を指す単語。なお、通常は単数で用いられる単語だが、もしも物音が複数重なっていれば英語の noise と違って複数形を使うことができる（例：J'entends des bruits dans la chambre de mon fils.「息子の部屋で物音がする」）。son [nm]「（音楽的な）音、サウンド、響き」（例：danser au son de l'accordéon「アコーデオンの音に合わせて踊る」、le mur du son「音速の壁」）とは違う。

Q 整序問題 ┃ 意味が通じるように [　] 内の語を並べ替えよ。[2]

L'hôtesse de [de, s'est, l'arrivée, irritée, tardive, l'auberge] de ses clients.

417 ▶42

se lamenter

sur, de qqch / de + inf.　～を嘆く

se plaindre longuement ↔ se réjouir

☐ [1]　**Mon beau-père *se lamente* souvent sur son malheur.**
　　義父はよくわが身の不幸を嘆いている。

＊この代名動詞は本来的用法。

Q 作文・ディクテ ┃ 「私の上司は何の努力もせず、出世できないと常々嘆いてばかりいる。」

☐ [2]　**Mon patron ne fait** ～～～～～～～～～～～～～～～～～～～～～
　　～～～～～ **avancer.**

418 ▶42

se moucher

はなをかむ

débarrasser le nez des mucosités qui l'encombrent

L'hôtesse de [**l'auberge s'est irritée de l'arrivée tardive**] de ses clients. となり「旅館の女将は客の到着が遅いのでいらだっていた」の意味になる。

Mon patron ne fait **aucun effort et se lamente toujours de ne pas pouvoir** avancer. となる。

仏検2級〜準1級レヴェル／準1級レヴェル超

□ ¹ **Tu *te mouches* dans un mouchoir ?**
ハンカチではなをかむのですか。

Q ┃ 整序問題 ┃ [　]内の語を意味が通じるように並べ替えよ。²

Notre belle-fille n'arrête pas [depuis, le début, des foins, de son rhume, de se moucher].

---

419 ▶42
se mouiller
濡れる、湿る

---

devenir humide ou trempé

□ ¹ **Le linge *s'est mouillé* sous l'averse.**
洗濯物はにわか雨で濡れてしまった。

Q ┃ 和　訳 ┃ 下記の文を訳しなさい。

■ ² **Elle s'est mouillée dans une sale affaire sans le savoir.**

---

420 ▶42
s'obstiner
強情を張る、執拗である、
à + inf.　あくまで（執拗に）〜しようとする

---

fixer, d'une manière tenace, son esprit ou sa volonté sur une idée ou sur un but à atteindre

□ ¹ **Ne *t'obstine* pas.**
意地にならないで .

＊本来的用法の代名動詞。[語源 ob「反対して」＋ stiner「立つ」] から。

Q ┃ 書き換え ┃ 下記の文を s'obstiner à + inf. を用いて書き換えよ。²

Ils poursuivent obstinément cette étude.

moucher はたとえば「子どものはなをかんでやる」moucher un enfant とか、口語では se faire moucher「ひどく叱られる」いった形で使う。なお、mouchoir [nm] は「ハンカチ、ティッシュ」を指すが、そもそもは「はなをかむもの」という意味の単語。

Notre belle-fille n'arrête pas [**de se moucher depuis le début de son rhume des foins**]. と並び「孫娘は花粉症（←干し草の風邪）が始まってからたえずはなをかんでいる」という意味になる。「花粉症」は pollinose [nf] ともいう。なお、会話では「私は花粉症です」Je suis allergique au pollen.（←花粉に対してアレルギーを起こす）といった言い方をする。

mouiller は「湿らせる、濡らす」という他動詞。よって、この例は受動態を用いて Le linge a été mouillé par l'averse. と書き換えることができる。

口語では「身を危うくする、（危険などに）関わり合う」（＝ se compromettre）の意味でも使われる。よって訳せば、「**彼女は知らず知らずのうちに厄介なこと（スキャンダル）に巻き込まれた**」といった意味になる。

Ils s'obstinent à poursuivre cette étude. と書けて、「彼らは執拗にこの研究をし続けている」といった意味になる。

A
B
C 仏検2級〜準1級レヴェル／準1級レヴェル超

421 ▶ 43
se peigner
（櫛で）自分の髪をとかす、整える

mettre de l'ordre dans ses cheveux

- □ 1 **Mon mari *se peigne* devant le miroir de la porte d'entrée avant d'aller travailler.**

  夫は仕事に行く前に玄関の鏡の前で髪をとかす。

＊『「櫛」peigne [nm] でとかす』のが peigner で、代名動詞は再帰的用法。ちなみに「髪を手でとかす」なら Elle s'est passé rapidement les mains dans les cheveux.「彼女は髪をさっと手でとかした」といった言い方をする (les mains が直接目的語)。

Q 空所補充 ┃ 下記の2つの文が同じ意味になるように空欄に適語を入れよ。[2]

Peigne-toi rapidement.

= [D_____]-toi un [c_____] de peigne.

422 ▶ 43
se perfectionner
en qqch　上達する、〜の知識を高める

rendre meilleur, parfait

- □ 1 **Mes élèves *se sont perfectionnés* en chinois en passant six mois à Pékin.**

  私の教え子たちは北京で半年過ごして中国語にさらに磨きをかけた。

Q 適語選択 ┃ 下線部と類義になるのは①〜③のどれ。[2]

■ **Elle s'est perfectionnée considérablement au piano.**

① faire des progrès　　② se lasser　　③ se prendre

423 ▶ 43
se réchauffer
（気温が）暖かくなる、（自分の体を）暖める

devenir chaud ↔ se rafraîchir

- □ 1 **Le climat de la Terre *se réchauffe* à cause de l'effet de serre.**

  地球の気温は温室効果のせいで温暖化している。

「さっと髪を整えて（とかして）」の意味。se donner un coup de peigne で「さっと髪をとかす」の意味。よって、[**Donne**]-toi un [**coup**] de peigne. となる。

[語源 per「完全に」＋ faire「作る」] parfait(e) から派生した、perfectionner は「改良する、完成度を高める」（例：perfectionner la précision des thèses de doctorat「博士論文の精度を高める」＝ améliorer）、se perfectionner は再帰的用法で「自らを改良する」→「上達する」の意味になる。

例文は「彼女はピアノがずいぶんと上達した」の意味。①が同義。②は se lasser de qqch で「〜に飽きる」、③は se prendre à qqch で「〜に夢中になる」の意味、se prendre à ＋ inf. は文章語だが「〜し始める」（＝ commencer à ＋ inf.）の意味になる。

réchauffer は [語源 ré「再び」＋ chauffer「温める、熱する」] から「（冷えたものを）温め直す、（日光や酒などが体を）暖める」の意味。

Q ‖ 空所補充 ‖ 下記の空所に共通に入る語句を答えよ。²

① 温めたワイン（ヴァン・ショ）を飲んでごらん、体が暖まるよ。

Bois ce petit verre de vin chaud, ça va [　　　　].

② 暖炉のそばに来て体を暖めて。

Viens [　　　　] près de la cheminée.

---

424 ▶43

se rafraîchir

(1) （気候が）涼しくなる
(2) （人が）涼をとる、冷たい飲み物を飲む

---

(1) devenir plus frais ↔ se réchauffer

☐ ¹　**En octobre, le temps *se rafraîchit* petit à petit.**
　　10 月になり、少しずつ涼しくなってきている。

(2) calmer la soif, boire une boisson fraîche

☐ ²　**Tu veux *te rafraîchir* en terrasse ?**
　　テラスで何か冷たいものでも飲みますか。

＊形容詞 fraîs, fraîche「涼しい、ひんやりした」から派生した rafraîchir は「（人や周囲
を）冷やす、涼しくする」（例：Le brouillard rafraîchit l'atmosphère.「霧が出ると
あたりは涼しくなる」）あるいは「（飲み物が人を）さわやかな気分にする」という意味。

Q ‖ 動詞選択 ‖ 下記の2つの文に rafraîchir か se rafraîchir のいずれかを入れよ。³

① **Elle voudrais [　　　　] dans les toilettes.**
② **Elle va vous [　　　　] la mémoire.**

---

425 ▶43

se refroidir

（天候などが）冷える、冷たくなる

---

devenir plus froid ou moins chaud

☐ ¹　**Le temps *se refroidit* aujourd'hui.**
　　今日、気温が下がっている（冷え込んでいる）。

＊ froid から派生。反対語は chaud から派生した se réchauffer「暑くなる」、類義の

共通に入るのは **te réchauffer** となるが、①は他動詞 réchauffer ＋ qqn の形、②は代名動詞 se réchauffer を tu の命令文で活用した形。

se rafraîchir は「ちょっと化粧を直す」(＝ faire une petite toilette) の意味でも使われるので①は [**se rafaîchir**] と入れて「彼女は手洗いで化粧をちょっと直したい」の意味になる。rafraîchir la mémoire à qqn は「忘れていたことを思い出させる」(＝ rappeler un souvenir oublié à qqn) という熟語、そのため [**rafraîchir**] と入って②は「彼女はあなたに忘れていたことを思い出させてくれる」という意味になる。

他動詞 refroidir は「(飲食物が) 冷める」、あるいは「冷やす、(熱意や好意を) さます」という意味。また、自動詞 refroidir は À table, ça va refroidir !「ご飯ですよ、冷めちゃうよ」といった使い方をする。

frais, fraîche から派生した se rafraîchir を用いた Le temps se rafraîchit. なら「涼し
くなってきている」という肌感覚になる。なお、「気温が 2 度下がった」と表現するなら
baisser を用いて、La température a baissé de deux degrés. といった言い方をする。

Q 動詞選択 下記の2つの文に refroidir か se refroidir のいずれかを複合過
去形で入れよ。[2]

① Le temps [　　　　　　] cette semaine.
② La pluie d'orage [　　　　　　　] l'atmosphère.

426 ▶43
se raviser ┆ 意見を変える、考え直す

changer d'avis, revenir sur sa décision, généralement mauvaise

☐ 1 **Après une longue hésitation, elle *s'est ravisée*.**
長々ためらったあと、彼女は意見を変えた。

＊「意見」を意味する avis [nm] に関連する語、本来的用法の代名動詞。

Q 整序問題 [　] 内の語句を意味が通じるように並べかえよ。[2]

**Georges voulait acheter une Ferrari, mais il [a, il, le, vu, s'est, ravisé,
vite, quand] prix.**

427 ▶43
se reconvertir ┆ dans qqch　～の分野に転業 (転職) する

exercer un nouveau métier, changer d'emploi

☐ 1 **Ma femme *s'est reconvertie* dans l'informatique.**
妻はコンピュータ業界に転職した。

Q 適語選択 下線部と類義にならないのは①〜③のどれ。[2]

Mon mari n'a pas pu se reconvertir dans la publicité.
① changer d'emploi　　② se placer　　③ se recycler

①は「今週は冷え込んだ」、②は「夕立で空気がひんやりした」の意味。①には自動詞（＝代名動詞）、②には他動詞が入る。よって、解答は① **[s'est refroidi]**、② **[a refroidi]** となる。

Georges voulait acheter une Ferrari, mais il [**s'est vite ravisé quand il a vu le prix**]. となり、意味は「ジョルジュはフェラーリを買いたかったが、値段を見てすぐに考え直した」となる。

convertir A en B「A を B に変える」から派生した reconvertir qqch は「（産業・設備などを）転換する」、reconvertir qqn dans qqch は「人を〜に配置転換させる、転職させる」という他動詞。

「夫は広告業界への転職がかなわなかった」の意味。①、③は類義だが、②は「**雇われる、就職する**」（＝ **obtenir un emploi**）という意味で「転業（転職）する」ではない。

仏検2級〜準1級レヴェル／準1級レヴェル超

se relaxer くつろぐ、リラックスする

se détendre, se décontracter

□ 1 **Les étudiants ont besoin de *se relaxer* après leurs examens.**
学生は試験の後はリラックスする必要がある。

＊形容詞 relaxé(e)（← re「（緊張した状態を）再び、元へ」＋ laxé「ゆるめる」）の関連語 relaxer は「（精神的・肉体的に）くつろがせる」（例：Un bon bain vous relaxera.「ゆったりお湯につかればリラックスできます」＝ Vous pourrez vous détendre en prenant un bon bain.）の意味。

Q 作文・ディクテ ┃「彼女たちは音楽を聴いてリラックスした。」

□ 2 **Elles** ˍˍˍˍˍˍˍˍˍˍˍˍˍˍˍˍˍˍˍˍˍˍˍˍˍˍ **musique.**

se remuer （人が）体を動かす

bouger en se donnant de la peine

□ 1 ***Remue-toi* un peu !**
少しはしゃんとなさい。

＊ remuer は他動詞で「動かす、（人が）物や手足を動かす」、自動詞なら「身動きする」という動詞。

Q 動詞選択 ┃ 下記の2つの文に remuer か se remuer のいずれかを現在形にして入れよ。2

① **Un petit garçon [** ˍˍˍˍˍˍ **] sans arrêt dans le bus.**
② **Une petite fille [** ˍˍˍˍˍˍ **] avec difficulté.**

se repentir de qqch / inf.　後悔する

regretter vivement d'avoir fait qqch

Elles **se sont relaxées en écoutant de la** musique. となる。過去分詞
の性数一致を忘れずに。

①には [**remue**] が入り「男の子がバスの中でずっと動き回っている」(= ne
pas pouvoir rester sans remuer)、remuer は「(軽い動作で) 動く」の意
味。②には [**se remue**] と入って「女の子が体を動かすのに難儀している」
(= se mouvoir) の意味になる。②は Une petite fille a de la peine à se
remuer. といった言い換えもできる。

□ [1] Elles *se sont repenties* amèrement d'avoir fait les folles.

彼女たちははしゃぎすぎたことで苦い後悔の念にとらわれた。

＊本来的用法の代名動詞。de + inf. の箇所は例文のように複合形になる。なお、例
文の熟語 faire le fou は「ばか騒ぎをする」（←ばか騒ぎをする人を演じる）の意味
だが、ここでは主語に合わせて faire les folles となる点にも注意。

Q 作文・ディクテ 「私は彼（彼女）に本当のことを言ったことを悔いてはいない。」

□ [2] Je ＿＿＿＿＿＿＿＿＿＿＿＿＿＿ la vérité.

Q 和 訳 下記の文を訳せ。

■ [3] On se repent toujours après coup.

---

431 ▶44

se résigner

à qqch / inf.　（嫌な事柄を）甘受する、あきらめて〜する

---

accepter sans protester des choses pénibles ou injustes

□ [1] Il faut *vous résigner* à votre sort.

運命だと思ってあきらめなくてはならない（←運命を受け入れなくてはならない）。

＊文章語 résigner［語源 re「再び」＋ signer「署名する」/ 仕事を始める際に一度、
辞める際にもう一度 signer「サインする」ことに由来］という動詞もないではないが、
見出し語は本来的用法の代名動詞として扱われる。

Q 適語選択 下線部と類義になる語は①〜③のどれか。[2]

Elle ne se résigne pas à la mort de sa fille.

① se consoler de　　② se souvenir de　　③ tenir compte de

---

432 ▶44

se rincer

（石鹸で洗った後）体を洗う、（自分の口を）すすぐ

---

se passer à l'eau, après s'être savonné

□ [1] Une femme ne s'est pas essuyée avec une serviette après *s'être rincée*.

女性は体を流したあと、タオルで拭かなかった。

446

Je **ne me repens pas de lui avoir dit** la vérité. となる。

après coup は「あとになって、遅ればせに」という意味、したがって「**後悔先に立たず（←あとになって後悔するのが常だ）**」（＝ On regrette toujours trop tard.）という諺になる。

「彼女は娘の死をあきらめられない」の意味。**類義なのは①で「（悲しみなどから）立ち直る」という意味**。②は「〜を覚えている」、③は「考慮に入れる、尊重する」の意味。

| rincer は「（水で）すすぐ」という他動詞。英語の rinse に相当する。

Q 適語選択 ┃ どちらか正しい方を選べ。[2]

Elle [① a rincé   ② s'est rincé] la bouche.

433 ▶44
se ruer
飛びかかる、殺到する

s'élancer brusquement et violemment

□ [1] **Au moment du tremblement de terre, les spectateurs *se sont rués* vers la sortie.**
地震があったとき、観客は出口に殺到した。

＊自動詞 ruer には「(馬が後脚で) 蹴る」の意味はあるが、通例 se ruer の形で使われるので本来的用法の代名動詞に分類できる。

Q 適語選択 ┃ [   ] に入る前置詞は①～③のどれか。[2]

Le chien policier s'est rué [① dans   ② sur   ③ vers] l'attaquant.

434 ▶44
se soûler
酔っ払う

boire de l'alcool jusqu'à être soûl

□ [1] **Elle *s'est soûlée* avec un cocktail.**
彼女はカクテル1杯で酔った。

＊くだけた言い方。se saouler とも綴られる。

Q 適語選択 ┃ 「姉 (妹) が泥酔した」の意味になるのは①～③のどの語を入れたときか。[2]

Ma sœur s'est soûlé [① la gorge   ② la gueule   ③ les lèvres].

448

「彼女は口をすすいだ」の意味。たしかに、単独の rincer は「〜を洗う、すすぐ」の意味だが、「すすぐ」対象は「皿、コップ、洗濯物」など。自分の身体 (あるいはその一部) を「洗う、すすぐ」の意味なら②代名動詞を使う。

「警察犬が敵 (攻撃者) に飛びかかった」の意味。se ruer sur qqn / qqch (＝ se jeter sur, sauter sur, se précipiter sur) で②を選ぶ。se ruer vers [dans] qqch は「〜に向かって押し寄せる」の意味になる。

soûler は「酔わせる」あるいは「うんざりさせる」という意味。「軽く酔う、ほろ酔いになる」se griser という代名動詞や「ほろ酔い加減である、酔いがさめきっていない」être entre deux vins といった言い回しもある。

選択肢は ①「喉」②「口」(la bouche「口」の下品な言い方) ③「唇」の順に並んでいるが、正解は②。ちなみに、「ひどい二日酔いだ」を avoir la gueule de bois (←「木の口を持つ」：酔うと「喉が渇く」が、飲みすぎると「口が木のように乾く」という感覚になる?ことから) と表現する (avoir mal aux cheveux「←髪の毛が痛い」ともいう)。なお、例文の直接目的語は la gueule なので、過去分詞の性数一致は行なわれない。

449

435 ▶44

se tordre

de qqch　～で身をよじる、(物が) 曲がりくねる、
(手足を) くじく、捻挫する

se plier en deux à cause d'une émotion ou d'une sensation violente

☐ 1　Le patient *se tordait* de douleur.
　　　患者は苦痛に身をよじっていた。

＊類義に se tortiller「身をくねらせる」という代名動詞もある（例：se tortiller
comme un ver「ミミズのように身をよじる」）。

Q 作文・ディクテ 「祖母は転んで足首をくじいた。」
☐ 2　Ma grand-mère ＿＿＿＿＿＿＿＿＿＿＿＿＿.

436 ▶44

se vexer

気を悪くする、腹を立てる

se sentir humilié

☐ 1　Ne *te vexe* pas !
　　　気を悪くしないで。

☞ 腹を立てる、気を悪くする
最も一般的には「不快な思いをする（嫌悪感を抱く）」が語源の se fâcher が使われる。
見出し語は、相手の態度や言動などに「気を悪くする、感情を害される」の意味で、類
義語に se froisser, se blesser といった動詞もある .

Q 作文・ディクテ 「うちのシェフはつまらないことですぐ腹を立てる。」
☐ 2　Notre chef ＿＿＿＿＿＿＿＿＿＿＿＿.

437 ▶44

s'évertuer

à + inf.　～するように全力を尽くす、
～するように骨を折る

faire beaucoup d'efforts pour + inf.

se を伴わない独立した tordre は「ねじる、ねじ曲げる」という他動詞で用いられる（ちなみに tornade [nf] は「竜巻」のこと）。なお、医者から見た「患者」が patient(e) で、広く「病人」を指すなら malade を用いる。

「足首」が直接目的語なので、過去分詞の性数一致が行われない点に注意。Ma grand-mère **s'est tordu la cheville en tombant**. となる。

[語源「激しく動かす」]を意味するラテン語派生の vexer は「自尊心を傷つける、気を悪くさせる」（例：Excuse-moi, je ne voulais pas du tout te vexer.「ごめん、気を悪くさせるつもりなんてさらさらなかったんだ」）の意味。

Notre chef **se vexe vite pour un rien**. となる。Notre chef se vexe vite d'un rien. としても同義になる。

□ 1 **Elle _s'est évertuée_ à apprendre les bonnes manières aux mauvaises filles.**
彼女は不良少女たちにきちんとしたマナーを教えるために相当な努力をした。

＊本来的用法の代名動詞。s'acharner, s'escrimer, s'ingénier といった類語がある。

Q 作文・ディクテ 「もしも彼に忠告すると、彼は反対のことをやろうとしますよ。」
□ 2 **Si on _____, il _____ contraire.**

438 ▶44
s'aliter | （病気で）寝込む、臥（ふ）せる

se mettre au lit lorsqu'on est malade
□ 1 **Mon mari a dû _s'aliter_ à cause de la grippe.**
夫はインフルエンザで寝込まざるを得なかった。

Q 作文・ディクテ 「妻は高熱が出て、寝込んだ。」
□ 2 **Ma femme _____, elle _____.**

439 ▶44
s'assoupir | まどろむ、うとうとする

s'endormir peu à peu
□ 1 **Mon grand-père _s'est assoupi_ sur le canapé du salon après le déjeuner.**
祖父は客間のソファの上で昼食後にまどろんだ。

＊ラテン語「眠らせる」に由来する。assoupir は「まどろませる、うとうとさせる」の意味
（例：Le bon repas l'a assoupie.「おいしい食事をたくさん食べて彼女は眠気に襲
われた」）。

Q 適語選択 下線部と類義にならないのは①～③のどれか。[2]
J'adore m'assoupir au soleil.
① sommeiller ② somnoler ③ veiller

Si on **lui donne un conseil**, il **s'évertuera à faire le** contraire. となる。

lit [nm]「ベッド」に関連する aliter は「(病人を) ベッドに寝かせる」の意味。être alité は「臥せっている」という状態、s'aliter は「臥せる」という動作を指す。faire le lit なら「ベッドを整える (ベッドメーキングする)」の意味。

☞ 家事 (台所仕事・日々の暮らし) と faire

faire le ménage　家の掃除をする ＊ nettoyer「掃除する」、balayer「掃く」、essuyer「拭く」。
faire une chambre　部屋を掃除する (片づける)
faire la cuisine　料理を作る ＊「料理する」cuisiner, préparer も使われる。
faire la vaisselle　食器を洗う ＊「食器を片づける」は desservir la table という。
faire la lessive　洗濯する ＊ laver le linge ともいう。
faire les courses [commissions]　(食料品や日用品の) 買い物をする ＊ faire des achats は広く「買い物をする」の意味。faire du shopping「ショッピングする」も使われる。
faire du jardinage　ガーデニングをする ＊ jardiner も同義。
faire du bricolage　日曜大工 (DIY) をする ＊ bricoler も同義。

Ma femme **avait une fièvre de cheval**, elle **s'est alitée**. となる。「馬の熱」＝「高熱」という口語表現。ちなみに馬は 37.5 ～ 38.2 ℃ぐらいが古馬の平熱とされる。なお、de cheval は「激しい、強い」という意味で使われ、remède de cheval [nm] なら「劇薬」を指す。

「私は日なたでうとうするのが大好きだ」の意味。①、②は類義 (ちなみに、sommeiller も somnoler も 対応する名詞は somnolence [nf] で、sommeil [nm] に対応する動詞は dormir になる点に注意) だが、③は「**夜更かしする、徹夜する**」の意味。

s'assouplir
（人や体が）柔軟になる、柔らかくなる

devenir plus souple

□ 1 **Grâce à la gymnastique, son corps _s'est assoupli_.**
体操のおかげで、彼（彼女）の体は柔らかくなった（体がほぐれた）。

＊「体が柔らかい」は être souple という。ちなみに「柔らかい（ふっくらした）パン」なら pain tendre [nf]、「柔らかな（ふんわりした）ベッド」なら lit douillet [nm]、「柔らかい（なめらかな）肌」なら peau douce [nf] と表現する。

Q 作文・ディクテ 「ドゥニは若いときはすごく喧嘩早かったが、年をとって穏やかになった。」

□ 2 **Denis se disputait beaucoup _____, mais _____**
_____.

se durcir
固くなる、（立場などが）強硬になる、いかめしくなる

devenir plus dur, plus sévère

□ 1 **Sa voix _se durcit_ quand elle est en colère.**
彼女が怒っていると声は強い調子になる（声は荒立つ）。

＊反意語「穏やかになる」なら se radoucir を用いる。

Q 動詞選択 下記の2つの文に durcir か se durcir のいずれかを現在形にして入れよ。 2

① **Son visage [　　　　] à cause de la tension.**
② **Sa nouvelle coiffure lui [　　　　] le visage.**

assouplir「柔らかくする」（例：assouplir le corps「体を柔軟にする（ほぐす）」）は souple「柔軟な、しなやかな」から派生した動詞、ちなみに「柔軟体操」は exercices [mouvements] d'assouplissement [nm.pl] という。

Denis se disputait beaucoup **quand il était jeune**, mais **s'est assoupli en vieillissant**. となる。この s'assouplir は「穏やかになる」（= devenir plus calme）の意味。

dur(e)「固い」から派生した durcir は他動詞で「固くする」（↔ ramollir) あるいは「（表情などを）きつくする」（↔ adoucir) の意味。

①は「彼（彼女）の顔が緊張でこわばっている」、②は「彼（彼女）の新しいヘアースタイルは顔がきつく見える（←顔をこわばらせる）」という意味。①は代名動詞が、②には他動詞が入るので、① **[se durcit]**、② **[durcit]** となる。

s'embarrasser

(1)（邪魔なものを）抱え込む
(2) 気にかける、心配する

(1) s'encombrer de

□ 1　Elle *s'est embarrassée* d'un parapluie et il ne pleut même pas.
彼女は不要な傘を持ってきた、雨なんか降っていないのに。

(2) se soucier, faire attention à

□ 2　Elle ne *s'embarrasse* pas du tout des autres.
彼女は他の人たちをまったく気にしない。

＊「気にかける」という語義の場合は否定文で用いる。

Q 　和　訳　┃ 下記の文を訳せ。

■ 3　Le conférencier s'est tellement embarrassé dans ses explications que je n'y comprends plus rien.

s'embêter

（人が）退屈する

s'ennuyer, trouver le temps long

□ 1　Votre femme avait l'air de *s'embêter* à la soirée d'hier.
あなたの奥さんは昨日のパーティーで退屈そうだった。

Q 作文・ディクテ ┃「やることがなくて退屈だ。」

□ 2　Je ＿＿＿＿＿＿＿＿＿＿＿＿＿＿.

s'empêtrer

dans qqch　（〜の中で）身動きが取れなくなる、
（困ったことに）巻き込まれる

devenir entravé, s'engager dans une situation embarrassante

□ 1　Le chat noir est en train de *s'empêtrer* dans la pelote de laine.
黒猫が毛糸の玉にからまってだんだん動けなくなっている。

［語源 em「中に」＋ barrass「障害物」→「気持ちを妨害する」］から生まれた embarrasser は「（動作の）邪魔になる、困らせる」（例：Sa demande m'embarrasse.「彼（彼女）の要求には困っている」）という意味。なお、「ばつが悪い（恥ずかしい）、困った」を意味する Je suis embarrassé(e). は日常会話で頻度の高い言い回し。

この s'embarrasser は s'empêtrer「動きがとれなくなる、行き詰まる」という意味合い。したがって**「講演者がひどくしどろもどろの説明をしたせいで、私にはその話がもうまったく何なのかわからない」**といった意味になる。

bête「愚かな、うかつな」を意味する形容詞、あるいは bête [nf]「（人間以外の）動物、愚か者、おばかさん」という名詞に関連した embêter は「困らせる、うんざりさせる、退屈させる」の意味。なお、Ça m'embête.「弱ったな、まずいな」の意味、Je suis embêté(e). ＝ Je suis ennuyé(e).「困ってるんだ」は会話の決まり文句。

Je **m'embête à ne rien faire**. となる。

次ページへ

A

B

C

仏検2級〜準1級レヴェル／準1級レヴェル超

＊ être en train de ＋ inf. は初級レヴェルの人が間違いやすい熟語のひとつ。「～している最中だ、～しつつある」の意味。ところが、意外な盲点はこの熟語の否定形での展開。たとえば、Je ne suis pas en train de plaisanter sur ma mésaventure. をどう和訳するか。上級者でもなかなか訳せない言い回し。否定すると「～するような気分ではない」という意味になるので「自分の災難を笑い話にするような気分ではない」となる。

　　□ ² **Elle *s'est empêtrée* dans ses mensonges.**
　　　　彼女は自分のついた嘘に縛られて身動きが取れなくなった。

＊ s'enferrer dans ses mensonges という言い方もする。

Q 作文・ディクテ 「グロ氏は言い訳をとめどなく繰り返すうちににっちもさっちもいかなくなった。」
　　□ ² **M. Gros** ＿＿＿＿＿＿＿＿＿＿＿＿＿＿＿＿＿＿ .

---

445 ▶45
s'encombrer
de qqn / qqch　～を背負いこむ、持て余す、しょい込む

---

prendre trop de (choses inutiles)
　　□ ¹ **Elle *s'est encombrée* de bagages inutiles.**
　　　　彼女は不要な荷物でいっぱいだ。

Q 和 訳 下記の文を訳せ。
　　■ ² **Ken ne s'encombre pas de scrupules.**

---

446 ▶45
se fracturer
（自分の）～を骨折する

---

se faire une fracture
　　□ ¹ **Elle *s'est fracturé* la clavicule en tombant de l'échelle.**
　　　　彼女は梯子（はしご）から落ちて鎖骨を折った。

＊ la clavicule「鎖骨」が直接目的語。

empêtrer「身動きできなくする」という動詞はあるが、辞書で se empêtrer は、本来的な代名動詞的な扱いを受けるケースが大半。

M. Gros **s'empêtrait dans des explications sans fin**. となる。M.Gros はかつて私が Dijon で教員をしていた時代に知り合った気のいいバスの運転手さんの本名。背が高く、痩せた人物だったが、Alain Gros という名だった。なお、形容詞 gros, grosse の使用には注意を要する。「あの人は太った女性だ」は C'est une grosse femme. ではストレートにすぎるので、C'est une femme forte. などと婉曲的に表現するのが通例だ。

encombrer は「（物品で部屋や通路などを）いっぱいにする、ふさぐ」（例：Autrefois, mon studio était encombré de boîtes en carton.「かつて、私のワンルームマンションはダンボール箱だらけだった」）の意味（語源は「伐採した木の山」を指す単語から）。あるいは「渋滞だ」の意味で C'est encombré !（←ふさがっている）とも使う。

scrupule [nm] は「良心のとがめ、不安、心配事」の意味、それを「しょい込まない」という文意なので、**ケンはあれこれと思い煩（わずら）う人ではない**といった訳になる。

[語源　frac(t)「砕ける、壊す」]を内包した fracturer「（〜の骨を）折る」の再帰的用法になる代名動詞。

「リュックはスキーをやっていて右の脛骨を骨折した。」

□ 2 En ＿＿＿＿＿＿＿＿, Luc ＿＿＿＿＿＿＿＿＿＿＿＿ droit.

---

447 ▶45

s'indigner

憤る、憤慨する

être révolté et manifester son indignation

□ 1 **Le professeur *s'est indigné* de l'attitude effrontée de l'étudiant.**
教師は学生のふてぶてしい態度に憤慨した。

Q 適語選択 下記の出だしに自然につながるのは①~③のどれ [2]

Elle s'est indignée ...

① que les notes de son fils se soient améliorées.

② que son fils ait tenu ses promesses.

③ que son fils ne l'ait pas invitée à son mariage.

---

448 ▶45

s'insurger

contre qqn / qqch （1）（権力に対して）反乱を起こす、反逆する　（2）激しく抗議する

(1) se révolter contre une autorité

□ 1 **Le peuple français *s'est insurgé* contre le roi en prenant la Bastille le 14 juillet 1789.**
フランス人は 1789 年 7 月 14 日にバスティーユを奪って王に対して蜂起した。

(2) s'opposer vivement à qqch

□ 2 **Les citoyens *se sont insurgés* violemment contre cette injustice.**
市民たちはこの不正に対して激しく抗議した。

＊ ［語源　in「強意の接頭辞」＋ surg「立ち上がる、現れる」］から生まれた本来的用法の代名動詞。

En **faisant du ski**, Luc **s'est fracturé le tibia** droit. となる。se casser le tibia droit とも言えるが、se fracturer の方が医学的な用語にふさわしい。

indigner「(不当・不義だと) 憤慨させる」は [語源 in「〜ない」＋ dign「価値がある」→「価値を認めない扱いを受ける」→「憤慨」] という流れから。

「彼女は憤慨した」に＜que ＋ [接続法]＞ が続いて、①「息子の成績が上がったことに」、②「息子が約束を守ったことに」、③は「息子が結婚式に彼女を招待しなかったことに」となる。言うまでもないが、**③をつなぐのは一番自然**な流れになる。

C 仏検2級〜準1級レヴェル／準1級レヴェル超

Q 書き換え ▎下記の文と同じ意味になるように [ ] 内に適当な語句を入れよ。[3]

Le maire du village s'est insurgé parce qu'on ne l'avait pas écouté.

= Le maire du village s'est insurgé [d] ne pas [a   ] [é] écouté.

= Le maire du village s'est insurgé [q   ] ne [l] pas écouté.

---

449 ▶45

se poudrer
(自分の顔に) 白粉 (おしろい) をつける

se mettre de la poudre sur le visage

☐ [1] **Cette petite fille *s'est poudrée* pour la première fois.**
この少女は初めて顔に白粉 (パウダー) をつけた。

＊この例は se (s') が直接目的語。

Q 作文・ディクテ ▎「口紅はつけたが、パウダーを塗るのを忘れた。」

☐ [2] Je ＿＿＿＿＿＿＿＿＿＿＿＿＿ mais j'ai ＿＿＿＿＿＿＿＿＿.

---

450 ▶45

se savonner
石鹸で自分の～を洗う、体を洗う

se laver avec du savon

☐ [1] **Elle *s'est savonné* les mains avec vigueur.**
彼女は石鹸でごしごし手を洗った。

＊ se (s') が直接目的語となる Elle s'est savonnée avec vigueur. という例なら「彼女は石鹸で体をごしごし洗った」の意味になる。

Q 適語選択 ▎文意からして [ ] 内のいずれが適当か選べ。[2]

La maman a mis le bébé dans la baignoire et [lui a savonné / s'est savonné] le dos.

「村長は自分の話を聞いてもらえなかったことに強く抗議した」の意味。de ＋ inf. と〈que ＋ ［接続法］〉による言い換えが後続。Le maire du village s'est insurgé [**de**] ne pas [**avoir**] [**été**] écouté. / Le maire du village s'est insurgé [**qu'on**] ne [**l'ait**] pas écouté. となる。

poudre [nf] 「粉、粉末」に関連する poudrer は「〜に白粉（パウダー）をつける」（例：poudrer son visage 「顔に白粉をつける」）の意味。

Je **me suis mis du rouge à lèvres** mais j'ai **oublié de me poudrer**. となる。この文は du rouge à lèvres が直接目的語。

savon [nm] 「石鹸」に由来する動詞 savonner は「〜を石鹸で洗う」（例：savonner du linge 「石鹸で下着を洗う」）の意味。

「ママは赤ちゃんを浴槽に入れ、背中を石鹸で洗った」となるが、ママが洗うのは「赤ちゃんの背中」なのか「ママ自身の背中」なのか。**もちろん lui a savonné が文意に合う。**

索　引

主たるターゲットである代名動詞はもとより、
本書内に不定法（動詞の原形）が載ってる動詞を
拾い上げました。ただ、あまりに煩雑になるた
め、例文や注記内で活用された動詞は、一部を除
いて掲載しておりません。本書内で触れている
文法・語法（主に太字の小見出し）については掲
載しています。

なお、番号表記は「見出し語番号」001 と例文・
設問番号 1 で <001-1> となっており、見開きの
両ページをその番号表記で統一しています。

473

おわりに

出版物の多くは、最初にページ数や判型が決められる。シリーズの企画の統一や、販売価格のせいだろうが、これだと著者は自由に書けない。数年前だが、勝手に分量を増やしたとして注記がすべて削られた苦い経験もある。しかし、この本は違う。思うように書かせてもらった。講義中に話が広がっていくように（脱線するように？）、ひとつの言い回しから、あれもこれもと情報を盛っていった。これほど注記が載った本はあまり例がないと思う。

一見しておわかりのように、代名動詞 450 の見出し語に対してかなり厚みがある。ひとつの単語から縦へ横へ、ひとつの言い回しから帰納的に演繹的に、注記・解説の枝葉を伸ばし、練習問題も単調なパターンの繰り返しにならないよう工夫したからだ。

ありがたいことに、編集を担当いただいた上野大介さんから情報を減らしてくださいとは一度も言われなかった。写真掲載も快諾いただいた。画像からの情報は記憶に残りやすく、例文暗記のきっかけにもなる。組版は、屋良達哉さんのデザイン性の高い、巧みな紙面作りで、斬新だが見やすい形となった。あわせて、愛情に溢れながらも厳しい眼差しで原稿をチェックしていただいた Julien Richard- 木口さんの存在にも支えられた。仕事が早く、注文の多い小生を支えていただいた皆様に心から感謝したい。そして、本書を手にしていただいたあなたにも、多謝。

▷ 最後に

同時通訳の神様と呼ばれた國弘正雄氏が繰り返し発言していたように、「音読・筆写」は外国語を学ぶための本当に効果的な学習法だ。愚直で、何の変哲もない学習法だが、すぐに効果が目に見えてくる。恥ずかしながら、学びの過渡期にあると自覚している自分は、今も、英語・フランス語をそうやって学んでいる（学びを学生に求める以上、自身も学びを怠ると教室での言葉に信憑性がなくなると考えている。ちなみに、数年前に一度かなりの量を処分したが、それでも「Campus A 普通横罫 7mm × 30 行 100 枚」の「音読・筆写」ノートがいまだに数十冊手元にある）。

たとえば、聞こえてきた音をそのまま書き取る練習だと、写真のように、まるで速記のようなグジャグジャな書き方にはなるが、続けていれば高い効果が望める。ぜひ、本書の音源を利用しながら、「音読・筆写」の学びを実践してワンランク上の語学力を獲得していただきたい。合わせて、自分の心情や信条にあった例文を日々コツコツと頭に溜め込んでいくのも、有効な学びの手段となる。

誰にも平等に与えられている「時間」、これをどう活かすか。語学に限定した話ではなく、その心がまえひとつで、人生そのものが大きく違ってくる。

「ブルゴーニュ大学附属語学センターでの教員時代のノートより」

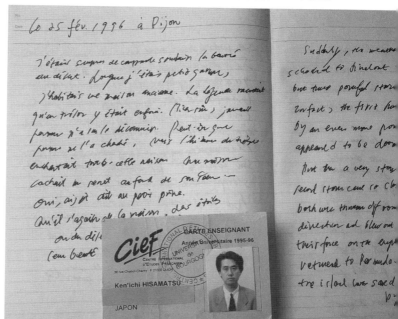

著者

久松 健一 （ひさまつ　けんいち）

浅草生まれ。現在、明治大学商学部教授。

主な著作として『［頻度順］フランス語 名詞化表現宝典 1192』、
『ケータイ《万能》フランス語文法 実践講義ノート』（以上、駿河
台出版社）、『仏英日例文辞典 POLYGLOTTE』（IBC パブリッシング）、
『仏検対応 フランス語単語 Révolution』（研究社）、編著に『クラ
ウン フランス語熟語辞典』（三省堂）など。

［実用頻度順］フランス語 代名動詞を軸とした表現宝典 450
（音声無料ダウンロード）

| 2022 年 6 月 17 日 | 初版印刷 |
| 2022 年 6 月 23 日 | 初版発行 |

著者	久松 健一
装丁・本文デザイン・DTP	屋良 達哉
印刷・製本	精文堂印刷株式会社
発行	株式会社 駿河台出版社
	〒 101-0062 東京都千代田区神田駿河台 3-7
	TEL 03-3291-1676 / FAX 03-3291-1675
	http://www.e-surugadai.com
発行人	井田 洋二